보물지도 19

• 기적을 보길 원하는 이들의 꿈의 목록 •

보물지도19

기획 | 김도사 · 권마담

이회아 김종윤 김하나 김하영 조은정
유지명 양정숙 신용일 박근일 임기린
정동주 정면채 정진우 조 은

위닝북스

꿈과 희망을
가지고 살아라!

각박한 세상 속에서 우리는 꿈과 희망을 잃어가며 살고 있다. 하루하루를 사는 것이 어쩌면 기적일지도 모르는 세상을 살고 있는 것이다. 나는 20년간 동일업종에서 일하고 있다. 시간이 지날수록 사람들의 부러움을 받는 존재가 되어 있었다. 하지만 나는 행복하지 않았다. 남들에게 보이는 나의 겉모습과 내 마음이 받아들이는 나의 모습은 정반대였다. 다른 사람들의 부러움이 계속될수록 나는 더욱더 힘들고 외로워져만 갔다. 힘들고 어려운 때는 누구에게나 있기 마련이다. 나 또한 힘들고 어려운 순간이 절정에 이르게 된 때가 있었다.

시간이 흘러 나를 돌아봤을 때 내가 누구인지 모른다는 불안감에 휩싸이기 시작했다. 내가 누구인지, 나는 무엇을 위해 지금까지 발버둥 치며 살아왔는지 도무지 알 수가 없었다. 앞으로 나에게 주어진 인생을 행복하게 살기 위해서라도 반드시 돌파구가 필요했다. 어디서부터 어떻게 시작해야 될지 모르던 그때 나는 '한국책쓰기1인창업코칭협회(이하 한책협)' 김태광 대표 코치를 만나게 되었다.

나는 한책협을 통해 책을 읽는 독자에서 책을 쓰는 작가로 신분이 바뀌었다. 글을 쓰면서 꿈과 희망이 생겼다. 어딘가에 꽁꽁 숨겨져 있던 나의 꿈과 희망들이 하나둘씩 세상 밖으로 모습을 드러내기 시작했다. 그 순간부터 나는 조금씩 행복감을 느끼기 시작했다.

이 책《보물지도19》의 저자들 또한 그동안 마음속에 감춰져 있던 무언가를 찾고자 끊임없이 노력했다. 하나둘씩 자신의 소망이 담긴 버킷리스트를 기록하며 꿈과 희망이 무엇인지를 알아가기 시작했다. 그리고 마침내 꿈이 이루어지는 기쁨을 경험하게 되었다.

《보물지도19》를 통해서 많은 사람들이 꿈과 희망을 찾을 수 있기를 바란다. 그때부터 생각지도 못한 행복이 점점 나에게 다가오고 있음을 느낄 수 있을 것이다. 보물지도를 펼치고 행복을 찾아 새로운 인생의 여정을 시작해 보자.

2019년 12월

김종윤

CONTENTS

PART 01

자녀교육
메신저로서
풍성한 삶
누리기

– 이희아

이회아 청소년 멘토, 1인 창업가, 강연가, 자기계발 작가, 동기부여가

37년간 교도소 근무를 하였고 교정관으로 명퇴했다. 퇴직 후 작가이자 동기부여가로서 '모든 교도관이 책을 쓴다'는 목표로 활동하고 싶다. 청소년들에게 바른 생활을 주제로 강연하는 것이 목표이며, 은퇴자 멘토, 자기계발 작가, 1인 창업가, 유튜버로서 활발한 활동을 펼치고자 한다. 현재 교도소 근무 경험담을 바탕으로 개인 저서를 집필 중이다.

01

자녀교육으로
명문 가정 만들기

　나는 시골에서 농사짓는 부모 밑에서 태어났다. 2남 3녀 중의 큰딸이었다. 학교에 갔다 오면 항상 동생을 돌봐야 했다. 나도 고생 했지만 내 등에 업혀 있는 동생도 고생했다는 것을 안다. 동생들 중에서도 셋째인 남동생을 많이 사랑했다. 난 시골 고등학교를 졸업하고 예비고사에 실패했다. 그래서 대학 진학을 포기했다. 그때 이렇게 살다가는 큰일 나겠다고 생각했다. 여동생은 공부에 관심이 없다고 생각하고 남동생을 불렀다.

　중학교에 입학한 철없는 남동생이 왔다. 나는 그 녀석에게 이렇게 말했다. "상화야! 너는 우리 집 장남이다. 큰누나가 이렇게 시험에 떨어진 모습을 어떻게 생각하니?", "안 좋아.", "그럼 너도 나처럼 되어야 하겠니?", "아니." "그럼 어떡할래?" "공부할 거야." 나는 동생에게 너도 그렇게 생각하고, 나도 같은 생각이다, 라고 말했다. 그러면서 당장 지금부터 제대로 할 준비를 하자고 했다. 내일 아침에는 새벽 5시에 깨우기로 약속했다.

그날부터 동생은 새벽에 일어나서 아침 공부를 꾸준히 했다. 그렇게 6개월이 흘렀다. 그리고 2학기에 올라갈 때는 전교 석차로 장학생을 바라보게 되었다. 그때 나는 깨달았다. 꾸준히 집중해 노력하면 잘할 수 있다는 것을 말이다. 그 후 나는 교정공무원에 합격해 서울 성동구치소로 올라와서 근무했다. 스물네 살 어린 나이에 결혼해 그해 아들, 그리고 곧 딸을 낳아 나란히 키우게 되었다.

나는 야간 근무를 하면서도 자녀교육에 제일 신경 써야 한다고 생각했다. 피곤했지만 아이들을 데리고 가까운 도서관이나 서점에 같이 다니며 책을 사 오거나 읽고 놀았다. 두 아이는 시골에서 사시는 시어머니께서 올라오셔서 돌봐 주셨다. 항상 감사한 마음을 가지고 시어머님의 은혜를 생각했다. 아이들은 드디어 일원동 초등학교에 연년생으로 사이좋게 입학했다. 그렇게 잘 자라 주었다. 남편과 맞벌이하는 가장 큰 이유는 아이들이 필요로 할 때 원하는 학원에 보내 주고 싶었기 때문이다.

나는 수학이 어려웠다. 하지만 시골에는 학원도 없었다. 그것을 반면교사 삼아 아이들이 초등학교 2학년 때부터 수학 학원에 꾸준히 보냈다. 큰아이가 초등학교 4학년 때 우리 집은 분당에 아파트를 장만해 이사했다. 그때 아들은 적응해 가는데, 일곱 살에 입학한 딸이 많이 방황하고 친구를 사귀는 데 어려움을 겪었다. 직장에서는 7급 승진 시험에 응시할 순번이 되어 도서관에 들렀다 집에 가면 아이들은 자고 있었다.

어느 맑은 가을날 토요일. 도서관에 좌석이 없어 집으로 돌아왔다. 오랜만에 딸을 기다리며 대문을 바라보고 있었다. 올 시간이 충분히 지났는데 기척이 없어서, 딸이 다니는 학원에 전화했다. 원장님은 딸아이가 "학원 그만뒀어요."라고 했다. 나는 두 다리에 힘이 빠져 그 자리에 주저앉았다. 조금 후에 딸이 "학원 다녀왔어요." 하며 들어왔다. 내가 너 어디 갔다 오니? 라고 묻자 딸아이는 눈을 동그랗게 떴다. 아이들이 학교나 학원에 관한 것을 숨길 때는 두려웠다.

나는 "혼나야겠다."라며 딸아이를 향해 회초리를 들었다. 그러자 딸아이는 잘못했다며 울면서 무릎을 꿇었다. 그 순간 나도 딸에게 미안하다고 하며 같이 울었다. 연약한 할머니에게 두 자녀를 맡겨 두고, 아빠와 엄마가 곁에서 돌봐 주지 못한 안타까움에 무릎을 꿇었다. "하나님 제 잘못입니다. 저를 용서해 주세요." 하며 울자 어린 아들, 딸이 나와 같이 대성통곡했다. 그다음 날 직장에 가서 승진 시험을 포기한다고 말씀드렸다.

딸에게 똑똑하고, 공부도 잘하는 아이가 왜 학원도 안 갔니? 라고 물었다. 그랬더니 이사 와서 분당의 학교에 아는 친구가 없어 외로웠다고 했다. 그런데 마침 한 친구가 생겨서 같이 놀다가 학원도 안 갔다며 울먹울먹했다. 나는 딸아이를 꼭 껴안아 주었다. 자녀 잘 키우기가 큰 소망이었던 만큼 내 가슴은 쓰리고 아팠다. 어떻게 해야 잘 극복할까? 고민하던 중 주일이 되었다.

이사 와서는 나도 교회도 안 나가고, 도서관만 다녔다. 하지만 이제 시험도 포기한 만큼 아이들과 어떻게 새로운 마음을 가지고 살까? 고민했다. 셋이 의논해 집 앞에 오는 교회 버스를 타고 교회로 갔다. 예배를 드리면서 나는 하염없이 울었다. 아이들의 손을 잡고 나오는데 마음이 한결 가벼웠다. 그렇게 일이 해결되고 딸아이는 좋은 친구를 만났다. 두 아이는 중학생이 되고, 고등학생이 되어서도 영수 학원에 꾸준히 성실하게 잘 다녔다. 그때부터 공부하는 자녀들을 위해 새벽기도를 하면서 직장에 출근했다.

그야말로 성실하게 차근차근 노력한 아들은 고대에 입학해 산학 장학금을 받고 공학박사가 되었다. 딸은 연대 경영학과를 졸업하고 회계사와 사법고시까지 합격하는 쾌거를 올렸다. LG그룹에서 박사과정을 무사히 마치고 입사했던 사랑하는 며느리는 서울대학교의 교육공무원으로서 맞벌이하며 손자를 둘이서 키우고 있다. 여행을 다닐 때도 세 가족이 나란히 잘 다녀오는 다정한 모습이 사랑스럽고 흐뭇하다.

딸 부부도 일산 법무연수원에서 만난 커플로 사위도 훌륭하고 좋은 성품이다. 둘 사이에 태어난 손녀딸은 내가 세 살까지 키우고 있다. 어린 손녀를 안고 감사함을 느낀다. 지나간 고난은 무지개로 변해 가슴을 채워 준다. 자녀들은 무사히 학교에 입학해 큰 기쁨을 안겨 주었다.

남편도 곁에서 물심양면으로 힘쓰고, 성실하게 근무한 후 퇴직

했다. 그동안 우리 부부는 많은 갈등을 겪었었다. 우리 두 사람의 끊이지 않는 갈등으로 나의 명문 가정의 소망이 한때는 흔들리기도 했다. 기도함으로써 서로 용서하기도 했지만 마음에 숨어 있는 미움이 어느 순간에 입으로 톡 튀어나왔다. 진실로 노력해도 항상 허사였다.

그러던 어느 날 《네빌 고다드의 상상의 힘》을 읽고 교정용 가지치기 가위를 실천해 보기로 마음먹고 실행했다. 하루 일을 마치고 침대에 누워 상대방의 미운 모습을 가위로 잘랐다. 그 부분이 없는 나는 내가 원하는 상태로 편안하고 다정하게 대화하고는 잠들었다.

그리고 아침이 되어 남편과 인사를 나누며, "지금 이 순간부터 새로 시작하는 삶을 살자."라고 선포했다. 그렇게 서로 말없이 합의하고 그대로 하루하루 순탄하고 맑음이 계속되는 나날이 되었다. 그 이후 내 생일과 남편 생일에 가족이 만나서 웃었다. 아이들도 행복해했다. 나는 머리가 나빠 시험공부와는 거리가 멀었다. 하나님께서 도와주셔서 여교도관 사무관으로 승진해 명퇴했다. 자녀들도 결혼해 일가를 이루고 부부간에 사랑하므로 기쁘다.

우리 부부도 의지하면서 잘 살아가고 있으니 만족하고 감사드린다. 우리 부부나 자녀들 부부 모두 의좋게 노력하고 사니, 명문가를 이루었다고 생각해 흐뭇하다. 앞으로 더욱 발전해 나가는 가족이 되리라 믿는다.

02

경험과 지식을 나누는
자녀교육 메신저 되기

나는 1980년대 성동구치소에서 근무하던 중에 연수원 교육을 갔다. 우만동에 있는 법무연수원이었다. 전국 각지에서 온 남녀 교도관들이 모여서 4주 동안 합숙훈련을 받았다. 그중에 여직원이 스무 명이 넘었다. 젊고 예쁜 직원들과 생활하며, 각종 에피소드로 이야기꽃을 피웠다. 제일 기억나는 여직원들은 장흥교도소에서 근무하던 분들이다. 그들은 활기가 넘쳤다. 그때 나는 둘째 딸아이를 임신한 몸이었다. 입덧은 별로 심하지 않았고, 같은 방 팀원들도 유쾌하고 좋았다.

숙소에서 침대를 위아래로 사용했는데, 나는 위층에 배정받았다. 아래층이 부럽기는 했지만 나름 괜찮았다. 부담되는 수업 과목이 있었고, 곁의 여직원은 시험에 대비해 예습하고 온 듯했다. 다들 열심히 공부하고 활발하게 지냈다.

어느 날 아침식사 후 등나무 아래에서 차를 마시며 나는 팀원들에게 물었다. "동료 언니들의 자녀는 대학교에 잘 보냈어요?"라고. 그러자 다들 "생활은 잘하는데, 아이들을 대학교에 진학시키지 못했어요. 회사의 남자 직원 자녀들은 대학교에 진학해 축제 분위기인데 여직원들은 걱정이 많아요."라고 했다.

집에 두 살짜리 어린 자녀가 있고 태중에도 아이가 있던 나는 마음이 착잡했다. 입사할 때 여직원들은 남직원보다 대부분 점수가 높은 편이었다. 그런데 왜 그럴까? 곰곰이 생각했다. 결국 아이들한테 신경을 더 써야 한다는 결론을 내렸다. 엄마가 매일 집 밖, 직장에서 지내고 있는 점이 마음에 걸렸던 것이다.

그다음 날이 연수 마지막 주이고 결정적인 시험 주간이었다. 책을 보는데, 졸음을 참을 수가 없다. 하는 수 없이 마지막 날이 가까이 다가와서는 커피를 한 잔씩 마셨다. "아가야 미안해." 하면서. 그리고 무사히 4주간을 마치고 집으로 돌아왔다.

집에 두고 간 어린 아들은 할머니에게 찰싹 붙어 있었다. 남편은 예전보다 활발하고 기분이 좋아 보였다. 남편은 "혼자 가서 잘 지냈어?"라고 했다. 나는 남편이 내 걱정도 좀 해 주고 고생했다, 라는 말을 해 줬으면 싶었다. 그러나 남편은 기껏 "가까운 데 있으면서 뭐 하러 편지를 보내?"라고 했다.

지방 동기생들과 같이 생활하며 나도 같이 편지를 썼었다. 하지만 남편은 답장도 없었다. 그러면서 이렇게 무안을 주어 마음에 '꽉' 생채기가 생겼다.

햇볕이 따끈한 토요일 오후였다. 오랜만에 남편과 시장에 갔다. 매장 앞에서 아주머니가 바나나를 팔고 있었다. 갑자기 그것이 먹고 싶었다. 남편과 나는 같이 바나나를 쳐다보고 있었다. 그러다 "얼마예요?"라고 내가 물었다.

내 중지만 한 바나나였다. 꼬마 바나나를 바라보며 얼른 속으로 계산했다. '돼지고기 한 근 값이 5,000원 정도인데, 이것을 사 먹어?'라는 생각이 들었다. 그때 남편이 "내가 사 줄게."라고 말했다.

그렇게 말해 주니까 먹은 것이나 다름없다는 생각이 들었다. 돼지고기 한 근을 사 찌개를 해서 온 가족이 행복하게 먹었다. 그 태중의 딸이 예쁘게 자라서 신림동 고시원 생활을 하다가 집에 오면, 나는 풍성한 바나나를 사 온다. 그러면서 "엄마가 너 가졌을 때 먹고 싶었던 것이다."라며 "먹어라." 한다. 그러면 딸아이는 "나는 바나나 잘 안 먹어요." 한다. 나는 '어머! 그때 저 애가 듣고 서운했나 봐!'라는 미안한 생각이 들었다. 그러면서 며느리와 딸이 아기를 가지면, 먹고 싶은 것은 아무리 비싸도 사 줘야지, 라고 생각했다. 그러나 착한 아이들은 아무런 요구도 하지 않았다. 부부끼리 사이좋게 의논하는 모습을 보여 줘서 고마웠을 뿐이다.

교육을 마치고 온 이후 나는 어린 자녀들에게 세심하게 신경을 썼다. 아이들이 말하기 시작하자마자 시장에 같이 다니며 광고판을 가리키면서 글자를 알려 주었다. 수학에 신경 쓴다고, 아이들이 좋아하는 과자를 사서 둘이 나란히 같이 세어서 주었다. 먹고 몇 개 남았는지, 먹은 것은 몇 개인지 물어보았다. 서로 비교하고 세니 계산이 빨랐다. 또한 연금매장에서 물건을 사면 아이들 둘이서 계산하게 했다. 한글을 쓰고 읽는 것도 가르쳤다. 아들을 가르칠 때 참지 못하는 내 모습이 보여 당황하고 미안했다.

오빠가 글을 읽으니 딸도 따라 읽었다. 그리고 곧장 서점으로 같이 가서 위인전을 사고, 동화책을 샀다. 아들이 다섯 살이 되자 대치동에 있는 미술학원에 보냈다. 딸도 그곳에 2년 동안 다녔다.

아들이 미술학원을 졸업하면서 재롱잔치를 하는 날이었다. 그날 눈치를 보며 직장에 하루 휴가를 냈다. 출근하는 남편에게 빨리 집에 오라고 거듭 당부했다. 쌀쌀하고 맑은 오후였다. 남편은 재롱잔치 참석차 일찍 퇴근했다며 집에 오자마자 피곤한 듯 안방에 드러누워 있었다. 출발 시간이 되어 나는 "여보, 갑시다. 시간 됐어요!"라며 남편을 불렀다.

남편은 그새 잠이 들었는가 보았다. 원래 말수가 적고, 평소 어린 자녀들에게 큰 관심이 없는 듯 무덤덤한 남편이었다. 그 남편이 "나 안 가."라고 하는 소리가 들렸다. '설마! 내가 잘못 들었을 거야!' 생각하며 나는 또 불렀다. 그러자 이번에는 짜증까지 내면서 대답했다. 그때는 곁에 무심하게 계신 시어머니마저 서운했다. 속으로 '어머니! 아들 교육 잘해 주셔야죠!'라는 원망의 마음이 들었다. 두 사람 다 미웠다. 그때 남편이 미우니 시어머니도 곱게 보이지 않왔다. 할 수 없이 남편은 집에 두고, 속상함과 울분이 끓는 것을 느끼며 학원에 도착했다.

벌써 무대가 펼쳐져 있었다. 아들은 한복을 의젓하게 차려입고, 예쁜 여자 어린이와 사회를 보며 인사말을 했다. 그러자 가슴에 가득했던 속상함과 분노는 '안녕' 하고 사라졌다. 감동으로 눈물이 핑 돌았다. 마지막으로 딸은 귀여운 어린 토끼 분장을 하고 연극을 했다. 평소에 손과 몸으로 마음을 예쁘게 표현하는 딸아이다. 저렇게 곱게 잘 자랐구나! 하며 감사했다. 흐뭇한 감동이었다.

나는 두 아이의 모습에 모든 스트레스를 날려 버리고, 즐겁게 집으로 돌아왔다. 다른 아빠들은 나서서 아이의 사진도 찍어 주고, 아이와 같이했다. 그런 모습들이 부러웠지만 할 수 없다, 라고 체념했다. 그 일을 계기로 이제부터 내가 좀 더 살뜰하게 아이들을 돌보며 잘 키워야겠다고 결심했다. 학원 잔치를 무사히 끝내고 집으로 오는 길에 딸이 "아빠는 안 오셨어요?"라고 물었다. 나는 "응. 아빠는 항상 바쁘시잖니."라고 말했다. 내 말에 아이들은 금세 "네."라고 대답했다. 예쁜 아이들이 나에게 큰 힘과 위로가 되었다.

어린이집을 졸업한 아이들을 속셈 학원에 보내면서 구구단을 외우게 했다. 그때 내가 근무하는 구치소 수용자 중 한 사람이 아들을 서울대에 보낸 경력이 있었다. 일과 중에 신입 수용자나 특이

한 사람들을 상담하는 과정에서 확인한 일이었다. 나는 "참 잘하셨네요."라고 칭찬해 주면서 어떻게 교육을 그처럼 잘했냐고 물었다. 그녀는 "입학 전에 아들에게 책 읽기와 구구단을 가르쳤다."라고 말했다. 나는 앞으로도 잘되길 바란다며, 훈훈하게 상담을 마쳤다. 교육에 관심이 많은 나는 좋은 일은 누구에게서라도 배워야 한다, 라고 생각했다.

퇴근하면 당장 밥상머리에서 평소에 테이프로 들려주던 구구단을 두 아이에게 물었다. 수학에 관심이 있는 남편도 거들었다. 이렇게 묻고 제비 새끼처럼 대답하면 칭찬해 주었다. 그렇게 칭찬해 주자 아이들은 재미있게 구구단을 다 외우고 학원에 입학했다. 어린 나이지만 잘하는 편에 속했다. 나중에는 응용력도 생겨서 자연스럽게 수학을 좋아하는 계기가 되었다. 하루는 별로 말이 없는 아들이 오늘 학원에서 "잘한다."라는 칭찬을 들었다며 좋아해 기뻤다.

그러다 보니 나의 삶은 힘들었어도 보람 있고 행복했다. 나는 같이 야간근무를 하며 자녀들을 키우고 있는 동료에게 "애들 학원에 보내니까 좋다."라고 말했다. 같은 일을 하는 동료라서 자녀 양육에 정보가 될 것 같아서. 하지만 유난을 떤다고 생각하는지 반응이 없었다. 그래도 열심히 말했다. "우리는 곁에서 가르칠 수 있는 시간이 부족하다. 아이가 학습하는 친구와 같이 있으니까 좋더라."라고.

그리고 직장의 기독교 선교 모임의 여직원들에게도 말했다. 그러자 모두 다 같이 "좋은 말씀이네요."라고 했다. 그렇게 같이 기도하면서 자녀교육에 열성을 보였다. 여직원들은 자녀들을 서울에 있는 대학교에 무난히 보냈다. 나는 내 일처럼 기뻤다.

그렇게 자녀교육이 순조롭게 진행되자, 성동구치소의 여직원 자녀들의 진학률이 높아졌다. 모든 자녀들이 성실하게 자라서 우리들의 기쁨이 되고 든든한 울타리처럼 생각하게 되었다. 앞으로도 이 아이들이 세상에 나와서 훌륭히 활동하리라 기대한다. 그리고 하나님 안에서 형제처럼 서로 돕고 위해 주며 주위를 밝히는 귀한 대한민국의 국민이 되길 바란다.

03

자녀교육서 분야
베스트셀러 작가 되기

　　어느 화창한 봄날, 아들이 초등학교 3학년 때의 일이다. 아들이 학교에서 조금 늦게 돌아왔다. 그런데 아들이 "엄마! 학교에 오는 도중에 5,000원을 주워서 파출소에 맡기고 왔어요."라면서 웃으며 들어온다. 나는 달려 나가서 감동 어린 목소리로 "어머나! 우리 아들 그렇게 훌륭한 일을 했단 말이지? 대단하구나. 너는 앞으로 훌륭한 사람이 될 거야."라면서 등을 토닥이며 안아 주었다.

　　1970년대 우리 부모님은 허리띠를 졸라매고 먹는 것도 아껴 가며 2남 3녀의 자녀들을 키워 냈다. 추수가 끝나고 가을이 깊어 가는 날 밤이었다. 전기가 시골에 들어오기 전이었고, 석유를 담은 호롱불을 켜고 살았다. 그날도 나는 안방에서 책을 보다가 불을 켜 둔 채로 잠이 들었다. 그렇게 켜 둔 불이 바로 곁의 옷장에 옮겨 붙어서 안방에 불이 났다. 잠을 자다가 동생들의 우는 소리와 매캐한 연기에 잠을 깼다. 불꽃이 옷장에 옮겨 붙어 화염을 일으키며 천장을 향해 타오르고 있었다. 어린 동생들 4명이 구석에서 무서워 울부짖었다. 깜짝 놀라서 일어난 나는 무의식중에 덮었던 얇은 이불로 천장을 '꽉!' 힘차게 내리쳤다.

그 순간 거짓말처럼 불이 툭 꺼졌다. 다행히 불은 옷장 문에 옮겨 붙기 시작했다. 옷장 안으로 번지지 않았기 때문에 그나마 불을 끌 수 있었다. 작은방에서 주무시던 부모님이 달려오셨다. "불 단속을 잘해야지!" 아버지께서 한마디 하셨다. 나는 놀란 가슴을 쓸어내리며 고개를 숙였다.

비록 옷장 문은 탔지만, 불을 껐다는 안도감에 어린 마음에도 한없이 감사했다. 그 일로 "아무리 어려운 상황에 이르러도 최선을 다하면 살아날 길이 있다."라는 진리를 체험했다. 나는 하나님이 돌보아 주셨다고 믿는다. 나는 가정과 직장에서 어려운 일이 생기면 불이 났던 그 순간의 놀랐던 경험을 떠올린다. 그러곤 이 정도는 견뎌야 한다고 나를 격려한다.

나는 셋째 아이를 유산하고 슬펐다. 아이들을 좋아해, 욕심이 많다고 하지만, 꼭 세 아이는 키우고 싶었다. 자녀가 없으면 내 인생은 어떤 인생이 되었을까? 감히 상상도 안 되고 상상하기조차 싫다. 나의 일을 하면서도 엄마의 헌신과 사랑으로 자녀를 키울 능력은 충분하다.

유교적인 관습 탓인지, 나는 남편과 백년해로를 해야 한다는 고정관념을 가지고 있다. 우리 부부는 모든 게 다르고 닮은 점이 10%도 없다. 그래도 하나님께서 찾아 주신 짝이기 때문에 맞추려 노력했다. 싸움도 많이 하고 울기도 많이 울었다. 1년도 지나기 전에 신혼의 꿈은 사라지고, 현실이 나를 슬프게 했다. 그것을 잊고자 항상 아이들 교육과 좋은 결과를 향해 매진했다. 잘 살기 위해 싸웠다.

그때는 나의 꿈과 희망을 찾아야 했다. 힘이 된 것은 신앙이었다. 신앙은 다시 돌아보고 반성하는 계기를 준다. 내가 숨 쉬고 원하는 새 하늘이 있다는 것을 느끼며 집중하게 한다. 그 안에 자녀가 들어온다. 그리고 엄마의 신앙과 더불어 아이는 자라 간다. 더 중요한 것은 낙심하고 어려울 때 아기가 따뜻한 힘을 보태는 역할을 해 준다는 것이다. "맞아! 그래 바로 너야. 너희들은 잘 자랄 거야."라고 말하면서 남편에게 의지하던 마음을 새 생명인 동지와 더불어 나눈다.

어느덧 아이들도 책을 좋아하는 사람이 되어 간다. 만화책도 나란히 서점에서 골라 읽는다. 책 읽고 손해 보는 일은 없다. 성공하든 실패하든 답을 책에서 찾아내야 하는 이유다.

언니인 나는 항상 어른스럽게만 살아왔다. 인생을 성실하게 살아왔지만, 나에게 부족함과 허점이 많음을 깨달았다. 어떻게 해야 더 나아지는 삶을 살아갈까? 늘 고민했다. 가난하고 불쌍하게 살기는 싫고 뭔가 소중한 인생을 개척하고 싶었다. 그래서 고등학교 수업이 끝나고 돌아오는 시골길에서도 책을 꾸준히 읽었다. 부엌에서 불을 때면서도, 학교에서 쉬는 시간에도 학급문고 책을 가지고 와서 읽었다. 그런 습관이 만화책으로부터 동화, 위인전, 소설책을 읽는 것으로 이어졌다. 그렇게 내 인생에서는 책이 평생 제일 좋은 친구가 되었다.

책을 항상 읽고 있으니, 친구도 문학적인 친구를 만나게 되었다. 그 친구들과 용추폭포나 밤숲에 가서 문학을 하고 생각하는 시간을 가졌다. 제일 아름다운 추억이 된 건 고등학교 시절이었다. 그때 집에는 동생들이 줄줄이 있었고 농촌 생활에는 어려움이 많았다. 하지만 문학 덕분에 그 세월을 자연스럽게 지나 보낼 수 있었다. 이렇게 책과 나의 인생은 떼려야 뗄 수 없는 사이가 되었다. 책은 나와 제일 가까운 친구이며, 메신저이며 생활의 동반자다.

자녀들에게 잠자기 전에 나란히 누워 동화책과 필요한 책을 읽어 주었다. 아이들은 나의 양측에 나란히 누워 책을 읽고 자장가를 부르고 잠을 잔다. 피곤한 나는 노래를 두 곡 부르고는 먼저 잠이 든다. 두 아이는 한 곡씩 부르고 잠을 잔다고 한다. 그렇게 상상력을 키워 주고 혼자 있으면 책을 친구 삼게 했다. 나는 책과 친하면 인생이 열린다, 라는 생각을 가졌다.

날이 갈수록 두 아이가 책을 좋아하게 되었다. 공부하는 순간에도 책을 틈틈이 읽는 그들의 일상을 알게 된 순간 안정을 느꼈다. 그들의 소망 있는 인생을 기대했다.

인문학과 내 나라 역사와 기본 지식을 알게 해 주면 국민 의식이 높아질 것이라 생각한다. 우리나라는 세종대왕님의 백성 사랑으로 남녀 구별 없이 고학력을 구가한다. 지금 세대에는 문맹인이 거의 없다. 복 받은 나라다. 모든 문제에 소통이 되는 나라다. 여기서 더 나아가 모든 국민이 귀한 한글로 역사나, 과학이나, 소설 등의 많은 책을 읽어야 한다. 마음의 정서와 양식이 넉넉해야 한다. 그리하여 소중한 지식의 열매를 책으로 창작해 내야 한다. 우리나라의 전 국민은 책을 써야 한다. 지금 세대는 이런 능력이 충분히 있다고 자부하며 긍지를 가진다.

어려운 시절에 초등학교 공부도 못한 한 많은 부모님이 있다. 하지만 우리는 선택받고 교육을 받았다. 그런 만큼 선각자들의 책을 많이 읽고 새로운 사상이나 나아갈 길을 책으로 한 단계 올려야 한다. 아는 것 많으니 참지를 못한다. 견디지 못해서 거리로, 댓글로, 유튜브로 나온다. 지혜롭게 상생해야 할 필요가 있다.

누구든지 잘 배워서 잘 살고 우아해지고 싶어 익힌다. 책이나 댓글은 언제나 선하게 사용하자. 좋은 책 읽고 마음이 감동하게 되면 용서함이 우러나오는, 서로 선한 심령이 된다. 나에게 맞는 선한 선조들의 진정한 양식까지 섭렵해 더욱 위대한 문화인이 되자. 우리의 문화 콘텐츠를 세계에도 선한 양식이 되게 하자.

04

부동산 부자가 되어 누리고
주위 사람 돕기

　분당 서현동에서 살 때의 일이다. "따르릉" 거실의 전화벨이 울렸다. 수내동 큰 아파트에서 사는 친구 영순이가 전화했다. 돈이 있으면 땅에 투자하라는 것이었다. 영순이는 서울의 어린이대공원 옆에서 살다가 집을 처분하고 동대문에서 장사를 하고 있었다. 어릴 때부터 성실하고 유모가 있어서 나는 그녀를 좋아했다. 그녀는 신용을 최고로 여기며, 묵묵히 장사를 해서 돈을 모았다. 그리고 그렇게 모은 돈으로 쉬는 날이면 들로 산으로 남편과 다니며 땅을 사서 예쁘게 손질해 좋은 토지로 만들었다. 그 땅을 3년 동안 보살피고 다듬어 좋은 값으로 팔아서 돈을 벌었다.

　그 전화를 받고 남편과 나도 땅을 보러 다녔다. 이상하게 나는 땅을 보기만 해도 기분이 좋았고 사고 싶었다. 그와 반대로 남편은 보는 땅마다 자로 잰 듯이 체크하고 안 좋은 점만 골라냈다. 그래도 우리는 없는 시간을 쪼개 한 달 동안 경기도 광주와 용인 부근으로 발품을 팔았다. 그러다 드디어 용인 양지에 비싸지 않고, 남편의 마음에도 든 택지를 200평 사게 되었다. 교육비가 한창 들어갈 때라 두 사람이 융자를 반반 내서 구입했다.

없는 사람이 땅을 소유하니 한결 마음이 든든했다. 몇 년 동안 그곳을 수시로 왔다 갔다 했다. 그러면서 주위를 지날 때면 "안녕 잘 지냈니?" 하면서 안부 인사를 나누고 청소도 했다. 봄이면 예쁜 목련이 피어 우릴 기쁘게 하고 여러 가지로 마음에 넉넉함을 주었다. 월급을 타서 절약해 쓰고 단돈 10만 원만 여유가 생겨도 비번 날 은행에 들러 부지런히 융자금을 갚았다. 그랬더니 융자도 다 해결되어 드디어 온전한 우리 땅이 되었다. 그 돈을 갚느라 정복을 입고 지내는 나는 자연히 내 옷 하나 장만하지 않았다.

그렇게 행복한 마음으로 지내던 중 양지 땅에 갔더니 윗집이 전원주택을 두 곳에 예쁘게 지어서 생활하고 있었다. 개 두 마리를 키우면서. 덩치가 있는 순한 개와 하얀색의 귀염둥이였다. 한 번씩 들를 때 짖기는 했지만 훨씬 푸근한 마음이 들었다. 그렇지만 집을 지을 때 버린 흙 때문에 우리 땅이 지저분해졌다. 마음은 아팠으나 특별히 내색 않고 집으로 왔다.

그 이후 직장에 다니며 숭실대학교 사이버 문예창작과에 입학하게 되었다. 퇴근하면 밤늦게까지 과제를 해결하는 데 골몰했다. 그 당시 아이들은 학교가 멀어서 고시원과 기숙사에서 지내고 있었다. 직장과 학업에 몰두하다 보니 나에게는 가정과 주변을 돌아볼 경황이 없었다. 게다가 남편에게는 전혀 집안일을 도울 생각이 없었다. 지저분하다고 비난만 하고 대접만 받으려는 타입이었다.

직장에만 다녀오고 편안하게 생활하다가 나는 집에 신경을 못 쓰게 되었다. 그러자 그때부터 집은 투쟁의 장소가 되었다. "할 일 해 가면서 쉬엄쉬엄 하지." 남편의 온갖 구박을 들으며 나는 세상에서 제일 나쁜 종류의 사람이라 치부하고 살았다.

그런 고난 끝에 나는 학교를 마쳤다. 4년이라는 세월 동안 용인 양지를 내버려두었다. 그러다 드디어 남편과 같이 그곳을 찾았다. 그곳을 본 나는 눈앞이 캄캄했다. 땅이 쓰레기더미로 변해 있었다. 아래의 옆에도 주택이 자리 잡았다. 그 집에서 나오는 폐기물과 음식찌꺼기 등이 다 우리 땅으로 배출되고 있었다. 나는 땅을 바라보며 분해서 소리를 질렀다. "이게 뭐야!! 우리 땅이 이게 뭐냐고!!" 똑똑한 남편은 나만 윽박지르고 한마디의 말도 없이 차를 몰아 휙 집으로 돌아왔다.

그다음부터 주말마다 나 혼자 차를 가지고 양지로 내려와서 주위를 청소했다. 위아래 사람들에게 "쓰레기 폐기물 버리지 마라!"라고 경고하는 판을 세웠다. 원래 산소로 쓰던 산인지라 칡덩굴까지 땅을 휘감고 있었다. 땅이 엄마! 엄마! 하면서 소리쳐 우는 것 같았다. 혼자 와서 주위를 둘러보는 내 가슴속에도 눈물이 흐르고 있었다.

집에 돌아와서 남편에게 땅을 저대로 버려두지 말자. 이제라도 왔다 갔다 하며 잘 보살펴야 될 것 같다고 이야기했다. 그랬더니 남편은 "쓸데없는 일이니까 그대로 두라."라며 외면해 버렸다.

그 이후 한 달이 안 되어 나는 승진해 지방 화성직업훈련소로 근무 명을 받았다. 오랜만에 하나님의 은혜로 승진했다는 기쁨에 들떴다. 주중에 그곳에서 근무하고 주말에 양지에 들렀다 집으로 갔다. 그렇게 온 땅 가득히 쌓인 쓰레기를 청소하며 1년을 보냈다. 땅 주위에 울타리 망도 둘러쳤다. 남편이 망치로 쇠막대를 내려쳐 세우며 "진즉 이렇게라도 해 두었으면 이 지경은 안 되었을 텐데." 라고 혼잣말을 했다.

그 땅이 보이는 틈에는 예쁜 들장미를 돌아가며 심었다. 뒤편에는 해당화를 심었다. 내가 좋아하는 채송화, 국화, 코스모스도 심었다. 그러자 1년이 지나갈 때쯤에는 철마다 꽃이 피었다. 목련이 지나면 백합, 패랭이 그리고 한들한들한 코스모스와 해바라기 등이 훌쩍 번갈아 피어났다. 땅은 다시 쓰레기더미에서 벌과 나비를 부르는 땅이 되었다. 그동안 이웃집에는 하얀 어린 개만 집을 지키고 큰 개는 보이지 않았다.

나는 물과 간식을 담아 가 점심으로 먹고 내 친구가 된 강아지에게 오징어나 소 육포를 나눠 주었다. 남편에게 같이 가자고 하면, 더운데 쓸데없이 사람 고생시킨다, 면서 가지 않으려 했다. 혹여나

같이 가면 싸우지 않고 조용하게 온 날이 없었다. 나는 혼자 있는 편이 곁에서 싫다고 소리 지르면서 불안하게 하는 것보다 훨씬 나았다. 그렇게 1년 정도 지나자 그 땅은 꽃동산으로 변했다. 나는 그곳이 사랑스럽고 좋았다. 하지만 퇴직 후에 주택을 지으려 하니 불편하고 관리 문제가 걸렸다. 양지에 갔다 올 때마다 우리 부부는 싸우면서 왔다.

할 수 없이 잘 아는 부동산에 그 땅을 매물로 내놓았다. 이 땅을 제대로 된 땅으로 만들려고 온몸으로 애썼던 시간을 생각하면 눈물이 나지만 매각하기로 결정했다. 부동산에 들어가니 맨드라미, 바늘꽃, 달맞이 등 수많은 꽃으로 덮여 있는 아름다운 우리 땅의 위성사진을 볼 수 있었다. 그것을 보고 나는 기쁨의 눈물이 났다. 그렇게 예쁜 땅으로 돌아온 양지는 새 주인을 만났다. 화성 직업훈련교도소에서 퇴직하고 오는 날 양지에 가서 이별을 고하고 소중한 땅을 밟았다.

우리는 관리도 제대로 못한 땅을 구매한 지 10년 가까이 되어 팔았다. 그래도 손해는 안 보았다. 지금 그 주위는 전원주택단지로 변했다. 예쁜 땅이라 더 비싼 값으로 주인을 찾았다. 나는 남편에게 돈 좀 더 보태서 큰 땅을 사자고 했다. 그런다고 해 놓고 계획이 달라져 오피스텔 임대를 생각하며 분양을 받고 있는 중이다. 나는 땅이 좋다. 나에게 전화해 준 친구는 그 당시에 100억대의 자산을 남편과 성실하게 모았다. 지금도 여전히 성실하고 근검절약하며 살고 있다.

우리나라 사람들은 땅을 좋아한다고 생각한다. 그런 만큼 부동산이 어울리는 나라라 생각한다. 땅은 도망도 안 가고 10년이든지 100년이든지 묵묵히 기다려 준다. 꼭 돈을 벌어서 땅을 사고 싶다. 그리고 그것을 아름답고 곱게 만들어 예쁜 집을 많이 분양해 같이 행복하게 살고 싶다.

05

친정어머니에게
새 주택 지어 드리기

나는 삶을 사는 동안 주위에서 귀한 여자분을 많이 대하는 축복이 있다. 그중에서도 성격이나 정신을 물려주신 어머니를 사랑한다. 그리고 존경하는 세 여자분의 마음을 닮고 싶다. 그 세 분은 외할머니, 시어머니 그리고 나의 어머니시다.

외할머니와 시어머니는 제대로 대접해 드리지도 못했는데 벌써 우리 곁에 안 계신다. 이런 마음을 표현하기 전, 내가 철들기 전에 돌아가셨다. 내가 좋아하고 존경하는 분은 씩씩하고 어려운 상황에도 넘어지지 않고 전진하는 신념을 가지고 있다.

나는 어릴 때부터 외갓집을 좋아하고 자주 갔다. 그것은 근엄하고 손주들에게 깊은 사랑을 주는 외할머니의 마음이, 나에게 풍겨오는 넉넉함이 있었기 때문이다. 할머니는 4남 4녀, 그 많은 손자 손녀를 당신의 품에 안고 키우셨다. 외할아버지가 일찍 돌아가셨던 만큼 오직 손자와 손녀들의 성장에 열과 성을 쏟으셨다. 물론 외숙

모도 좋은 분이다.

"외갓집 오빠와 언니는 할머니를 무서워하고 조심스러워한다." 라는 말을 듣기도 했다. 그러나 나는 우리 외할머니가 얼마나 훌륭하셨나? 그리고 어떻게 여장부처럼 가정을 세우셨나? 라고 늘 생각했다. 그런 만큼 존경의 마음이 가득했다.

외할머니는 키가 크고 멋있는 분이셨다. 딱 한 가지 허점은 치아가 보기 흉했다는 것이다. 주위에서는 "다시 해 넣으라."라고 권했다. 하지만 비싼 치아 값이 아까워 결국 그대로 지니고 계시다가 돌아가셨다. 외할머니는 평소에 우리 집에 오시면 나한테 흰 고무신을 깨끗이 씻어 오라고 하셨다. 덜 닦이면 다시 돌려보내셨다. 할머니 신발 담당은 언제나 내가 했다. 그래서 멋지고 깔끔한 모습이셨지만, 손자 손녀 학자금 등을 고민하며 체념하고 사셨다. 나도 어른이 되면 훌륭한 할머니가 되어 끝까지 기도하고 사랑하는 모습을 보여 주고 싶었다.

외할머니도 공부는 많이 하지 못하셨다. 외할머니는 집에서 부업으로 돼지를 정성껏 키우셨다. 돼지는 새끼를 아홉이나 열 마리도 넘게 많이 낳았다. 돼지가 새끼를 낳을 때 잘 돌봐 주어야만 어미돼지의 큰 몸에 새끼돼지가 깔리거나 밟혀 죽는 사고가 없다. 할머니는 귀엽게 고물거리고 어미젖을 찾는 그런 새끼들을 소중하게 잘 다루고 보살폈다. 그것들을 토실토실한 큰 돼지로 키워 함양읍 장날에 팔았다. 그리고 그 돈을 한꺼번에 목돈으로 만들었다. 물론 사랑하는 외삼촌이 그 일들을 든든히 거들어 주셨다. 외삼촌이 상인들과 거래할 때면 계산이 정말 밝다고 어머니가 놀라워했다.

내가 어릴 때 내가 아프거나 바쁠 때면 어머니는 나를 외갓집에 맡겨 놓고 집에 갔다. 외갓집 형제는 언니 둘과 오빠 2명에 나머지는 내 아래다. 고향이 목포인 외숙모가 만든 음식도 참 좋았다. 나는 외갓집의 대가족이 참 좋았다. 특히 오빠들과 재미있게 지냈다.

두 번째는 우리 시어머니시다. 깊고 슬픈 인생사를 가지고 계셨으나, 나의 자녀들을 끝까지 사랑과 헌신으로 거두어 주셨다. 나는 조용하고 인자한 시어머니를 항상 존경했다. 그 모습을 보고 배우려고 했다. 우리 시어머니를 생각하면 내 인생이 참 감사한 인생이라며 겸손을 생각하게 된다. 시어머니의 삶을 통해 옛날 며느리들의 아픔을 느꼈다. 인내가 승리한다는 것을 가슴에 새긴다.

세 번째, 우리 어머니는 미래를 상상하고 늘 희망이 가득했다. 체구도 작으신데 '무엇이든 할 수 있다, 해결된다'라는 신념을 가지셨다. 이 말은 내가 어렸을 때부터 어머니에게 들었던 구호였다. 어머니는 신념이 좋았다. 몸보다 마음이 크고 대단한 믿음으로 산골에서 자녀들의 진학과 직장 그리고 결혼까지 치러 내셨다. 정말 감사드린다. 어머니만큼 노력하고 열심히 일하면 다 알찬 부자가 될 것이다. 상상과 믿음을 고수하고 자녀를 위해 헌신하신 우리 어머니의 따뜻하고 행복한 집을 꿈꾼다.

내가 살았던 고장은 합천 이씨들이 많이 사는 집성촌이다. 주위가 다 친척이다. 우리 집과 가까이 사는, 나보다 두 살 많은 육촌 언니가 있었다. 예쁘게 잘 자란 그 언니의 맏딸이 중학교에 진학하고 싶어서 울고 있다는, 말을 들었다. 나는 그날 오후에 그 집으로 찾아갔다. 그러곤 "형님, 보내 놓으면 어떻게든 굴러가니까, 일단 학교에 보내세요."라고 안타까운 마음에 사정했다. 아주머니도 고민했다. 하지만 바로 그 아래 아들의 학업에 방해될까 봐 우려하다가 결국 큰딸을 진학시키지 않았다. 그 상황이 우리 집과 똑같았다. 그런데 나는 어머니 덕에 교육을 받을 수 있었다. 나는 어머니의 딸임을 감사했다. 당시에 우리 가정이 그 가정보다 어려웠다.

어머니는 당당하게 여자들도 공부를 시켜야 한다며, 그 주장을 실천했다. 머리도 나쁘고 부실한 나를 "열심히 해라. 미국 유학이라도 보내 줄게." 하셨다. 무심코 큰집 언니한테 자랑삼아 그 말을 했다가 할머니와 큰집의 온 식구의 눈총을 받았다. 그 이후부터 말조심하고 눈치를 보려 노력했다.

동네 아주머니들도 덩달아 "아무것도 없는 것들이 학교는 무슨 학교"라며 어머니에게 소리칠 때 눈도 깜작하지 않은 어머니가 내겐 소중하다. 우리 집은 아버지가 다른 집의 양자로 되어 있었다. 때문에 물려받은 재산도 없었다. 겨우 '밥 먹을' 논 서 마지기를 물려받았다. 그것을 밑천으로 해마다 노력해 밭과 땅을 샀다. 지금은 많이 물려받은 다른 집보다 우리 집이 낫다.

이것은 어머니의 꿈과 상상의 힘이다. 어머니는 자나 깨나 '나는 자식들을 다 잘 키울 수 있다'라고 상상하며 힘을 얻었다. 꿈과 이상을 소중히 하고, 긍정적인 믿음으로 인생을 앞서 개척했다.

나의 친정은 산 좋고 물 좋은 곳이다. 방문을 열면 소나무 향기가 쏜살같이 몰려온다. 그곳에서 나의 어머니가 현재 요양 보호사의 도움을 받으며, 조용한 삶을 살고 계신다. 솜씨가 있던 아버지가 손수 지은 오래된 기와집에서.

그래도 자녀들이 다시 기와를 올리고 들락날락하며 마루에 창도 냈다. 집 앞에는 생명수가 되어 준 오래된 옹달샘이 잔잔히 침묵으로 맞아 준다. 마를 새 없이 부지런히 채워 생명수를 주었다. 앞산자락 소나무 등걸 아래에는 저수지가 묵묵히 1년 양식을 책임지며 든든히 자리 잡고 있다.

부잣집 막내딸로 밭일도 안 해 보고 시집와서, 가리지 않고 온갖 힘든 일을 하며 자식을 길러 낸 나의 어머니. 그런 어머니의 자식 욕심을 우리가 물려받았다. 그렇지만 그 누구도 어머니만큼은 안 된다. 당신은 못 먹어도 자식만은 공부시키고 싶어 많이 우신, 자식 욕심이 많은 분이다.

그 어머니의 사랑 덕분에 나는 소중한 고등학교를 졸업했다. 아담하고 예쁜 내 모교를 사랑한다. 후배들이 국내와 세계에 진출하길 바란다. 나는 말한다! "백여 가구가 있는 이곳에서 나 혼자 고등학교를 졸업했다." 이것은 내 어머니의 사랑과 용기 덕분이다. 그 이후부터 우리 동네에는 차별이 없어졌다. 오늘의 생활을 감사하고 좋은 책도 쓰고, 돈도 많이 벌고 싶다. 사랑하는 사람들의 아름다운 전원생활도 돕고 나도 풍성한 삶을 누리고 싶다.

우리 어머니의 자녀들은 서울에서 생활한다. 큰딸인 나는 교정작가 지망생이다. 둘째는 여소방관으로 근무 중이다. 셋째인 장남은 서울 주택공사 직원이다. 넷째는 서울시 공직에 있다가 전업주부가 되었다. 다섯째는 수자원공사 직원이다. 이렇게 2남 3녀가 열심히 생활하고 있다.

어머니는 학교에 다니지 못한 설움을 안고 있었다. 외할아버지께서 바깥출입을 막으셨기 때문이다. 그것이 한이 되어, 내 자식만큼은 학교에 진학시킨다는 각오를 하셨다. 우리 어머니를 만나서 오늘의 발전된 생활을 하고 있는 만큼 그 고마움에 보답하고 싶다.

작가이자
강연가로서
꿈맥들과
행복한 인생 살기

- 김종윤

김종윤 지식창업 코치, 자기계발 작가, 동기부여가

현재 직장인이자 자기계발 작가로 활동하고 있다. 많은 사람들에게 꿈과 희망을 전하는 메신저의 삶을 살기 위해 직장은 퇴직할 예정이다. 작가이자 동기부여가로서 꿈과 희망을 전하는 메신저로서의 상담 활동을 하고 있으며 지식창업을 위한 코칭 활동을 하고 있다. 저서 《시시한 나를 사랑해줘서 고마워(가제)》가 출간될 예정이다.

4개월 안에 개인저서 2권 출판계약 하기

대한민국, 아니 전 세계적으로 모든 사람들이 꿈꾸는 공통적인 버킷리스트가 있다. 그건 바로 자신의 이름으로 책을 내는 것이다. 자서전, 에세이, 경험담 등 많은 사람들은 자신의 이름으로 낸 책을 출판해서 소장하길 원한다. 한데 왜 책을 내지 못할까?

책을 내기 위해서는 성공해야 한다고 생각하기 때문이다. 성공해야 책을 쓸 수 있다고 생각하기 때문이다. 하지만 이러한 생각을 완전히 뒤바꿔 준 곳이 있다. 바로 '한국책쓰기1인창업코칭협회(이하 한책협)'이다.

나는 1개월 전 안명숙 작가의 《나는 독서재테크로 월급 말고 매년 3천만 원 번다》를 읽었다. 나는 책을 미친 듯이 좋아하지는 않았지만 그래도 서점에 가는 것을 즐겨했다. 독서재테크! 신선하지 않은가? 나는 제목에 이끌려 책을 구매했다. 그리고 하루 만에 책을 다 읽었다. 책 속에서 얘기하는 것은 기대했던 바와는 다른 것이었다. 책을 쓰면 인생이 변한다는 이야기였다. 그렇게 만들어 주는 곳이 바로 한책협이었던 것이다!

한책협의 김태광 대표 코치는 "성공해서 책을 쓰는 것이 아니라 책을 써야 성공한다."라는 슬로건을 내건다. 그렇게 대국민 책 쓰기 프로젝트를 진행하는 대한민국 최고의 책 쓰기 코치이자 성공학 강사다.

나는 직장인이다. 언젠가 책을 읽으면 무언가 배울 수 있다는 걸 알게 되었을 때가 있었다. 그 순간의 감동을 잊지 않기 위해 나는 직원들에게 가끔 책을 선물하곤 했다. 책을 선물하면서 이 직원들에게 내가 쓴 책을 선물해 주면 좋겠다는 생각을 한 적이 있다. 한창 글쓰기, 책 쓰기 열풍이 불던 때였다. 서점에서는 OOO 글쓰기 특강, OOO 이렇게 글을 쓰다 등 온통 글쓰기와 책 쓰기에 관한 책이 베스트셀러에 올랐다.

하지만 나는 그 책들을 한 번도 본 적이 없다. 나는 책을 쓸 만큼 성공적인 삶을 살지 못했기 때문이다. 책을 쓸 만한 그 어떤 정보도 가지고 있지 않았기 때문이다. 그저 책을 낸 그 사람들이 대단해 보였을 뿐이다. 나와는 다른 세계에 사는 사람들이라 생각했을 뿐이다.

앞서 말했듯이 나는 1개월 전 안명숙 작가의 책을 읽고 한책협을 알게 되었다. 그리고 한책협을 네이버에서 검색하고 어떤 곳인지 알아봤다. 한책협 카페에 접속하면 '김태광 대표 코치는 지금까지 총 200권 이상의 책을 출판했고 현재 900명의 작가를 배출했다' 라는 문구가 보인다. 그야말로 대박인 것이다.

나는 바로 한책협에서 진행하는 1일 특강을 신청했다. 그리고 방문한 한책협은 실로 광적이었다. 생각지도 못한 분위기를 접한 나는 새로운 환경에 큰 충격을 받았다. 도대체 김태광 대표 코치는 누구이기에 이렇게 많은 작가들이 이토록 열광한단 말인가! 난 그 때부터 한책협과 김태광 대표 코치가 궁금해지기 시작했다. 그리고 궁금증을 해소했다.

책 쓰기를 하기 위해서 필요한 조건이 무엇인지 아는가? 그냥 글을 쓴다고, 내가 아는 무언가를 적는다고 모두 책이 되는 것은 아니다. 책을 제대로 읽는 방법을 배운 독자라면 이 말이 어떤 의미인지 알 것이다. 책은 하나의 주제로부터 시작해서 그에 따른 목차가 완성된다. 목차를 완성하고 나면 그때부터 그에 맞는 스토리를 전개해 나간다.

이러한 모든 절차를 한책협에서는 체계적인 시스템에 맞춰 교육해 준다. 책 쓰기 과정에 맞춰 교육받고 나면 누구나 자신의 이름을 내건 책을 출판할 수 있게 된다.

"60여 년 전에 쓰인 그의 저작들은 지금까지도 상상의 법칙을 실현하려는 사람들과 진리를 찾으려는 사람들에게 큰 길잡이가 되고 있다."

네빌 고다드의 《믿음으로 걸어라》의 저자 설명에 나오는 일부분이다. 우리의 삶은 상상력에 의한 끌어당김의 법칙을 적용받는다. 웬 끌어당김의 법칙이냐고!

우리는 한 번쯤은 저자의 관점에서 책을 읽어 본 적이 있다. 어떤 생각을 가지고 책을 썼으며 독자들에게 전하고 싶은 메시지는 무엇인지에 대해서 말이다. 그런데 책 한 권을 쓰기 위해서 얼마나 많은 정성과 노력을 기울였을까, 생각해 본 적이 있는가? 아마 대부분은 없을 것이다.

나는 책을 쓰기 시작하면서부터 한 가지 목표로 삼은 것이 있다. 한책협에서는 매월, 아니 매주 새로운 신화를 탄생시키고 있다. 책 쓰기 과정을 진행하면서 불과 2개월 안에 책 출판계약을 맺는 작가들이 탄생하기 시작했다. 그러고는 1개월, 마침내는 3주 만에 책 출판계약을 맺는 작가들까지 탄생하는 것이다. 내 눈으로 직접 확인한 것이다.

이는 실로 놀라운 일이 아닐 수 없다. 2개월 만에 책을 출간하는 것도 대단한 일인데. 어떻게 3주 만에 책을 쓰고 출판계약을 맺을 수 있단 말인가!

3주 안에 책을 쓴다는 건 직장을 다니는 나로서는 도저히 생각할 수 없는 일이었다. 1권만 이라도 7주 안에 완성되면 좋겠다는 생각을 했다. 하지만 수업을 계속 들으면서 신화 창조를 이어 가는 한책협의 작가들을 볼 때마다 나의 목표는 계속 높아져 갔다. 한책협의 신화도 이어 가고 나만의 목표를 이룰 수 있는 방법을 생각했다. 바로 4개월 안에 2권의 책을 출판계약 하는 것이다.

나는 처음에 한책협을 혼자 갈 수 없었다. 부산에서 살고 있던 나는 소심한 데다 자존감이 상당히 낮아진 상태였다. 때문에 혼자 무언가를 한다는 것이 두려웠다. 심지어 한책협 센터에 가는 것조차 나에게는 너무 힘들고 버거운 일이었다. 나는 아는 누나에게 전화해 같이 갈 것을 부탁했다.

"누나, 나 책 쓰기 1일 특강이 있어서 가려고 하는데 같이 갈래?"

"책 쓰기? 나도 책을 쓰고 싶단 생각 많이 했었는데. 언제 하는데?"

"이번 주 주말."

"그래? 알았어. 같이 가자!"

나는 이렇게 누나와 함께 1일 특강에 참여했다. 그리고 그날 바로 책 쓰기 과정에 등록해서 책을 쓰고자 하는 소망을 이어 갔다. 누나는 어떻게 했을까? 물론, 등록하지 않았다. 가장 근본적인 이유는 책 쓰기 과정을 듣고 책을 쓴다는 것 자체를 믿을 수 없기 때문이라고 했다. 900명의 작가를 배출했다고 해도 책 출간을 못하는 작가들이 더 많지 않겠냐고 했다.

우리는 눈에 보이는 이러한 현실조차도 믿지 못하고 의심하며 살아간다. 끌어당김의 법칙을 기억하는가? '눈에 보이는 것을 믿는 것이 아니라 믿는 것이 보이는 것이다'라는 믿음을 가지고 산다면 이루어진다는 말이다.

나는 한책협 김태광 대표 코치의 의식 확장 강의를 통해서 지금의 내 모습을 본다. 비록 일천하지만 4개월 안에 책 2권을 출판 계약한 작가가 되어 있는 모습을.

당신의 버킷리스트는 무엇인가? 아니 질문을 다시 하겠다. 당신의 버킷리스트 중 자신의 이름을 내건 책을 내고 싶다는 꿈이 적혀 있는가! 그렇다면 도전하라.

나는 단 한 번도 일기를 써 본 적이 없다. 40대인 나는 30대 중반까지 책과는 거리가 멀었다. 또한 단 하나의 뚜렷한 꿈과 목표도 없이 직장생활만을 하며 살았다. 그런 내가 목표를 이루기 위해 꿈을 꾸기 시작한 건 바로 책 쓰기 수업을 들으면서부터다. 책을 쓰면 할 수 있는 일이 너무나도 많다는 것을 눈으로 보았다. 작가가 되는 것은 기본이고, 강연 요청을 받거나 1인 창업도 할 수 있다. 눈으로 보는 것조차 믿지 못한다면 무엇을 믿으랴!

내가 적은 버킷리스트 1번! 바로 4개월 안에 개인저서 2권을 낸 작가다! 나는 나의 첫 번째 버킷리스트를 이룰 것이다. 아니 이루어졌다고 믿는다. 한책협 김태광 대표 코치의 코칭을 받는 나는 새로운 한책협의 신화를 이어 가는 작가로 탄생할 것이다.

오늘도 나는 첫 번째 버킷리스트의 이루어짐을 믿고 다음 버킷리스트를 향해 나아간다! 지금 이 글을 읽고 있는 당신도 꿈꾸는 모든 소망들이 이루어졌다고 생각하라. 그러면 반드시 그 꿈은 이뤄질 것이다. 당신의 꿈을 응원한다!

02

6개월 안에 안정적인
강연가의 삶을 시작하기

나는 '대도초등학교'를 나와 '대청중학교'를 거쳐 '경기고등학교'를 졸업했다. 이게 내 학력의 전부다. 나는 고등학교를 졸업한 후돈을 벌기 위해 바로 회사에 취업했다. 그리고 취업한 지 얼마 되지 않아 입대 영장이 날아왔다. 군대를 제대하고 무의미한 시간만을 보내다 지금 일하고 있는 회사에 취업했다. 그리고 지금까지 20여 년간 현대판 노예의 삶을 살고 있다.

지금의 상황을 너무도 벗어나고 싶었던 나는 자기계발을 위해 알아보다가 한책협을 알게 되었다. 나는 한책협에서 진행하는 책 쓰기 과정을 수강하고 4개월 만에 공동저서를 포함 3권의 책을 출판계약 하게 되었다. 그리고 수강을 마친 지 6개월도 안 된 시점에 나의 모교로부터 강연 요청을 받게 되었다. 그 외에도 국내의 몇몇 군데 유명한 대학교에서도 나의 이야기를 들려 달라며 강연 섭외가 들어왔다.

지금의 나는 수십만 원에서 수백만 원의 강연료를 받으며 많은 이들에게 나의 지난 인생과 현재의 삶의 대해 이야기해 주며 살고 있다. 지금 내가 꿈꾸는 이런 강연가의 모습이 어떻게 보이는가?

나는 현재 한책협에서 책 쓰기 과정을 수강하고 있다. 지금 3주차 수업까지 마친 상태다. 이제 곧 개인저서를 집필할 예정이다. 내가 책 쓰기 특강을 신청한 데는 그만 한 이유가 있었다. 나는 지금까지 한 번도 무언가를 이루며 살아온 적이 없다. 나는 꿈도 없었고 특별한 목표 의식도 없이 회사생활만 하며 하루하루를 살아가고 있었다. 그러던 어느 날!

"김종윤! 이번 달 매출이 얼마야?"

"1억 7,000만 원입니다."

"야, 이 XXX야!! 지금까지 까먹은 돈이 얼만지 알아?

"…"

"너 그렇게 하면 망하는 거야! 나라도 있으니까 버티고 있는 거지!"

"…"

"네 나이가 지금 마흔이 넘었는데 여기서 쫓겨나면 어디 갈 데나 있어? 이제 받아 주는 데도 없어! 정신 좀 차려!"

"네, 알겠습니다!"

대충 짐작이 갈 것이다. 내가 회사에서 겪은 일이다. 나는 현재 20년간 지금의 대표이사와 인연을 맺고 이 회사에서 일하고 있다.

여느 회사와 마찬가지로 우리 회사는 매월 BEP(손 익분기점)을 맞춰야 한다. 하지만 경기 불황과 시장의 어려움으로 인해 수개월 동안 적자의 늪에서 빠져나오지 못하게 되었다. 그러자 대표이사로부터 심한 질책을 받게 된 것이다.

나는 질책을 받으면서 한 가지 걱정이 생겼다. "어디 갈 데나 있냐?"라고 한 대표이사의 말이다. 내가 지금 회사를 그만두는 일이 정말로 생긴다면 나는 무엇을 하며 살아야 할까? 이런 걱정으로부터 시작해 나는 한책협과 인연을 맺게 되었다. 지금까지 20여 년 동안 지금의 직장 말고는 아는 곳이 없었다. 그리고 다른 할 줄 아는 것도 없었다. 그런 내가 지금의 회사를 그만두거나 쫓겨나는 상황이 생긴다면 도저히 감당할 수 없는 공황 상태에 빠질 것임은 자명한 사실이었다. 이 절박한 상황이 나를 한책협과 인연을 맺도록 연결해 준 것이다.

우리가 살면서 100억 부자를 눈으로 볼 수 있는 기회가 얼마나 될까? 100억까지는 아니더라도 부자라고 말하는 사람들을 얼마나 만날 수 있을까? 나는 매주 부자를 보며 산다.

한책협의 김태광 대표 코치는 100억 이상을 소유한 부자다. 나는 살면서 "나는 얼마를 벌었다."라고 말하는 사람을 본 적이 없다. 김태광 대표 코치를 만나기 전까지는 말이다. 우리는 감추려고만 하는 삶에 익숙해져 있다. 심지어 나를 드러내고 내가 가진 재산이 얼마인지 까발리는 것을 극도로 꺼려한다. 흔히 TV에서 보는 대기업 총수들을 제외하고는 자신이 부자라고 말하는 사람들을 만나기 어려운 이유다. 하지만 김태광 대표 코치는 "나는 얼마를 벌었고 얼마만큼의 부동산을 보유하고 있다."라고 당당히 말한다. 그 이유는 간단하다.

돈을 벌 수 있는 완벽한 부의 파이프라인이 만들어져 있기 때문이다. 책을 쓰고 강연하면서 1인 창업을 하기까지의 모든 시스템이 완벽하게 만들어져 있다. "성공해서 책을 쓰는 것이 아니라 책을 써야 성공한다."라는 김태광 대표 코치의 말을 신뢰하게 되는 이유다.

대덕구와 OOO이 함께하는 청소년 아카데미! 〈사람이 사람에게〉라는 토크 콘서트를 혹시 기억하는가? 바로 방송인 김제동 씨가 얼마 전 강연하기로 했던 토크 콘서트다. 얼마 전 김 제동 씨는 고액 강연료로 인해 곤욕을 치렀다. 도대체 강연료가 얼마이길래! 90분 기준으로 1,550만 원이었다. 지금 이 글을 읽는 독자들은 김제동 씨의 1,550만 원 강연료가 비싸다고 생각하는가, 아니면 적정하다고 생각하는가? 고민된다면 다음 글을 읽고 다시 생각해 보자.

브렌든 버처드의 《백만장자 메신저》의 내용 중 "당신의 진심이 다른 사람들을 돕고자 하는 마음일 때 상대방은 당신을 더 믿게 된다. 그리고 이 믿음은 그들이 당신의 서비스에 기꺼이 돈을 지불하는 중요한 발판이 된다."라는 문구가 있다. 무슨 의미인지 감이 잡히는가!

한마디로 당신에게 자주 묻는 '그것'이 바로 콘텐츠가 될 수 있다는 말이다. 우리는 살면 서 주변 사람들에게 많은 상담을 해 주며 살고 있다. 이 모든 것들을 콘텐츠화할 수 있는 능력만 키운다면 누구나 메신저로 살 수 있다는 게 저자의 궁극적인 이야기다. 나만이 해 줄 수 있는 얘기는 세상에 단 하나밖에 없다! 그럼 이제 다시 김제동 씨 이야기로 돌아가 보자.

청소년들에게 희망을 줄 수 있는 콘텐츠를 가지고 나만이 해 줄 수 있는 얘기를 전하는 데 얼마의 비용이면 적당한 걸까? 그 메신저의 비용은 무슨 근거로 책정하는 것일까?

가족 중에 정말 아픈 사람이 있다고 상상해 보자. 아픈 사람을 절대 이대로 보낼 수는 없다. 가족 구성원들은 어떻게든 환자를 살리기 위해 수단 방법을 가리지 않을 것이다. 마침내 환자를 살릴 수 있는 방법을 알고 있는 의사를 만났다. 가족들은 의사에게 뭐라고 말할까? 아마도 울면서 얘기할 것이다! "비용은 얼마가 들어도 좋으니 살려만 달라."고! 이것이 현실 아닐까? 누구나 같은 생각을 하게 된다. 소중한 가족을 지켜야 하니까!

내가 꿈꾸는 강연가의 모습은 의사와 같은 모습이다. 나는 지금까지 나의 삶에 대해서 감추고 숨기려고만 하며 살아왔다. 실패한 인생이 부끄러워 쥐구멍이라도 있으면 들어가고 싶은 심정이었다. 하지만 이제는 다르다. 나와 같은 처지에 놓인 사람이 대한민국에 단 한 사람이라도 있다면 나는 그를 위한 메신저가 될 것이다. 나의 과거와 경험은 나만의 추억이다. 나만의 추억이기 때문에 그 어떤 누구도 나를 대신할 수 없다. 이 추억을 나는 콘텐츠화하려고 한다.

'6개월 안에 안정적인 강연가의 삶을 시작하기'는 나의 버킷리스트 중 두 번째 목록이다. 왜 나는 안정적인 강연가가 되고 싶었을까? 나는 마음이 정말 힘들거나 어려움에 처하게 되 면 가끔 사주를 보러 간다. 사주를 보면 기분 좋은 얘기를 해 주거니와 힘든 속마음을 누군가에게 얘기할 수 있다는 게 좋았다. 지금까지 다섯 번 정도 사주를 보았는데 모든 점쟁이들이 공통적으로 하는 말이 있었다. 나는 강의를 할 운명이라고 했다. 지금 강의를 하거나, 그게 아니면 앞으로 강의를 하게 될 운명이라고 말이다.

나는 현재 교육서비스 업종에서 일하고 있다. 교육서비스 업종에서 일하고 있지만 강사가 아닌 관리직에 종사하고 있다. 점쟁이들은 나에게 강의를 하게 될 운명이라고 말했지만 나는 한 번도 강의를 해 본 적이 없다. 강의를 하는 곳에서 일할 뿐이었다. 나는 그 것도 같은 상황이라 생각하고 스스로를 다독였다. 지금의 일은 계속해야 한다. 나의 운명이 될 수도 있는 이 일을 포기하고 그만두는 건 나에게 죄를 짓는 것과 같았다. 그렇게 더 열심히, 더 최선을 다해 회사 일에 전념하며 살았다.

한데 나는 이곳에서 어떻게든 벗어나고 싶었다. 나의 운명이라고 생각했던 일인데 나는 더 이상 이곳에 남아 있고 싶지가 않았다. 하루빨리 벗어나고 싶다는 생각만 간절했다. 이곳은 나의 운명이 길이 아니었던 것이다.

한책협을 알고 나서부터 나의 모든 관념은 바뀌기 시작했다. 나는 책 쓰기 과정을 통해서 작가로서의 삶을 살아가고 있다. 그러면서 나를 찾는 많은 사람들에게 희망의 메시지를 전해 줄 수 있는 메신저로 살아갈 수 있다는 것을 보여 주었다.

나는 그동안 할 수 있는 일이 없었고 하고 싶은 일도 없었다. 그동안 내 삶은 회사라는 울타리 안에서만 존재했다. 지금도 주변의 많은 사람들이 지난 시절 나와 같은 고민을 가지고 산다. 나이 때문에, 지역 때문에, 가족 때문에 하고 싶은 일을 못하는 사람들. 언제까지 남 탓만을 하며 살 것인가!

나는 이제 남이 아닌 나의 문제를 찾았다. 그렇기 때문에 남이 아닌 나를 변화시키려고 한다. 온전히 하고 싶은 일을 하며 아름답고 행복한 일상을 보내는 나의 모습을 상상한다. 이제 나는 앞서 얘기했던 안정적인 강연가의 삶을 시작한다! 지금 꿈꾸고 소망하는 모습이 미래에 이루어질 모습이다. 나는 6개월 안에 안정적인 강연가의 삶을 시작하며 그동안의 회사생활을 마무리한다. 지금까지 나의 1막 인생은 지금 일하고 있는 곳에서 시작했다. 이제 6개월 안에 그 1막 인생을 정리하고 진정한 자유와 행복을 찾아 2막 인생을 시작한다. 한책협과 함께 하고 싶은 일을 하면서 지금부터 꿈맥들과 행복한 인생을 시작한다.

PART 03

전 세계로
선한 영향력을
펼치는 디지털
노마드 되기

- 김하나

김하나 하나코치의 열정연구소 대표, 라온투자 대표, 예비역 소령, 자기계발 작가, 강사

독학으로 10년간 영어를 공부해 한국 여군 최초 미 장군의 전속부관, 한미 통역 및 연락 업무, UN 개인파병 등 다양한 경험을 가진 육군 소령 출신의 자기계발 작가이다. 100개가 넘는 버킷리스트를 실천한 경험을 바탕으로 도전하는 사람들을 위한 멘토 및 자기계발 코치로 활동 중이다. 빚더미에 월급을 받는 군인에서 30대 후반 경제적 자유의 삶을 즐기는 전업투자자로 변신에 성공했다. '월급쟁이 주식투자로 수입파이프라인 만들기'란 주제로 개인저서를 집필 중이다.

01

최고의 동기부여 작가 및 자기계발 강사로서 긍정 메시지 전파하기

　친구들이나 지인들이 종종 나에게 묻는 한 가지가 있다. 어떻게 한결같이 열정적일 수 있는가, 라는 것이다. 그것은 바로 내가 가슴에 꿈이라는 꺼지지 않는 불을 안고 살기 때문이다. 나의 꿈은 한두 개가 아니라 수백 개다. 또한 이 꿈은 때로는 수정되기도 하지만 삶에서 없던 적이 한 번도 없다. 왜냐하면 내가 인생을 살아가는 첫 번째 이유이기 때문이다.

　꿈이 생기면 나는 항상 바로 그 꿈과 연결되는 행동을 했다. 노트에 적고, SNS에 공표하고. 돌이켜 보니 나는 할 수 있을까 없을까를 잘 고민하지 않았던 것 같다. 오직 해내는 방법만을 고민했다. 그 결과 내가 원하는 것은 거의 다 이루어졌다. 자세히 보면 여기엔 하나의 비밀이 있다. 그 꿈을 선택하고 나아감에 있어 사력을 다해 퇴로가 없다는 생각으로 전념한다는 것.

　나는 초등학교 2학년 때부터 빈 병을 팔아 용돈을 마련했다. 고등학교 1학년 때는 신문배달을 했다. 집이 찢어지게 가난하다거나 누가 시킨 것은 아니었다. 하지만 내가 관심 있고 흥미 있어 하는 일들이 부모님 눈에는 비전과 재능이 없어 보였나 보다. 그도 그럴 것이 끈기가 없고 호기심만 많아 매번 작심삼일이었으니까.

어느 날 부모님은 앞으로 하고 싶은 게 있으면 내가 알아서 하라고 하셨다. 그래서 고1 때 합기도를 배우려고 했다. 하지만 공부해도 모자랄 시기에 합기도를 배우러 다니겠다는 딸이 곱게 보이지 않았는지 부모님은 반대하셨다. 결국 한 달 동안 추운 겨울 새벽 3시 30분에 일어나 7시까지 신문을 돌리고 번 3만 5,000원으로 합기도 도장에 등록했다. 결국 부모님은 나의 고집에 '승단시험 보는 기간 동안 지원'이라는 조건을 달고 다니게 해 주셨다.

하고 싶은 일이 있는가? 정말 하고 싶다면 허락을 구할 때까지 기다리지만 마라. 이는 당신에게 누구 때문에 못했다는 못난 변명을 안겨 준다. 정녕 하고 싶은 것이 있다면 차라리 먼저 행동하라. 때론 행동을 먼저 하고 수습하는 것이 더 잘 풀린다. 그게 세상의 이치다.

고3 때 수능을 마친 후 갑자기 우리나라 제주도가 어떤 곳인지 궁금해졌다. 추운 2월, 중학교 단짝과 저금통을 턴 3만 2,000원을 들고 목포에서 배를 타고 제주도로 무전여행을 갔다. 미성년자이기 때문에 부모님의 허락을 구하는 건 불가능했다. 그냥 질렀다. 잠깐 바람 쐬러 다녀온다는 쪽지만을 남기고.

그렇게 간 제주도에서 나는 내 환상이 무너져 내림을 보았다. 나는 유채꽃이 만발하고 감귤 향이 진하게 풍기는 인심 훈훈한 곳을 기대했다. 하지만 제주도는 일반 도시와 별다른 게 없었다. 그래, 이곳은 사람들이 많이 다니는 번화가라 그럴 거야. 그렇게 생각하고 우리는 무작정 버스를 타고 성산으로 갔다. 어둑어둑해지고 바람이 세차게 불어 힘들게 짊어지고 간 텐트는 쳐 보지도 못했다. 지금 생각해 보면 바람이 많이 부는 제주에서 2월에 텐트를 치고 잘 생각을 하다니 제정신이 아니다.

결국 배가 고파진 우리는 아무 집에나 들어가 밥을 얻어먹었다. 남자 둘이 사는 컨테이너에 겁도 없이 들어가 재워 달라고 하면서 하루를 버텼다. 집도 없고 돈도 떨어지고 상거지가 따로 없었다. 사람이 절박해지면 쪽팔림은 생각조차 안 나는구나, 라는 생각이 들었다.

그럼에도 불구하고 돌아갈 차비가 없다고 집에 전화는 못할 것 같았다. 결국 배에서 만난 감귤농장 주인아저씨네 명함을 찾아 일자리를 구했다. 할머니들과 박스 접는 일을 하며 모은 돈을 손에 쥐고 난생처음 일주일 동안 여행을 했다. 처음엔 부모님을 떠나서는 아무것도 못할 것 같았다. 하지만 그때의 작은 모험으로 인해 나도 혼자서 무언가를 잘할 수 있다는 용기가 생겼다.

스무 살, 외국에 대한 로망이 생겼다. 보다 넓은 세상을 보고 싶었다. 영어도 못하는데 나가서 길이라도 잃어버리면 어쩌지. 그런 걱정과 그래도 나가 보자, 라는 생각이 머릿속을 떠나지 않았다. 지금이야 일반화되었지만 당시만 해도 여자 둘이서 태국, 말레이시아, 싱가포르를 여행하는 것은 드물었다. 하지만 우리는 바로 티켓을 샀다. 30일 동안 90만 원으로 히치하이킹 등을 하며 세 나라를 횡단했다. 생각보다 세상엔 재미있는 게 많다. 어렵거나 힘든 것도 시간이 지나면 해결된다는 생각이 들었다.

영어를 못해도 보디랭귀지로 통했다. 영어를 못해도 전혀 쪽팔리지 않았다. 이로 인해 사람들이 할 수 있을까 없을까를 쓸데없이 먼저 생각하고 고민한다는 것을 알게 되었다. 더불어 남들은 내가 잘하든 못하든 크게 신경 쓰지 않는다는 것도 알았다.

스물한 살, 휴학을 했다. 좀 더 넓은 세상을 보고 싶어서 세계여행을 계획했다. 부모님은 미쳤다며 취업도 점점 어려워지는데 빨리 졸업하라고 하셨다. 직장을 얻은 후 네가 하고 싶은 것을 해도 늦지 않다고 하셨다. 하지만 나는 무슨 일을 할 때는 때가 있다는 생각이 들었다. 직장에 들어가면 회사생활을 하느라 정신없을 텐데. 그때 일을 그만두고 여행할 수 있을까? 더 어렵다는 결론이 나왔다. 결국 열정이 올라올 때 행동하기로 했다.

나는 5개월 동안 2~3시간 자면서 하루에 5개의 아르바이트를 했다. 주유소, 편의점, 과외, 호프집, 커피숍. 당시 영국에서는 학생비자로 주당 20시간씩 일을 하며 지낼 수 있었다. 그래, 거기서 영어도 배우면서 여행을 하자. 나는 목적지를 영국으로 정하고 학생비자를 받기 위한 비용을 지불했다. 그러고 나니 수중에 80만 원이 남았다.

스물한 살 봄, 나는 80만 원을 들고 영국으로 떠났다. 그러곤 1년간 일하면서 영어를 배우고 세계여행을 하자고 당찬 계획을 세웠다. 하지만 일을 제대로 하려면 영어를 조금이라도 했어야 하는데 슬프게도 영국영어가 독일어처럼 들렸다. 영어 귀를 틔우고자 하루 종일 TV를 틀어 놓았다. 스트레스를 받아 20년 동안 마른 몸이었던 내가 두 달 만에 10킬로그램이 쪘다. 영어만 들리면 토했고 거식증도 걸렸다. 영어도 못하고 살은 뒤룩뒤룩 찌고 괜히 왔다는 생각이 들면서 자존감이 낮아졌다.

하지만 귀국비행기 티켓을 들고 성과도 없이 한국으로 돌아갈 수는 없었다. 계속 중얼거리며 영어 책과 드라마를 통째로 외웠다. 살을 빼기 위해 3개월 동안 두 끼를 먹으며 식단 조절을 했다. 귀국 전 3개월 동안 새벽, 저녁에 미친 듯이 뛰었다. 목표가 있으면 제대로 미쳐야 한다. 결국 영어를 1도 못하던 나는 남의 나라에서 1년 동안 일하면서 세계여행도 하고 살도 빼고 돌아왔다. 살면서 한 번도 미쳤다는 소리를 듣지 않은 사람은 자신의 꿈을 다시 한 번 생각해 보아야 한다. 꿈은 제대로 미쳐야 이룰 수 있기 때문이다.

다른 친구들이 취업할 때 나는 여군에 지원하기로 했다. 다들 정신 나갔다고 했다. 아는 오빠는 너처럼 똑똑하고 영어도 잘하는 아이가 왜 굳이 군에 가냐며 극구 만류했다. 하지만 그때부터 계속 여군 입대 지원율은 10:1을 기록했다. IMF가 터진 이후 공무원과 군에 관심이 몰린 탓이었다. 군에서 GOP 부대 야전생활부터 통역, 미군 장군 전속부관, 공수낙하 과정, 국외 위탁, 해외 파병 등의 다양한 경험을 쌓았다. 남들이 진급에 목숨 걸 때 나는 하고 싶은 일을 우선적으로 찾아서 했다. 왜냐하면 내가 가장 열정적으로 할 수 있는 일은 내가 잘할 수 있는 일이었기 때문이다.

그러자 수많은 부정적 피드백이 돌아왔다. 이러다간 절대 진급이 안 되고 후회할 것이라고. 각종 선발직에서 떨어질 것이라고. 후에 이는 오히려 글로벌 시대에 맞는 좋은 평가로 이어졌다. 진급은 알아서 되었다. 더불어 꼼꼼하지 못한 내 성격을 보완하고 인내심과 리더십도 더불어 배울 수 있었다. 남들과 다른 길을 가는 것을 무서워하지 마라. 가고자 한다면 부정적 피드백 따위는 전혀 도움이 안 된다. 오히려 남들이 만류하는 길에서 인생의 포텐이 터진다.

그러던 어느 날 후배 A가 울면서 전화했다. "선배님, 이번 위탁 교육 또 떨어졌습니다. 제가 성적도 더 좋고 영어점수도 좋은데 또 육사 출신이 되었습니다. 정말 불공평합니다." 군 생활 기간 수없이 이와 같은 전화를 받았다. 다른 이들은 어쩔 수 없으니 받아들이라며 위로하곤 한다. 하지만 나는 이렇게 물었다. "그래서 이제 그만할 거니?" 보통 이렇게 물으면 대부분 더러워서 이제 안 하겠다고 말한다.

10년 동안 이유도 모른 채 출신의 벽에 부닥쳐 군의 모든 위탁교육에서 떨어질 때마다 나는 이렇게 생각했다. 육사는 고등학교를 마치고 바로 군이라는 목표를 정해 나보다 4년을 빨리 시작한 것이니만큼 그것을 인정하자. 출발선이 다르다는 것을 인정하자. 인정할 것은 기간이지 실력이 아니다. 그들이 영어점수 800을 바라볼 때 난 900을 맞고, 900을 볼 때 난 만점을 받자. 그리고 프리토킹도 가능한 EXTRA 1을 더 만들자. 남들이 진급을 바라보고 전력투구할 때 난 나를 진급시킬 수밖에 없는 이유를 만들자. 언제까지 이 세상은 불공평하다고, 난 가진 게 없다고 외치고만 있을 건가? 둘러보라. 세상은 불공평투성이다. 하지만 지금 당장 바뀌지 않는 것을 어찌하겠는가? 가장 쉬운 것은 나의 태도를 바꾸는 것이다. 목표를 정했으면 될 때까지 해 보자. 데드라인을 정하고 그때까지 최선을 다했음에도 이루지 못했다면 그때 물러나도 늦지 않다. 돌아보니 버리는 경험은 없더라. 결국 10년 만에 내게도 위탁교육이란 길이 열렸다.

아직도 할까 말까를 고민하는가? 당신이 정말 하고 싶은 것이라면, 꿈꾸고 있는 것이라면 더 늦기 전에 지금 바로 시작하라고 말하고 싶다. 성과가 좋지 않더라도 해 보는 것과 시작하지 않은 것은 천지 차이다.

군 생활 15년 동안 나를 거쳐 간 사람들은 항상 나에게 묻곤 했다. 어떻게 그렇게 열정적으로 하고 싶은 일을 하면서 살 수 있나요? 다른 것은 즐겁게 해도 군 생활을 즐겁게 하는 것은 좀 어려운 일이다. 하물며 나의 군 생활의 만족도가 다른 사람보다 훨씬 높았던 이유를 돌아보았다. 보수적인 군에서도 내가 하고 싶은 일을 찾아서 하려는 열정 때문이었다. 물론 살다 보면 하고 싶지 않은 일을 견뎌 내야 하는 인내심도 필요하다. 내가 삶에서 필요한 인내심이라면 견디면서 배우라. 아직 다 경험해 본 게 아니지 않은가?

나는 하루에도 꽤 많은 양의 문자와 전화를 받는다. 전문 상담가도 아니요 컨설턴트도 아니다. 하지만 친구, 동료, 선후배, 우연히 나를 알게 된 사람들은 이상하리만큼 나에게서 피드백을 받고 싶어 한다. 나의 행동, 열정, 나에게서 뿜어져 나오는 에너지가 그들에게 희망이 되고 열정을 불러일으킨다고 한다. 처음부터 이런 것은 아니었다. 내가 집안이 넉넉하지 않단 이유로 배우기를 그만하고, 누군가 반대한다는 이유로 경험하기를 멈추었더라면 이처럼 남에게 나의 열정과 에너지를 나누어 줄 수 있었을까? 덕분에 내가 롤모델이라는 사람도 있을 정도로 나는 꽤 괜찮은 사람으로 변했다.

어렸을 때부터 나는 오지랖이 넓다는 소리를 귀에 못이 박히게 들었다. 남들을 돕는 일에 유난히 발 벗고 나서서였기 때문이다. 처음엔 이런 말을 듣는 게 싫었지만 이젠 별로 신경 쓰지 않는다. 이 오지랖이, 내 삶의 경험과 실패, 아픔 모두가 어느새 다른 사람에게 열정을 나누어 주는 달란트로 변했기 때문이다.

나는 힘들게 얻은 경험, 지식도 쉽게 잘 내어주는 편이다. 그중에는 몇 백만 원, 몇 천만 원을 들여 오랜 기간 동안 습득한 것도 있다. 가끔은 잘 내어주니 가치를 낮게 보는 이들이 있어 한편으론 마음이 안 좋을 때도 있다. 하지만 다른 이들이 나로 인해 다시 삶의 열정과 꿈을 찾고 어려움을 극복하는 데 도움이 되었다는 것에 돈보다 훨씬 더 큰 가치를 느끼곤 한다.

나는 2008년부터 버킷리스트를 꾸준히 써 왔다. 매년 10개의 핵심 목표를 세워 꾸준히 노력했다. 그랬더니 꿈이 이루어진 것만 해도 100개가 넘는다. 더불어 남에게 알려 줄 수 있는 것도 많아졌다. 그동안 내 버킷리스트에 전에는 없던 꿈 하나를 추가한다. 최고의 동기부여 작가이자 자기계발 강사로서 긍정의 메시지를 전파하기.

나만의 브랜드를 갖춘
1인 기업으로 성공하기

나는 자유롭고 싶었다. 더 이상 정해진 스케줄에 가슴을 졸이며 남이 한 일에 대해 무한책임을 지는 것을 조금은 내려놓고 싶었다. 2019년, 나는 당당히 15년 군 생활에 종지부를 찍었다. 지인들은 요즘같이 어려운 시기에 꼬박꼬박 고액의 월급과 연금이 보장되는 삶을 스스로 박차고 나왔다며 나를 이해하지 못했다. 나중에 후회할 것이라며 만류하기도 했다. 하지만 나는 진급도 연금도 그다지 미련이 없었다. 나는 군에서 내가 하고 싶었던 일을 다 이루었기 때문이다.

지금 와서 생각해 보면 조금 더 준비하고 나오는 게 훨씬 편하지 않았을까 싶기도 하다. 하지만 연금을 받고자 4년을 열정이 사라진 채 보내기엔 그 시간들이 너무나 아까웠다. 그 4년 동안 내 인생에서 어떠한 일들이 벌어질지는 아무도 모를 일이다. 늘 그래 왔듯이 선택과 결정의 순간에는 빈 종이를 꺼내 그 선택으로 인한 장점과 단점을 써 내려갔다. 많은 단점들이 나의 결정을 망설이게 한다면 내가 감수

할 수 있는 단점인지를 장점들과 비교하며 결정했다. 그리고 지금껏 그렇게 내린 결정은 단 한 번의 후회도 가져다주지 않았다.

나는 내 주도로 나와 내가 사랑하는 사람들이 함께 성장해 가는 삶을 살아가고 싶다. 내가 하고 싶은 일을 하며 매일 가슴이 뛰고 열정이 살아 움직이는 삶. 내가 사랑하는 사람들에게 선한 영향력을 주는 그러한 삶. 이것이 바로 나름 안정적이라 여겨지는 군을 떠난 첫 번째 이유였다. 솔직히 군에 대한 열정은 아직도 넘친다. 하지만 조직에서 원하는 책임과 의무로 인해 나는 나의 자유를 항상 포기해야 했다. 그런 만큼 자유에 대한 나의 갈망은 커져만 갔다. 이제는 내가 더 하고 싶고 가슴 뛰는 일을 하자고 마음먹었다. 1인 창업해서 내가 직접 사무실을 운영해 보자, 라고.

이렇게 내가 추구하는 삶의 방향을 찾았지만 막상 '뭐 해 먹고 살지?'라는 원론적인 문제에 도달했다. 결국 다들 나와 같은 삶을 살고 싶지 않은 게 아니다. 다 이렇게 살고 싶지만 경제적인 부분이 제일 컸던 것이다. 이를 선택했을 경우 단점이 장점을 위협할 정도로 크기 때문에 섣불리 움직일 수도 없는 것이었다.

군에서도 틈틈이 독서를 한 것은 참 큰 힘이 되었다. 주변에 롤모델이 없었기 때문에 책은 나에게 큰 빛으로 다가왔다. 나는 책 속에서 수많은 위인들과 성공한 사람들을 만났다. 1년에 200권을 읽을 때도 허다했다. 한때 다독에 미쳤던 것은 사회와 단절된 생활에서 방향을 찾고자 하는 나의 몸부림이 아니었을까?

강의, 세미나를 통해 다양한 사람들을 만났다. 휴가 때는 서울에서 열리는 강의는 무조건 찾아갔다. 심지어 홀로 서울에서 숙박하면서까지 2박 3일 동안 열렸던 경희대학교 인문학 강좌도 들었다. 내가 무엇을 해야 할지 몰랐기 때문에 방향을 찾고자 하는 나의 열정은 계속되었다. 정신없이 닥치는 대로 독서하고 강의를 듣다 보니 갑자기 이런 생각이 들었다.

'누구는 책을 내고, 누구는 책을 읽고. 어떤 사람은 강의를 하고 어떤 사람은 강의를 수강한다.'

서울에서 열린 유명 세미나에서 한 재테크 강사가 했던 말이 생각난다.

"제 강의를 들으러 전국에서 몰려옵니다. 항상 만석이지요. 심지어 암표도 거래되었어요. 제 강의를 들으려고요. 그런데 놀라운 사실이 뭔지 아세요? 그렇게 힘들게 와 놓고 제 강의를 듣는 100명 중에 그대로 실천하는 사람은 10~20명밖에 안 된다는 거예요. 그리고 그중에 좀 안 된다고 포기하지 않고 끝까지 남는 사람은 3~4명에 불과하다니까요. 그럴 거면 제주도에서, 시골에서 힘들게 서울까지 왜 올라옵니까?"

이제 보니, 항상 실천하지 않으면서 독서만 하는 사람, 강의를 들어도 그 순간만 이해하고 넘어가는 사람이 주변에 굉장히 많았다. 아무리 좋은 강의를 들었어도 해 보라는 것을 하지 않으면 무용지물인 것을. 나는 일단 나보다 앞선 사람이 해 보라는 것은 무조건 해 보기로 했다.

내가 맨 처음 시작한 것은 천연 수제비누 사업이었다. 솔직히 이윤을 남기고자 시작한 것은 아니었다. 취미로 시작한 천연 수제비누가 화학적인 부분을 배제하고 좋은 성분으로 만든 만큼 일반 세정제보다 피부에 훨씬 도움이 된다는 것을 우연히 알게 되었다. 많은 사람들이 피부에 관심이 많은 만큼 왠지 될 것 같다는 생각이 들었다.

천연 수제비누를 주변에 선물했는데 반응이 좋았다. 향도 좋고 무르지도 않아 구매하고 싶다는 사람들이 많았다. 하지만 문제는 비싸다는 것이었다. 아무리 좋아도 사람들 눈에는 비누인 것이다. 가격을 낮추는 방법을 고안해야만 했다. 그러나 100% 천연인지라 원가가 도무지 줄어들지가 않았다. 남들은 합성 방향을 넣을 때 나는 그 5배나 비싼 영국산 천연 아로마오일을 넣으니 원가를 줄일 수 없었던 것이다. 나는 시장이 허락하는 선에서 저렴한 재료를 쓸까 고민하다 결국 사업을 접었다.

나는 신의를 내 평생의 가치로 두고 있는 사람이다. 이제까지 그리 살아왔다. 그리고 그 때문에 나의 주변 사람들은 내가 어떠한 일을 해도 나를 믿고 지지한다. 만약 이 사업을 위해 나를 아는 사람들에게 천연이라고 말하면 그들은 무조건 믿고 살 것이다. 그렇기 때문에 더욱이 할 수가 없었던 것이다.

첫 사업을 하면서 나는 많은 것을 깨달았다. 제품이 아무리 좋아도 고정관념화된 가격의 장벽을 허무는 데는 한계가 있다는 것. 그리고 좋은 제품을 만드는 노력도 중요하지만 마케팅 전략은 더 중요하다는 것. 그리고 내가 판매에 소질이 없다는 것도 이때 안 사실이다. 오히려 나는 판매보다는 남을 가르치고 도움을 주는 데서 훨씬 보람을 느꼈다. 이제 보니 비누도 거의 무료로 나누어 주었다. 하지만 지금도 이 비누를 찾는 이가 있을 정도다. 그런 만큼 제품은 괜찮았다는 것으로 위안 삼는다.

창업 아이템을 찾고자 하는 나의 노력은 계속되었다. 예전에는 그냥 지나칠 가게의 간판, 진열 상태를 꼼꼼하게 체크하기도 했다. 잘되는 식당이나 가게에 들어가 그 가게의 장점이 무엇인지 비교해 보려고 노력하기도 했다. 하지만 평생 공무원을 했던 터라 아이디어는 쉽게 찾아지지 않았다. 이때 사촌 언니가 했던 말이 생각났다.

"넌 남 잘 가르쳐 주잖니. 너처럼 이익을 안 따지면서 알려 주는 사람도 없을 거야."

가만 보니 난 참 남에게 무엇을 알려 주는 데서 보람을 많이 느꼈다. 많은 돈을 들이면서도 남들이 잘 모르는 분야에 먼저 뛰어들어 노하우나 정보를 쉽게 잘 알려 주었던 것이다. 그러면서 '어쩌면 이런 게 내 길이 아닐까?'라는 생각이 들었다.

그러던 와중에 15년을 한 회사에서 근무하는 친구 A가 나를 찾아왔다. 건강도 너무 안 좋고 회사 내의 정치적 인간관계에 진절머리가 난다고 했다. 중견 간부로서 위아래 눈치를 보며 휴가와 휴일도 없이 몇 년째 일만 하는 자의 반 타의 반 일중독이다. 내가 보기에도 그 친구의 현 상태는 '번 아웃'을 넘어 건강까지 위협당하는 심각한 상태였다.

지금이라도 당장 그만두고 싶지만 그만두지 못하는 A의 걱정은 경제적인 문제였다. 그렇게 스트레스를 받아 지금 당장 입원해도 모자랄 판에 막상 그만두면 생계는 어떻게 하지, 라는 원초적인 문제에 부닥친 것이다. 그깟 월급 몇 푼에, 라는 생각이 들다가도 월급을 꼬박꼬박 받을 수 있는 게 얼마나 큰 행복이고 위안이냐, 라는 생각이 동시에 든다는 것이다. 결국 아직도 A는 링거투혼을 발휘하면서 회사에 다니고 있다.

이 친구를 보고 나는 다시 한 번 1인 기업가의 삶을 살리라는 결심을 굳게 되었다. 나 역시 월급이란 마약을 끊기가 어려웠기 때문에 일을 병행하며 베타테스트를 하는 방향으로 정했다. 이 무렵 우연히 주식투자를 알게 되었다. 지인을 통해 한 증권회사 직원을 알게 되면서 자연스럽게 관심을 갖게 되었다.

나는 주식에 대한 강한 편견과 트라우마가 있어 절대로 주식은 하지 않는다고 했던 사람이다. 그런데 그를 통해 많은 부자들을 만나게 되었다. 자수성가한 사람부터 금수저까지. 한데 이상한 사실을 알게 되었다. 그런 만남들을 통해 안 사실은 그들은 하나같이 월급을 받는 게 아닌, 자기 사업을 하고 있다는 것. 그리고 일반인들은 기피하는 주식을 하고 있다는 사실이다.

차이점은 직접투자도 하지만 간접투자를 선호한다는 것. 그리고 철저한 자금관리를 통해 부동산을 비롯한 안정자산과 주식을 철저히 분산시키고 있다는 점이었다. 이렇게 나는 주식시장에 용감히 뛰어들었고 현재까지 안정적인 생활을 하고 있다. 이게 내 1인 기업의 시발점이 되리라고는 상상도 못했다.

가만 생각해 보니 나는 참 행복한 사람이다. 내가 원하는 군에서 15년을 즐겁게 복무했고 지금은 1인 기업가로서의 삶을 살고 있기 때문이다. 사람들은 묻는다. "어떻게 그렇게 쉽게 내려놓을 수 있었어? 막상 그만둘 때 뭐 해 먹고 살지, 란 생각은 안 들었어?" 왜 안 들었겠는가? 수없이 많은 생각을 하고 시도를 하고 좌절과 실패를 반복했다. 그때는 몰랐지만 초등학생 때부터 지금까지 스무 가지가 넘는 아르바이트를 했던 경험과 독서가 1인 기업가로서의 기반을 다지게 했던 것 같다. 군에서도 시간이 날 때마다 읽은 책이 몇 천 권을 넘은 지가 오래다. 집에서 쉬기보단 무조건 시간을 내어 각종 강의와 세미나를 찾아 전국을 다녔다. '모르는 것은 반드시 찾아가서라도 배워야 한다'라는 내 신조 때문이다.

어쩌면 나는 그렇게 다른 이보다 빨리 사회에 나올 준비를 하고 있었는지도 모른다. 그러면서 사회와 자본주의의 흐름을 다른 군인들보다는 조금은 빨리 체득할 수 있었다. 때문에 1인 기업의 길이 그리 멀어 보이진 않았다.

특히 남들은 주식은 위험한 것이라며 기피할 때 좋은 스승을 만나 주식투자를 할 수 있었던 것도 큰 행운이다. 더불어 주식으로 번 돈을 철저한 자금관리를 통해 부동산과 경매로 지킬 수 있었던 것도 지금의 삶을 살 수 있는 큰 원동력이 되었다.

앞으로의 나의 꿈은 이러한 1인 기업을 기반으로 더 큰 경제적 자유를 확보하는 것이다. 뿐만 아니라 나와 같은 목표를 가진 사람들에게 올바른 재테크가 무엇인지 알려 주는 것이다. 성공한 1인 기업가로서 책과 강의를 통해 더 많고 다양한 사람들도 만나고 싶다. 그리고 꿈과 용기를 가지고 도전하는 이 삶이 옳았음을 증명할 것이다.

03

완벽한 디지털 노마드로서
삶의 질 높이기

프랑스의 사회학자 자크 아탈리는 그의 저서 《21세기 사전》에서 '21세기는 디지털 장비를 갖고 떠도는 디지털 노마드의 시대'라고 정의했다. 디지털 노마드란 스마트폰과 태블릿 같은 디지털 장비를 활용하면서 유목민처럼 자유롭게 이동하는, 창조적인 사고방식을 갖춘 사람들을 말한다.

대부분의 직장인들은 회사에 출근해 정해진 장소에서 월급을 받는 삶을 살고 있다. 정해진 스케줄과 회사에서 요구하는 일들을 하며 직장에 다니는 것이다. 하지만 요즘 프리랜서를 지향하는 사람들이 점점 늘어나고 있다. 재택근무 및 원격근무 등으로 이러한 형태는 점차 변화를 거듭하고 있다.

한 아이의 엄마이자 군인이었던 나는 어느 날 아침, 지금 현재의 삶이 만족스럽지 않다는 것을 깨달았다. 매사 열정을 갖고 일하던 내가 아침에 일어나 매일 정해진 장소로 출근해야 하고 마음에 맞지 않는 사람들을 대해야 한다는 사실이 곤혹스럽게 느껴졌다.

이게 내가 정녕 원했던 일인가? 하루에도 몇 번씩 묻고 있는 나 자신을 발견했다. 더구나 일에 빠져 아이를 키우면서 한 번도 아이와 제대로 시간을 보낸 적이 없다는 사실에 경악을 금치 못했다. 오죽했으면 아이의 소원이 엄마가 집에서 학교에 가는 자신을 배웅해 주는 것일까?

24시간 365일을 내가 원하는 대로 시간을 사용할 수가 없었다. 휴가 때조차 부대에 일이 있으면 들어가는 일이 다반사였기 때문이다. 이런 생활을 거의 20년째 하고 있는 것이었다. 내 삶의 방향을 전환할 때가 되었다는 신호가 몸에서도 머리에서도 왔다. 더 이상 마냥 높은 월급과 연봉을 바라보며 시간을 허비하고 싶지는 않았다. 연봉, 직급, 연금, 안정된 직장 모든 것을 떠나 나 자신에게 수천 번 되물은 것은 단 한 가지였다. '그래서 지금 행복하니?'

그러던 어느 날, 한 기사가 눈에 들어왔다.

"하루는 일하는 중간에 서핑을 즐기기도 하고, 어느 날은 비가 내리는 창밖 풍경을 보면서 작업을 하기도 하고, 또 다른 날은 로마 콜로세움 근처에서 관광객을 바라보며 일한다. 이런 꿈같은 근무 환경을 실제로 체험하고 있는 사람들이 있다.

인터넷과 업무에 필요한 각종 기기, 작업 공간만 있으면 시간과 장소에 구애받지 않고 일할 수 있는 유목민, '디지털 노마드' 얘기다. 이들은 고정된 업무 공간과 생활환경을 벗어나 커피숍, 도서관, 캠핑카 등 일할 수 있는 장소면 어디든 찾아가 원격으로 일한다."

그래, 이거다! 갑자기 내 인생의 이상향을 만난 사람처럼 내 가슴은 쿵쾅거리기 시작했다. 강한 직감이 내 몸을 감쌌다. 실로 정말 오랜만에 느끼는 감정이었다. '하고 싶은 일을 하면서 행복하게 살 수 없을까?' 이러한 물음에서 시작된 나의 뒤늦은 진로탐색은 계속되었다.

사실 내가 가장 목말랐던 것은 다름 아닌 자유였다. 시간과 공간으로부터 자유로울 수 있는 자유. 그러면서 가슴 뛰는 일과 하고 싶은 일을 하면서 사는 자유.

'그렇다면 나는 어떤 일을 해야 하는가?' 나는 어떤 일이 내 가슴을 뛰게 하고 열정을 지속시키는 일인가? 찾아보기 시작했다. 군인으로서는 디지털 노마드의 삶을 살기가 불가능했다. 때문에 나는 내가 원하면서 디지털 노마드로 살 수 있는 일들을 찾아보기 시작했다.

'오랜 시간 특별한 기술 없이 군인만 한 내가 디지털 노마드로서 할 만한 직업들이 무엇이 있을까?' 대체적으로 디지털 노마드가 가능한 직업은 원격으로 근무를 하거나 완벽한 프리랜서여야 했다. 아이러니하게도 시간과 공간으로부터 자유로우려면 경제적 자유를 먼저 획득해야 한다는 새로운 사실도 알게 되었다.

다른 사람들도 다 신유목민 같은 디지털 노마드를 꿈꾼다. 하고 싶지 않은 게 아니다. 미치도록 월급 노예가 되기 싫고 자신이 하고 싶은 일을 하며 사는 게 누구나 바라는 이상향이다. 하지만 대부분 가장이고 생계를 책임져야 하기 때문에, 그나마 해 왔던 일이 가장 잘할 수 있는 일이기 때문에 하고 있는 것이다.

내가 아는 후배는 웹디자인 회사에 다니다가 디지털 노마드를 꿈꾸며 회사를 나왔다. 프리랜서로서 회사에 매이지 않고 자유로이 꿈꾸는 삶을 살기로 한 것이다. 원래 웹디자인을 좋아했기 때문에 다른 직업을 택하진 않았다. 다만 매번 회사로 출근하고 정해진 업무를 하고 싶지 않았던 그녀는 과감하게 회사를 그만두었다.

하지만 회사에 있을 땐 넘쳐 났던 웹디자인 일이 개인이 되니 거의 들어오지 않았다. 예상치 못한 변수가 생긴 것이다. 퇴직할 때 받은 돈도 거의 바닥이 났다. 결국 후배는 다른 웹디자인 회사에 한 단계 낮은 직급으로 다시 들어갔다.

"언니, 디지털 노마드란 거 아무나 하는 게 아닌가 봐. 그렇게 상사로부터 눈칫밥 먹기 싫고 월급 노예가 되고 싶지 않아 나왔는데 결국은 다시 돌아갔어. 이럴 거면 차라리 예전 회사에 남아 있을걸."

이로 인해 나는 두 가지를 더 알게 되었다. 같은 업무여도 개인이 하는 일에는 회사에서 하는 일보다 높은 수준의 잣대가 요구된다. 그렇게 나를 옥죄는 것 같은 회사가 어느 정도 보호막이 된다는 것도 이때 안 사실이다.

또 다른 하나는 준비가 되지 않은 채 절대로 다니던 직장을 그만두지 말라는 것이다. 디지털 노마드의 꿈을 찾다가 그 꿈으로 인해 생계를 위협받는 일이 생긴다. 그러면 안 하느니만 못하다. 내가 아는 사업가 A도 회사를 다니다 창업했으나 생활고를 견디기 어려워 다시 회사로 돌아간 케이스다.

방송인 손미나는 어느 날 갑자기 남들이 동경하는 아나운서라는 직업을 휴직했다. 그러곤 스페인으로 유학을 떠났다. 그녀는 "행복이라는 게 당시에는 현재가 아닌 미래에 있는 줄 알고 달려만 나갔다. 하지만 행복은 현재에 있다."라며 본인이 갑자기 멋진 커리어를 중단하게 된 계기를 설명한다. 유학 후 그녀는 아나운서라는 직업을 내려놓고 지금은 여행 작가 및 강연가의 삶을 살고 있다.

이때 많은 이들이 영감을 얻어 퇴사를 꿈꾸고 가슴이 뛰는 이런 삶을 살기를 원했다. 하지만 손미나 전 아나운서 역시 현재의 자신이 꿈꾸는 직업을 택하기 전 유학을 통해 다시 한 번 인생을 점검했음을 반드시 알아야 한다. 아나운서라는 직업을 내려놓기 전 프리랜서로 또는 노마드로서 본인이 할 수 있는 일을 구체적으로 계획하고 방향을 설정한 것이다.

나는 지금 디지털 노마드의 길을 가고 있는 중이다. 그리고 비교적 이 꿈에서는 성공한 편이다. '무엇이 성공한 삶인가? 무엇이 디지털 노마드로서 완벽한가?' 이렇게 묻는다면 나도 잘 모르겠다. 하지만 손미나가 했던 것처럼, 그리고 내가 나 자신에게 물었던 것처럼 '그래서 지금 행복하니?'라는 물음에 지금은 당당히 'YES'라고 할 수 있을 것 같다.

나는 디지털 노마드뿐만 아니라 노후를 위해서도 반드시 월급에만 의존해서는 안 된다고 생각한다. 월급에 의존하는 삶은 마약과 같다. 나이가 들수록 그 월급마약은 더 끊기가 어려워진다. 그러다 보면 더 이상 어떠한 시도도 하지 않은 채 꿈꾸는 삶은 자신과는 상관없는 먼 나라 이야기로 남게 된다. 그런 케이스를 수없이 보아 왔다. 그만큼 경제적 자유는 시간과 공간의 자유에 우선하는 것이다.

평생 공무원이었던 나 역시 이러한 것을 알기 때문에 실행에 옮기기까지 많은 시간을 돌아왔다. 그리고 완벽한 디지털 노마드로 거듭나기 위해 아직도 새로운 것을 배우고 투자한다. 내가 원하고 바라는 삶은 이런 것이다.

전 세계 어디에서나 책과 강연을 통해 다양한 사람들을 만나며 나와 같은 고민을 안고 있는 사람들을 위해 컨설팅을 한다. 온라인으로도 오프라인으로도 내 시간을 자유자재로 사용하며 어디든지 장소에 얽매이지 않고 바로 떠날 수 있다. 바로 '시간과 공간의 자유 그리고 경제적 자유를 완벽하게 이룬 디지털 노마드의 삶!'이다.

04

미혼모 및 싱글맘이 자립할 수 있는 꿈센터 설립하기

나의 부모님은 내가 성인이 되었을 때 이혼하셨다. 그런 만큼 아주 어렸을 때 이러한 일이 벌어진 건 아니다. 하지만 남들처럼 평범하게 잘 살고 있다고 생각하고 있는 와중에 급작스럽게 이혼하셔서 내가 오히려 당황했던 것 같다. 더구나 그때는 이혼에 대해 색안경을 끼고 바라보는 때였다.

이혼 당시 자존심이 강했던 엄마는 아빠에게서 한 푼도 돈을 받지 않고 집을 나왔다. 쉰이 넘은 나이에 땡전 한 푼 없이 새로운 삶을 시작하는 엄마가 세상에서 할 수 있는 일은 극히 제한적이었다. 몸도 성하지 않은데 공사판을 전전하며 밥을 했다. 닥치는 대로 일하셨던 것이다.

이러한 시간을 보내며 성남 지하 단칸방에서 홀로 지내는 엄마가 항상 마음이 아팠던 것 같다. 만약 엄마가 고등학교라도 제대로 졸업하고 세상 물정을 좀 알았으면 그렇게까지 고생하진 않았을 텐데 하는 아쉬움이 있다. 중년을 훌쩍 넘긴 여자가 주변의 어떠한 도움도 없이 거친 세상에서 홀로 서는 것은 쉬운 일이 아니다. 어찌 보면 그때 엄마의 용기는 대단했던 것 같다.

엄마는 항상 배움의 끈을 놓지 않으셨다. 두 살배기 손주를 보면서 고등학교 검정고시를 보았다. 그때 대구에서 최고의 점수를 맞아 학원에서 우수 학생이 되기도 했다. 또한 간간이 요양보호사 일을 하면서도 4년제 대학까지 졸업하셨다. 그리고 강의를 들으러 다니고 자격증을 따러 다니셨다. 배움에는 나이가 상관없다는 것을 직접 보여 주신 것이다.

'무엇이 삶의 원동력이었을까?'삶을 포기하고 그만 놓고 싶을 때, 사람들의 편견 속에서 살아가야 할 때 삶을 지속할 수 있는 힘. 무엇보다 꿈이 있었기 때문에 삶의 끈을 놓지 않고 살 수 있었다고 엄마는 말했다.

이러한 일 때문이었을까? 나는 특히 미혼모나 싱글맘이 자립할 수 있는 교육센터를 만들리라 오랜 기간 생각해 왔다. 비교적 사회의 약자인 그들에게 꿈을 심어 주고 싶었다. 당당하게 살아갈 가장 큰 삶의 원동력이 되기 때문이다. 또한 긍정적 마인드를 심어 주고 자존감을 살려 주는 프로그램을 만들고 싶다는 생각을 했다. 외부에서의 한시적 경제 지원과 도움은 초기 정착에 많은 힘이 된다. 하지만 스스로 세상의 편견과 맞서 싸울 용기, 현 상태를 인정하고 나아가는 힘과는 별개라고 생각한다. 나는 물고기가 아닌 물고기를 잡는 법을 알려 주는 그런 꿈센터를 만들고 싶다.

보통 엄마의 생각이나 상태는 아이의 양육 방식에서도 고스란히 드러나게 마련이다. 특히 양육자의 태도는 아이의 현재와 미래의 가치관에도 큰 영향을 미친다. 엄마가 부정적이면 아이는 부정적인 사람이 될 가능성이 매우 많다. 반면 엄마가 씩씩하고 당당하면 아이도 그렇게 될 가능성이 크다. 이렇듯 엄마 스스로 엄마로, 여성으로, 온전히 자기 자신으로 설 수 있는 것은 생각보다 훨씬 중요한 것이다.

몇 달 전 아는 동생이 전업주부로만 살다가 이혼했다. 그녀는 8년 전 명문대를 나와 대기업에 다니는 남편과 경제력이 있는 시댁 등 이른바 취집을 잘했다. 사람들은 신분상승 했다며 부러움 섞인 시기를 하기도 했다. 결혼과 더불어 3년 동안 다니던 회사도 그만두었다. 자신의 꿈을 찾아 입사한 회사였으나 더 이상 스트레스 받으면서 다니고 싶지 않았던 그녀였다.

그녀는 이혼과 동시에 2명의 아이도 데려왔다. 하지만 막상 아이들을 챙기면서 다닐 수 있는 직장이 없었다. 그녀는 자신이 사회에 나갈 준비가 전혀 되어 있지 않다는 것을 알았다. 이전에는 자신은 아이만 잘 키우면 된다고, 남편이 직장에 다니니 평생 돈 벌 걱정은 안 해도 된다고 생각했었다. 하지만 이제 상황이 바뀌었다. 오히려 왜 살아야 하는지, 뭐부터 시작해야 하는지를 고민해야만 했다.

그녀에게 가장 간절했던 것은 다름 아닌 실제 삶에 필요한 소통과 자신에게 필요한 도움을 주는 원천적인 프로그램이었다. 삶에 의미를 부여해 주고 희망을 보며 살 수 있도록 해 주는 그런 살아 있는 교육. 일시적인 경제적 지원, 프로그램은 한정적으로는 효과를 발휘하는 듯하다. 하지만 그때뿐인 경우가 많았다.

초기에 일부 도움을 줬던 기관이나 온라인 카페에서 만난 사람들은 서로의 처지를 이해했다. 하지만 갈수록 자신의 처지를 한탄하고 비관하기 일쑤였다. 가난과 비관은 매우 빨리 전염되는 습성이 있다. 결국 그녀는 그들과 거리를 두기 시작했다. 그리고 자생력을 갖추고자 고군분투했다. 세 가지 아르바이트를 하면서도 긍정적인 커뮤니티와 자신감을 불러일으키는 세미나에 참석하기도 하고 틈나는 대로 독서도 했다.

무엇보다 긍정적인 사람들을 많이 만났다. 자신을 지속해서 움직이도록 하는 것은 외적인 부분보다 내적인 힘이라는 것을 깨달은 것이다. 그녀는 다시 활기를 찾았고 예전처럼 긍정적으로 변했다. 현재 그녀는 파티셰가 되어 작은 동네 빵집을 운영하고 있다. 꽤 안정적이 되었고 단골손님도 많이 생겼다.

결국 본인이 변하지 않으면 안 된다. 스스로가 변하지 않으면 내 환경은 크게 변하지 않는 것이다. '밑 빠진 독에 물 붓기'처럼. 장애물은 여기저기 깔려 있는데 본인이 세상에서 살아갈 원동력을 스스로 만들지 못하면 한계가 있다. 남이 그려 주는 로드맵은 남이 그린 것일 뿐. 이는 좋은 결과를 내지 못한다. 이처럼 한 개인에게 있어 꿈과 희망, 자신감은 너무나도 중요하다.

《해리 포터》의 작가이자 세계적인 베스트셀러 작가인 조앤 롤링은 남편의 폭력 때문에 이혼했다. 10만 원 남짓한 생활 보조금으로 딸과 함께 힘겨운 삶을 시작했다. 심한 자살충돌과 우울증을 앓던 그녀였지만 작가의 꿈만은 절대 포기하지 않았다. 난방비가 없어 추운 겨울, 한 카페에서 유모차를 세워 놓고 커피 한 잔으로 추위와 허기를 달래며 글을 썼다. 그녀가 타자기로 쓴 원고들은 어느 출판사로부터도 환영받지 못했다.

연이은 실패와 거절에 지쳐 갈 때쯤 한 출판사로부터 출간 제안을 받게 된다. 그렇게 세상에 나오게 된 조앤 롤링의 '해리 포터 시리즈'는 단번에 세계적인 베스트셀러가 된다. 더불어 300조원이라는 수익을 내며 그녀는 세계적인 부호로 등극하게 된다.

그녀가 악조건에도 누구보다 성공할 수 있었던 이유는 무엇일까? 마냥 자신의 현재를 비관하고 이루지 못할 꿈이라며 좌절했다면 절대로 성공하지 못했을 것이다. 조앤 롤링은 어떠한 상황에서도 절대로 포기하지 않았다. 그리고 자신을 철저하게 믿었다. 긍정으로 무장하고 목표를 향해 한 걸음 한 걸음 나아갔다. 그러곤 작가로도 여자로도, 경제적으로도 크게 성공했다.

며칠 전 주민센터에 갔다가 우연히 친분이 있는 복지담당 공무원과 이야기를 하게 되었다. 그녀의 이야기에 따르면 점점 한부모 가정이 늘어나고 있다고 한다. 그러면서 보통 두 가지 유형의 태도를 볼 수 있다고 했다. 어떤 이들은 정부에서 주는 보조금에 의지하는 생활 패턴에서 크게 벗어나지 못한다고 한다. 아예 개선의 의지가 크게 없는 것이다. 이들의 공통점은 세상을 바라보는 시선이나 말투가 굉장히 부정적이라는 것이다. 피해망상이라 느껴지는 사람들도 있다.

또 다른 한 부류는 양부모 가정보다 훨씬 긍정적이다. 이들의 아이들도 굉장히 긍정적이고 자신감이 있다. 결국 환경도 태도도 자신이 어떻게 만들어 가느냐에 따라 천차만별 달라질 수 있음을 알 수 있다.

나는 조앤 롤링과 같은 처지에 있는 사람들이 사회에서 당당히 설 수 있게 하고 꿈과 의지를 심어 주는 꿈센터를 만들 것이다. 꿈센터는 미혼모와 싱글맘이 스스로 자신의 꿈을 그리고 세상을 헤쳐 나갈 수 있도록 여러 가지 교육과 프로그램을 지원할 것이다. 그리고 이 꿈센터는 아래와 같은 비전을 가지고 있다.

첫째, 어떠한 일에도 항상 감사한다.

둘째, 어떠한 시련에도 긍정적이고 열린 태도를 유지한다.

셋째, 자신의 꿈을 그리고 반드시 지켜 낸다.

넷째, 할 수 있다는 자신감을 갖고 자신을 믿는다.

다섯째, 선한 영향력을 널리널리 알린다.

05

UN에서 지구촌 사람들을 위한 선한 영향력 펼치기

"손님 여러분, 곧 있으면 이 비행기는 레바논 공항에 도착합니다."

정말 긴 비행이었다. 한국에서 16시간을 날아와 난 여기 낯선 나라 레바논에 도착했다. 밤이라 아무것도 보이지가 않았다. 한국 만큼 춥지는 않지만 꽤 차가운 공기가 나를 맞이했다. 공항 근처 에서 2시간 정도를 대기하고 1시간 30분 정도 걸려 숙소에 도착했 다. 그러곤 곯아떨어졌다.

나는 홀로 다른 곳으로 이동하는 중이었다. 레바논에 파병되었 지만 난 부대단위가 아닌 개인으로 철저하게 다른 곳에서 홀로 생 활해야 하는 것이다. 오랜 기간 세계 24개국을 여행했다. 하지만 여 행과 도움을 줘야 하는 파병은 목적부터가 달랐다. '레바논은 어떤 나라일까?' 매우 궁금해졌다. 낮이 되니 새벽엔 보이지 않았던 낯 선 풍경들이 눈에 들어왔다. 푸른빛의 지중해 바다도 보였다. 이곳 은 성경에 나오는, 젖과 꿀이 흐르던 땅 레바논이었다.

"윽! 이게 무슨 냄새야?" 아름다운 풍경에 넋을 잃기도 전에 지독한 쓰레기 냄새가 코를 자극했다. 구토가 나올 지경이었다. 창문을 도무지 열 수 없을 정도였다. 나는 냄새가 나는 곳을 향해 눈길을 돌렸다. 주변이 온통 쓰레기 산이었다. "세상에…" 할 말을 잃었다. 쓰레기 소각장은 분명히 아니었다. 하지만 전 세계의 쓰레기를 온통 그곳에 갖다 놓은 듯 주변은 엄청난 쓰레기 산을 이루고 있었다.

다 찢어진 천막을 이어 놓는 듯한 것들이 주변에 듬성듬성 보였다. 거기서 검은 차도르를 두른 채 두 눈만 내보인 한 여인이 아이를 데리고 물끄러미 나를 쳐다보고 있었다. 그들의 눈은 알 수 없는 의미를 담은 채 초점이 잔뜩 흐려 있었다.

선배는 그들이 시리아 난민이라고 했다. 그들은 시리아의 종교 내전을 피해 레바논으로 왔다고 한다. 레바논에 정식으로 거주할 수가 없기 때문에 쓰레기 산에 천막을 지어 산다고 했다. 그게 내가 이곳 레바논에서 접한 첫 난민의 실상이었다.

'이들은 어떻게 해서 자기 나라도 아닌 다른 나라에서 노숙자와 다름없는 생활을 하는 걸까?' 그 이후로도 파병 기간인 1년여 동안 나는 이와 같은 이들을 수없이 보게 되었다. 시리아뿐만 아니라 팔레스타인 난민도 만났고 그들의 실상을 보았다. 이들의 실상은 안타까움을 넘어 너무나도 가슴 아팠다. '어떻게 하면 이들을 도울 수 있을까?' 나는 생각했다.

나는 15년 전부터 여러 봉사단체를 후원해 왔다. 우연히 월 2만 원이면 아이들을 살릴 수 있다는, 월드비전이라는 소책자를 보게 되었다. 그게 한 아동을 후원하게 된 시작이었다. 가끔 그 아이가 보내오는 카드와 사진을 통해 내 돈이 어떻게 쓰이는지 알 수 있었다. 나의 적은 돈이 그 아이에게 큰 힘이 된다는 것을 알았다.

그 이후 이들을 장기적인 관점에서 자립할 수 있도록 도와주는 지역 프로그램 단위에도 후원하기 시작했다. 개별적인 아동 후원은 근본적인 원인을 해결하는 데 한계가 있다고 생각했기 때문이다. 내 수입의 10%는 항상 'A와 B 단체'에 정기적으로 보내졌다. 나는 단 한 번도 후원금을 줄이지 않았다. 줄이는 순간 이들이 생사를 넘나든다는 것을 너무나도 잘 알기 때문이었다.

한 10여 년 전쯤 한 통의 편지를 받았다. 초등학교 때부터 후원 하던 A는 3남매 중 막내로 몸이 불편한 홀어머니 밑에서 자라고 있었다. 끼니를 거르고 제대로 된 교육을 받을 수 없어 단체에서 특별 관리를 하던 아이였다. 그런 A가 공부를 열심히 해서 대학에 입학했다고 했다. 이제 스스로 설 수 있다고 했다. 그리고 오랜 기간 지원을 포기하지 않고 계속해 준 내게 고맙다는 인사를 했다.

한 번도 이런 것을 생각하지 못해서였을까? 마냥 그렇게 밝게 잘 자라 준 그 아이가 너무나 고마웠다. 그리고 한때 내 경제 사정이 힘 들어 후원 액수를 좀 줄일까 잠깐이나마 고민했던 순간이 부끄러워졌다. 후원을 시작했으면 끝까지 책임진다는 것의 의미도 다시 새겼다.

조금 다른 경우지만 전쟁으로 인해 삶의 터전이 망가지고 희망을 잃어버린 이들을 경험하는 것은 이번이 처음이었다. 내가 속해 있던 UN에는 UN 민간인 직원들을 포함해 28개국의 다국적군이 모여 있었다. 그중 나의 관심을 계속 끌었던 것은 다름 아닌 UN 난민기구였다. 그들을 위한 프로그램과 구호활동들을 통해 국제적인 지원과 관심이 얼마나 소중한지를 매일처럼 느꼈다.

그러던 어느 날 한 기사가 UN 홈페이지를 통해 뿌려졌다. 내전을 피해 시리아를 벗어나려던 한 가족이 걸어서 터키 국경까지 힘들게 도착했다. 하지만 밤에 도착해 날이 새기를 기다리다 얼어 죽었다는 것이었다.

'지금이 어느 시대인데 얼어 죽다니.' 나는 경악을 금치 못했다. 같은 지구상에 살면서 이러한 일들이 벌어지는 것이 믿기지가 않았다. 하루걸러 다른 소식이 전해졌다.

난민을 태우고 있던 배가 스페인 정부의 거부로 정박하지 못하고 바다 위에 떠 있다 뒤집혀 많은 이가 죽었다는 것이다. 그중의 대부분은 어린 아이들이었다. 사진 속에서는 살아남은 아버지가 어린 두 아들의 시신을 안고 절규하고 있었다. 나는 지금도 그 장면을 잊지 못한다.

레바논은 오랜 기간 동안의 내전과 불안한 치안으로 UN군이 주둔하고 있는 상황이다. 특히 내가 주둔하고 있던 남부지역은 이스라엘과의 국경지역에 있었다. 때문에 테러의 위협도 잦은 곳이다. 한때 너무나도 잘살았던 이곳이 왜 이렇게 변해 버린 걸까? 나는 UN에 근무하면서 매일처럼 이들의 소식을 들었다. 자연스레 이들의 문제에 깊은 관심을 가지게 되었다.

지금은 세계 경제 10위 안에 드는 내 나라 대한민국을 자꾸 되돌아보게 되었다. 대한민국은 불과 60여 년 전만 해도 더 황폐한 나라였다. 6·25전쟁으로 인해 폐허가 되고 많은 이들이 죽어 나갔다. 1인당 국민소득 67불의, 세계에서 최고로 가난한 나라였다.

하지만 '한강의 기적'이라 불리며 지금의 대한민국은 전 세계에서 유일무이할 정도로 빠른 재건에 성공했고 발전을 거듭해 오고 있다. 그야말로 정말 기적인 것이다. 그 역사를 되돌아보면 거기에는 국제기구와 더불어 피도 섞이지 않은 다른 나라의 손길이 있었음을 알 수 있다.

지구촌에서는 매일 각기 다른 일들이 일어난다. 한쪽은 물건과 음식이 차고 넘치고 다른 반대편에선 빵 한 조각이 없어 굶어 죽어 간다. 한쪽에서는 물건을 분리수거하느라 바쁘고 다른 한쪽에서는 하나라도 필요한 물건을 건지려고 쓰레기더미를 뒤진다. 한 나라에서는 정치적 영향력을 행사하려 군대를 보내지만 다른 한쪽에선 그들이 보낸 군대 때문에 사람들이 죽어 나간다. 참 아이러니한 세상이다. 마냥 다른 나라에서 일어나는 일이라 치부할 수만 있을까?

〈울지 마 톤즈〉라는 영화가 있다. 지금은 고인이 된, 내가 존경하는 이태석 신부님의 이야기를 담은 영화다. 세상에서 가장 가난한 땅인 남수단 톤즈에서 그가 행한 기적과 선행의 발자취를 담았다.

이태석 신부님은 의과대학을 나왔음에도 남들과는 전혀 다른 길을 택한다. 마음만 먹으면 충분히 부귀영화를 누릴 길이 있었다. 하지만 그는 성직자가 되어 평생을 봉사하는 삶을 택한다.

나는 평생을 듣지도 보지도 못한 남수단이라는 나라에서 의료·교육 봉사활동을 하는 신부님의 모습에 깊은 감명을 받았다. 비록 말기암으로 유명을 달리하셨지만 톤즈의 사람들은 이태석 신부를 누구보다 사랑하고 존경했다. 한국에도 도와줄 사람이 많은데 굳이 먼 나라 사람들을 돕느냐, 라는 어떤 사람들의 말에 그는 이렇게 말했다고 한다.

"그냥 그곳에 있으면 제가 여기 있어야 한다는 것을 알게 돼요. 그들에겐 제가 필요해요."

선한 영향력을 행사하는 데 몸과 마음을 아끼지 않았던 그의 삶은 항상 내 마음 한구석에 자리 잡고 있었다. 우리에게 잘 알려진 국제 긴급구호가이자 현재 세계시민학교 교장인 한비야 씨는 말한다.

"세계는 더 이상 지구촌이 아닙니다. 6층짜리 지구 집이라고 생각해요. 시리아가 우리랑 무슨 상관이냐고 하지만, 우리 집 바로 밑층에 시리아 층이 있다고 생각해 보세요. 이웃이 6년째 계속 싸움을 하고 있는 거예요. 창문도 깨지고, 벽도 무너지고 매일 싸움 소리가 들립니다. 그런데 어떻게 가만히 있겠어요?"

"난민촌에서 가장 필요한 다섯 가지는 물, 식량, 보건의료, 피난처 그리고 보호입니다. 출생증도 신분증도 없는 아이들에겐 공부할 기회조차 주어지지 않아요."

나는 분명 대한민국이 원조를 받던 시대의 사람은 아니다. 예전 우리나라가 혜택을 받았기 때문에 반드시 되돌려 줘야 한다는 것도 아니다. 하지만 세상이 아직 아름다운 이유는 사랑과 나눔이 있기 때문이 아닐까? 우리나라가 폐허가 되었을 때 이역만리에 파견되어 교육과 봉사활동을 했던 선교사들의 마음은 어떠했을까?

선한 영향력을 미치는 것은 다양한 방법으로 할 수 있다. 경제적 지원이 될 수도 있고 어려운 이들을 알리고 홍보하는 것도 있다. 또는 이태석 신부처럼 직접 현장에 뛰어들어 필요한 도움을 줄 수도 있다. 내 버킷리스트를 적으면서 다시 한 번 나의 소명과 내가 할 수 있는 선한 영향력에 대해 생각해 본다.

PART 04

매일
새롭게
승리하는
삶 살기

– 김하영

김하영 직장인, 트레이너, 자기계발 작가, 동기부여가

매일 아침저녁 명상과 몸을 깨우는 활동으로 에너지를 채우고 다스리는 활력 충전법을 실행하고 있다. 내면과 외면 모두에 관심이 많다. 태어난 대로 사는 것이 아니라 화초를 돌보듯 몸과 마음을 가꿔야 더 크게 꽃을 피우고 자란다는 것을 알림으로써 많은 사람들에게 동기부여해 주고 싶다.

01

항상 매 순간이
마지막인 것처럼 살기

어디에도 속하지 못했던 10대 시절의 나에게는 답이 없었다. 일상은 답답했고, 나는 매일 다른 사람과 비교했다. 항상 무기력하고 매사에 의욕이 없는 소년이었다. 어딘가에 혼이 빠진 애처럼 학교에서는 항상 맨 뒷줄에 앉아 창밖만 쳐다보다가 집으로 돌아오곤 했다. 선생님들조차도 그런 나를 애늙은이 취급하거나 아예 무시하셨다. 그런 나의 무채색 같은 삶에 스스로 밝은 색을 덧칠하게 된 만남이 있었다.

내가 중학생이었을 때의 일이다. 어머니는 시간이 날 때마다 시각장애인들이 모여 있는 기관에서 봉사를 하곤 하셨다. 그곳에 가실 때는 항상 나를 억지로 데려가곤 하셨는데, 나는 정말 가기가 싫었다. 정상적인 내가 그곳에 있는 것이 미안하고 마음 한구석이 불편했기 때문이다. 그럼에도 불구하고 어머니는 "네가 도와준다고 생각하지 말고 배우러 간다고 생각해. 분명 배울 게 있는 곳이야. 도움은 그들보다 네가 더 필요해."라고 하시며 항상 나를 달래 함께 그곳에 데려갔다. 나는 그게 도대체 무슨 말이냐며 짜증 섞인 표정을 한 채 끌려가곤 했다.

그곳에 놀러 갈 때마다 어머니가 특별히 붙여 준 형이 있었다. 그 형은 다른 시각장애인들과 달랐다. 나에게 먼저 말도 걸어 주고, 모든 일을 항상 유쾌하게 받아들이고, 나를 친절하게 대해 줬다. 그래서 결국은 친해지게 되었는데 그 형의 별명이 '맥가이버'였다. 앞이 보이지 않는 상태에서도 남들보다 유별나게 많은 일을 해내기 때문이었다. 예를 들면 옥상에서 수많은 화초를 가꾸고, 전등도 혼자 갈아 바꾸고, 문고리도 고치고, 한 번 다닌 길은 잊지 않고 잘 찾아냈다. 한쪽 벽에 연장이 가득한 개인 작업실까지 있을 정도였다. 그곳에는 눈이 보이는 사람도 쉽게 다룰 수 없을 것만 같은 기계들이 잔뜩 있었다.

어떻게 앞이 보이는 사람보다 더 잘 고치고, 많은 일을 해내는지 그저 놀라울 뿐이었다. 그러던 어느 날, 그 형을 보조하며 다녀올 곳이 생겨서 함께 다녀오는 길이었다. 그날도 역시 내 도움이 필요 없을 정도로 형은 길을 앞장서서 걸었다. 이때다 싶어서 나는 형께 평소 궁금했던 생각을 말로 꺼냈다.

"형은 어떻게 눈이 보이는 사람들보다 더 잘 고치는 거야? 형은 왜 달라?"

"응? 뭐가 다른데?"

"아니, 다른 사람들은 형처럼 막 고치지 못하잖아. 어떤 특별한 방법이 있어? 혹시 시력이 조금 회복된 거 아니야? 솔직히 말해 봐!"

"하하, 아니야. 그렇게 물어보니까 잘 모르겠어. 왜 그런지 굳이 생각해 보자면….'

"궁금해. 얼른 말해 줘 봐!"

"글쎄, 일단 나는 일반인과는 다른 사람이잖아. 보통 일반인들은 무언가를 보거나 배울 때, 느낄 때 항상 나중을 생각하게 되지. 이번에 모르면 다음에 또 배우면 되니까. 기억이 나지 않으면 다음에 또 찾아보면 되니까 하는. 조금은 당연하고도 나태한 생각을 하게 되는 거야. 하지만 나는 그들과 다르잖아. 지금 만지는 것, 듣는 것, 느끼는 것을 다음에 또 하게 되리란 보장이 없어. 다시 하려면 엄청나게 많은 노력을 기울여야 해. 받아들이는 과정도 힘들뿐더러 오래 걸리거든. 게다가 무엇을 다시 하려면 항상 누군가의 도움이 필요해. 아마 그게 이유 같아. 한번 느끼고 받아들일 때, 혼신의 힘을 다해 나머지 온 감각을 집중하게 돼."

나는 뒤통수를 한 대 맞은 느낌이었다. 정말 당연하게도 내가 형의 말처럼 해 왔던 것이다. 처음 가는 길도 굳이 외우려 애쓰지 않았다. 매일 보는 사람도 나중에 얼마든지 또 볼 수 있다. 때문에 책을 볼 때도, 무언가를 배울 때도 온 마음을 다하지 않았던 것이다. 나는 내 삶에 나중이 있다고 당연히 생각했으니까. 나에겐 기회가 많다고 생각했으니까. 모든 것이 간절하지 않고 재미가 없었던 이유였다.

"형, 그럼 다른 시각장애인분들은 왜 형처럼 못하는 거야?"

"내가 내 친구들과 다른 점이라면 포기하지 않았다는 거야. 그들은 맞닥뜨린 환경에 순응하는 길을 선택했지. 어차피 나는 앞이 보이지 않으니까 할 수 없어, 라는 자기 마음속의 부정적인 속삭임을 따르고 만 거지. 나는 절대 그러고 싶지 않았어."

15분 남짓의 길안내였지만 그 형은 나에게 정말 중요한 세 가지 깨달음을 주었다. 첫째, 매일 내 삶 앞에 놓여 있는 정상적이고 일반적인 하루가 당연하게 주어진 것이 아니라 하나님이 주신 엄청난 축복이라는 것. 그러니 매 순간 감사하며 지내야 한다는 것을.

둘째, 내 삶에서 벌어지는 모든 일, 내 옆에 있는 사람, 내가 보고 듣고 배우는 것들은 나중에 또 기회가 오는 것이 아니라 내 생에 딱 한 번일 수도 있다는 것. 나는 매 순간 깨어 있어야 한다. 순간을 놓치지 말고 진심으로 대해야 한다. 그래야 나중에 후회도 하지 않을뿐더러 엄청난 집중력과 함께 좋은 결과까지 가져올 것이라는 것을 알았다.

셋째, 내 앞의 부정적인 환경을 인정하지 말아야 더 특별해지고 독립적인 존재가 될 수 있다는 것. 환경에 굴복하는 사람에게는 발전 가능성이 없다. 평생 남의 도움을 기대하며 기대어 살 수밖에 없을 것이다. 스스로를 울타리에 가둬 버린다면 남은 인생은 엄청난 낭비다. 뿐만 아니라 환경이라는 늪에 발목을 잡혀 다른 꿈을 꿀 엄두조차 못 내게 된다.

나는 그제야 비로소 알게 되었다. 왜 어머니가 매번 나를 이곳에 억지로 데려오는지. 왜 다른 사람도 아니고 저 형과 항상 함께 있도록 붙여 줬는지를. 어머니는 아들에게 알려 주고 싶으셨던 것이다. 내 귓가에서 맴도는 잔소리를 들려줄 바에야 직접 보고 느끼게 해 주실 목적이었던 것이다. 또한 분명 내가 깨달음을 얻을 것이라고 나를 믿어 주신 것이다.

맥가이버 형과의 짧은 대화 이후로, 내 삶의 농도가 조금 더 진해졌다. 내가 맞이하는 하루도, 매일 마주치는 친구도, 학교에서 배우는 시간들도 내게 더 깊게 다가왔다. 덕분에 매 순간에 집중하는 습관이 생겼다. 지금 내 앞의 모든 것들이 마지막인 것처럼 생각하려는 노력을 기울이게 되었다.

아침을 이미 승리한
하루로 만들기

　단지 늦잠을 잤다는 이유로 가혹하게 보내야 했던 하루가 있었다. 사회 초년생이었을 때의 일이다. 회사에 정시 출근을 하려면 늦어도 7시에 일어나야 했다. 그런데 알람을 듣지 못하고 8시에 일어났던 것이다. 중요한 미팅이 있는데 늦을 수는 없었다. 정신도 못 차린 채 얼른 준비해야 했다. 어젯밤에 골라 놓은 옷이 없어서 대충 보이는 대로 입고 갈 수밖에 없었다. 또한 전철역까지 택시를 타야 해서 불필요한 지출도 하게 되었다. 게다가 지갑도 두고 오는 바람에 휴대전화 삼성페이로 결제했다. 지갑 따윈 없어도 하루는 버틸 수 있다고 생각했기 때문에 다시 집에 돌아가지 않았다. 당연히 아침은 못 먹었다. 머리도 못 만진 상태로 거지같이 뛰쳐나왔다. 이미 충분히 하루가 어긋났다고 생각했지만 끝이 아니었다.

　허겁지겁 회사에 도착해서야 깨달은 것이 있다. 거래처와의 첫 미팅인데 내 복장은 어제 입고 의자에 던져 놓았던 맨투맨 티셔츠, 그리고 찢어진 청바지였다. 너무 정신이 없어서 평소대로 편하게 입고 온 것이었다. 같이 미팅에 참석할 과장님이 나의 위아래를 훑어보시더니 난감한 표정으로 말씀하셨다.

"하영 씨, 아무리 우리 회사의 평소 분위기가 자유롭고 편하다고 해도, 오늘 복장은 너무하다고 생각하지 않아요? 미팅이 있는 날인데, 회사에 지각까지 하고."

"제가 늦잠을 자는 바람에… 죄송합니다."

과장님 말씀이 백번, 천 번 맞았다. 내가 봐도 너무했다. 게다가 오늘은 나에게 배정된 5분 정도의 짧은 발표가 있었다. 스스로에게 고개를 절레절레 흔들며 조용히 과장님과 미팅 장소로 향했다. 평소에 잘 대해 주시던 분이 오늘만큼은 한마디도 없으셨다. 충분히 그럴 만했다.

간신히 약속한 미팅 시간에는 맞춰서 도착했다. 방문자 대기실에 도착해서 담당자에게 연락하고 방문 접수를 하려고 했다.

"안녕하세요. 담당자분하고 통화는 되셨나요? 두 분 신분증 먼저 주시면 됩니다."

그렇다. 나는 신분증이 없었다. 정신없이 뛰어나오는 바람에 지갑을 집에 두고 왔기 때문이다. 택시에서 지갑이 없는걸 알았지만 휴대전화로 다 해결된다는 생각에 마음 놓고 있었다. 하지만 하필 미팅 장소가 정부기관인 바람에 신분증 없이는 출입이 불가능했다. 물론 신분증을 가져와야 한다는 것을 당연히 알고 있었다. 하지만 잠에서 깨어나지 못했던 내 정신이 미처 생각하지 못했던 것이다.

정말 최악이었다.

"저 과장님, 제가 지갑을 두고 오는 바람에 신분증이 없는데 어떡하죠?"

"네? 뭐라고요…?"

"…."

잠시 정적이 흘렀다. 나는 정말 정신 나간 신입사원이 된 것이다. 이제는 못 참겠다 싶으셨는지 과장님은 그냥 끝날 때까지 여기서 기다리라고 하셨다.

"그냥 여기 있어요. 들어오지 말고. 두 시간이든 세 시간이든 기다려요."

"과장님…, 그러면 제 발표 자료라도 드릴까요?"

과장님은 내 서류를 낚아채듯이 받아 들고 올라가셨다. 끔찍한 한 시간이 어떻게 흘렀는지도 몰랐다. 과장님이 굳은 얼굴로 내려오셨다. '과연 잘하셨을까?' 내가 전적으로 담당한 부분이어서 아마 발표도 잘 못하셨을 것이다. 올라가면서 아마 처음 훑어보셨을 테니까. 그런데 그게 중요한 게 아니었다. 불안한 생각이 들었다. '나는 이렇게 첫 직장에서 쫓겨나는 건가? 어떡하지?'

과장님이 좋은 분인지, 나를 포기하신 건지. 대표님 귀에는 들어가지 않았다. 단지 그 뒤로 쭉 아무 말이 없으셨다. 나는 내 발로 회사를 나가지 않을 바엔 스스로 달라지기로 했다. 그렇지 않으면 나 자신에게도 실망할 것 같았다.

그날 저녁, 곰곰이 하루를 리플레이해 보았다. 내가 왜 늦잠을 잤을까? 전날 침대에서 새벽까지 휴대전화를 보며 시간을 보냈다. 저녁 늦게 야식을 먹고 휴대전화 배터리 확인도 안 하고 잠들었다. 늦잠은 그렇다 쳐도 다음 날 입을 옷, 소지품, 가방도 미리 준비해 놓지 않았다. 다음 날에 대한 기대감이 없는 삶이었던 것이다.

나는 변하기로 다짐했다. 자기 전에 다음 날 입을 옷을 양말까지 미리 꺼내 놓는다. 소지품도 가방에 넣어서 전부 챙겨 놓는다. 휴대전화는 항상 충전기에 꽂아 놓고 12시 전에 잠자리에 든다.

전날의 준비와 더불어 이왕 달라질 거라면 더 완벽하게 아침을 맞이하고 싶었다. 나는 새로운 변화나 동기부여를 받기 위해서 서점에 간다. 나의 아침 습관을 만드는 데 방향을 잡아 줄 책을 찾다가 눈에 띄는 제목의 책을 골랐다. 할 엘로드의 《미라클 모닝》이라는 책이다. 제목 자체로도 손이 가는 책이었다. 역시나 많은 도움이 되는 내용들이 있었다.

나는 책의 내용과 더불어 내 나름대로 네 가지 방법을 실천해 보기로 했다.

첫째, 일찍 일어나는 것이 먼저다. 잠들기 3시간 전엔 음식을 섭취하지 않는다. 소화 작용이 숙면을 방해해 아침에 일어나기 힘들기 때문이다. 그리고 알람과 휴대전화 배터리는 확실히 확인하고 "나는 꼭 5시 전에 일어날 거야!"라고 자기암시를 반복하며 잔다.

그러면 신기하게도 5시 1,2분 전에 잠에서 깨어난 경우가 많다.

둘째, 기상 후 침대 모서리에 앉아 명상을 한다. 미소를 지으며 '기분이 너무 좋아, 상쾌해'처럼 지금의 기분을 긍정표현으로 말한다. 정말 상쾌한 아침이 아니더라도 개운하게 일어난 것처럼 나에게 말을 거는 것이다. 그리고 '오늘 하루는 잘 보냈어. 완벽한 날이었어' 같은 현재완료 형태의 문장을 만들어 반복해 말하고 뿌듯하게 잠자리에 드는 상상을 미리 한다.

셋째, 명상 후 스트레칭을 한다. 맨 먼저 얼굴 스트레칭을 한다. 얼굴 스트레칭은 자는 동안 뭉쳐져 있던 얼굴 근육을 웃음과 입 모양으로 풀어 주는 것이다. 주로 아침 얼굴은 부어 있거나 굳어 있는 상태로 활기가 넘치기 어렵다. 그런 만큼 입을 크게 벌리며 소리를 내어 웃어 준다. 그렇게 하거나 '아이우에오' 입 모양을 10초씩 세 번 반복한다. 몸은 기지개에서부터 시작해 목부터 발가락까지 내려가면서 관절을 천천히 돌려 준다. 그리고 다시 발목부터 목까지 올라가면서 모든 근육을 천천히 늘이며 스트레칭 한다. 이 동작들은 잠들어 있던 정신뿐만 아니라 신체까지 완벽하게 깨우는 데 목적이 있다.

넷째, 아침일기를 쓴다. 오늘의 다짐 또는 목표를 3개 정도 적는 것이다. 긍정적인 다짐을 적을수록 하루를 더 기분 좋게 맞이할 수 있다. 예를 들면 나는 우리 팀원들에게 칭찬 한 가지씩을 말하겠다. 만나는 사람들에게 미소를 지으며 인사하겠다. 운전하면서 비속어를 쓰지 않고 양보운전 하겠다, 라는 식이다. 그렇게 적은 후 하루 동안 실천하려고 노력한다. 집에 돌아와서는 자기 전에 다시 읽는다. 잘 지켰는지, 못 지켰으면 왜 못 그랬는지 내 생각과 함께 짧은 일기를 밑에 적고 잠자리에 든다.

나는 이 방법으로 하루를 준비한다. 고작 아침 한 시간이다. 하지만 다 해내고 나면, 한 시간 보다 긴 시간을 활용한 느낌이 든다. 그리고 하루를 마치면 나 스스로, 온전히 내 뜻대로 오늘을 통제하고 다스린 기분을 느끼며 뿌듯하게 잠자리에 들 수 있다.

나는 과장님에게 찍히고 나에게 실망한 끔찍했던 하루를 보냈다. 하지만 스스로에게 다시 기회를 주고, 앞으로 계속될 날들을 포기하지 않는 것이 중요했다. 삶에서 마지막 날이 오기 전까지 완전한 패배란 없다. 참 감사하게도 하나님은 매일 새로운 아침 해와 함께, 새롭게 승리할 기회를 주시기 때문이다. 스스로 변할 수 있는 용기와 끝까지 해낼 수 있는 용기를 구해 보자.

PART 05

1인 기업가이자 베스트셀러 작가로서 시간적·경제적 자유 누리기

– 조은정

조은정 ㅣ조은교육 대표, 부모교육 메신저, 자기계발 작가, 강연가

대학에서 영문학을 전공하고, 현재 YBM 성남, 용인지사를 운영하며 유아영어 교육사업을 하고 있다. 교육사업 종사자 및 전직 유치원 영어강사, 그리고 엄마로서의 경험을 살려 초보엄마들에게 도움이 되는 노하우를 전하고자 부모교육 메신저 및 코치로 활동하고 있다. 현재 '아들을 크게 키우는 법'을 주제로 개인저서를 집필 중이다.

01

선한 영향력을 끼치는
베스트셀러 작가 되기

"안녕하세요? 저는 여기에 안명숙 작가님 책을 읽고 오게 되었습니다. 그런데 사실 그 책을 사고 싶어서 산 게 아니에요. 어느 날 인터넷으로 책을 주문했는데 거기에 안명숙 작가님 책이 끼어 있었어요. 분명 골라서 주문한 게 아니었는데 아마도 추천으로 뜬 책을 클릭했던가 봐요. 반품하려다 귀찮아서 읽게 되었고 여기까지 오게 되었네요."

나는 잠시 머뭇거리다 말을 이어 갔다.

"그리고 저는 인연을 믿는 편입니다. 여기까지 이렇게 와서 수업을 듣게 된 것도 뭔가 신기하게 이끄는 힘이 있었던 게 아닌가 생각합니다. 열심히 배워 보겠습니다!"

한책협의 책 쓰기 과정 첫 수업 때 내가 동기들 앞에서 했던 인사말이다.

인터넷 서점에서 각종 쿠폰이란 쿠폰은 다 끌어모아 최대

9,000원을 할인받는 주문에 만족했었다. 그런데 알지도 못하는 책에 할인 금액을 모조리 상쇄하고도 거의 1만 원을 더 지불하고 구매한 꼴이 되었다. 책꽂이에 방치하듯 꽂아 놓았던 그 책에 한참의 시간이 흐르고서야 눈길이 갔다. 그렇게 그 책은 나에게 기적과도 같은 새로운 인연의 고리를 만들어 주었다.

한책협의 책 쓰기 1일 특강은 정말로 신세계였다. 무슨 '도사'라는 사람이 치렁치렁한 황금목걸이를 하고 나와 "성공해야 책을 쓰는 게 아니고 책을 써야 성공한다."라며 열변을 토하고 있었다.

'나 오늘 완전 망했어! 대충 눈치 봐서 살며시 집에나 가야겠다.'

너무나 낯설고 생경한 분위기에 시작은 분명 '탈출'이었다. 그런데 무려 6시간이나 되는 강의를 들으며 나는 책 쓰기의 매력에 빠져들고 있었다.

김도사! 그분은 바로 한책협의 대표이자 대한민국 대표 책 쓰기 코치, 출판 기획자인 '김태광'이었다. 무려 200여 권의 저서를 출간했고 900명의 작가를 배출했으며, 초·중·고 16권의 교과서에 글이 수록된 분이다. 더 이상 무슨 설명이 필요할까! 그렇게 1일 특강이 마무리될 무렵 나는 작가가 되기로 결심했다.

책에 대한 나만의 생각이 있었다. 가끔 읽다 보면 짜증나서 던져 버리고 싶은 쓰레기 같은 책도 있었다. 주변에는 책을 쓰겠다고 하는 사람이 더러 있었다. 내 눈에 그 사람들은 대단한 것도 없으면서 허접한 책으로 남의 귀중한 시간과 돈을 빼앗아 가려는 날강도와 다름없었다. 그런 사람들을 보면서 내가 세상에 쓰레기를 보태는 일은 절대로 하지 않을 것이라고 은연중에 다짐하고 있었다.

그렇게 확고한 생각을 가지고 있던 내가 버킷리스트에 '선한 영향력을 끼치는 베스트셀러 작가 되기'라고 적었다. 절대로 일어나지 않을 일이 일어나는 걸 기적이라고 한다. 내게도 개인적인 기적이 일어났기 때문이다. 한책협 카페에 매일매일 올라오는 '출판계약서'를 보면서 나도 그 기적의 주인공이 되고 싶다는 욕망이 고개를 들고 있었던 것이다. 내재된 욕망을 인식하지 못하고 있었지만 버킷리스트를 작성하면서 자연스럽게 표출되었던 것이다.

"당신이 살아온 이야기, 알고 있는 지식, 전달하고자 하는 메시지는 생각보다 훨씬 더 가치가 있다. 사람들은 당신의 경험을 통해 간접체험과 교훈을 얻기 때문이다.

당신은 세상을 변화시키기 위해 태어났다. 세상을 변화시키는 가장 좋은 방법은 자신의 지식과 경험(어떤 주제에 대한 것이든)을 이용해서 다른 사람들이 성공하도록 돕는 것이다.

결론적으로 당신은 사람들이 성공하도록 조언하고 관련 정보를 제공해 대가를 받을 수 있으며 이렇게 함으로써 스스로의 성장과 먹고사는 문제, 두 가지를 모두 해결할 수 있다. 즉, 의미 있는 삶과 물질적인 만족을 동시에 얻을 수 있다."

《백만장자 메신저》라는 책의 서문에는 책 내용을 위의 세 가지로 요약해 놓았다. 나는 이 책을 두 번 정도 읽었다. 처음에 읽으면서 밑줄을 그어 두었고, 나중에 다시 읽으면서 저 부분에서 무릎을 쳤던 기억이 있다. 저 세 가지의 요약된 내용으로 내가 베스트셀러 작가가 되려는 모든 이유를 설명할 수 있기 때문이다.

처음에는 《백만장자 메신저》를 읽으면서도, 읽고 나서도 내 생각에는 변화가 없었다. 백만장자 메신저가 되는 사람들은 다 고유의 특별한 경험을 가지고 있는 것처럼 보였다. 나처럼 지극히 평범한 사람은 절대 백만장자 메신저가 될 수 없다고 믿었다. 결국 독서가 독서로 끝나 버리는 순간이었다.

그렇게 내 머릿속에서 희미하게 사라져 가던 백만장자 메신저는 한책협과 인연을 맺으며 다시 새로운 의미로 다가왔다. 그렇게 책 쓰기에 대한 나의 열망에 불을 붙여 주었다.

나는 왜 어리석게도 내가 가진 경험과 지식을 스스로 쓰레기 취급을 했던 것일까? 왜 내 삶을 그렇게 평가절하하고 있었던 것일까! 되돌아보면 나는 사람들에게 무언가를 알려 주는 것을 좋아했다. 때론 상대가 원하지 않아도 필요할 거라 판단되면 나서서 알려 주기도 주저하지 않는다. 그 말은 나도 백만장자 메신저가 될 수 있다는 것을 의미한다.

'노인이 죽으면 도서관 하나가 불타 버린 것과 같다'라는 말이 있다. 나도 도서관이다. 내게도 주변에 도움이 되고 영향력을 끼칠 만한 고유의 경험과 지식이 있다. 이를 알림으로써 세상을 이롭게 할 수 있다!

그래서 나는 작가가 되기로 했다. 그냥 작가가 아닌 베스트셀러 작가가 되어 선한 영향력을 끼치며 보람된 삶을 누리고 싶다.

"납골당에 이름을 새기지 말고 책에 새겨라!"

김도사님의 촌철살인의 말을 되새기며 베스트셀러 작가로서의 나를 만나는 날을 준비하고 나아가야겠다.

02

가정교육, 자녀교육을 알려 주는 1인 기업가로 성공하기

　나는 2001년, 서른다섯 살에 결혼했다. 지금이야 그리 늦은 나이가 아니지만 내가 결혼할 당시만 해도 남들은 벌써 아이가 학교를 다닐 시점이었다. 늦은 결혼이니만큼 남들보다 더 많이 행복하게, 잘 살아 보자고 남편과 굳게 약속했다. 그리고 될 수 있으면 아이도 빨리 낳자고 계획을 세웠다. 만혼이라는 상황을 고려해 볼 때, 우리의 계획은 사실 기대라는 데 의미가 있었다.

　각종 통계자료에 따르면 우리나라 전체 부부의 15% 정도가 불임이다. 여성의 나이가 많을수록 불임이나 기형아 출산 확률이 높게 나온다고 한다. 그런 만큼 그저 주시는 대로 감사히 받겠다는 마음가짐 하나로 열심히 생활할 뿐이었다. 다행스럽고 감사하게도 이듬해 나는 건강한 아들을 낳는 데 성공했다.

　사람들은 훈훈한 뉴스나 미담의 주인공을 보면 "뉘 집 자식이지?"라고 자연스레 묻는다. '엄친아'라는 말도 괜히 생겨난 것은 아니지 않은가! 반대로 극악무도한 사건사고의 범인의 성장 배경이나 가족 이야기도 줄곧 오르내리곤 한다. 그렇다! 유사 이래 가정교육, 자녀교육은 언제나 어쩔 수 없이 핫 이슈였다. 나 역시도 결혼하고 출산하면서 자연스럽게 교육 문제에 관심을 가지게 되었다. 엄마로서 자식을 잘 키워 내는 것은 인생의 제일 중요한 임무이자 소명이기 때문이다.

늦둥이 아들은 쑥쑥 자라나서 2018년 명문 자사고에 입학했다. 이때 내가 가장 많이 받은 질문이 무엇인 줄 아는가? 바로 "아들을 어떻게 키웠냐?"라는 것이다. 물론, 이 질문의 기저에는 '학습 부분'의 비중이 제일 크다. 하지만 엄마인 내가 알려 줄 수 있는 학습지도 부분은 그리 많지 않다. 직장인이라는 핑계로 남들처럼 아들을 학원가를 돌리며 픽업서비스를 하거나 스케줄을 짜서 관리하는 등의 행위를 일체 할 수 없었기 때문이다. 질문에서 얻고자 하는 실용적인 정보는 강남이나 목동의 학원가 설명회에서 얻는 것이 훨씬 빠르고 정확하다고 말해 주고 싶다.

팔불출이라는 놀림을 받는다 해도 나는 내 아들이 매우 자랑스럽다. '자랑스럽다'에는 공부를 포함해서 운동, 음악, 독서 그리고 인성 등 여러 가지 사항이 포함된다. 그중에서도 나는 밝고 긍정적이며 예의 바른 아들의 인성을 가장 자랑스럽게 생각한다.

명문고에 입학했으니 일류 대학인 SKY에 진학하는 것이 제일 큰 관심사라고 생각하겠지만, 그렇지 않다. 나는 아들이 행복한 고등학교 시절을 보내는 것에 제일의 목적을 두었다. 그래서 고등학교도 아들과 같이 입학 설명회에 참석한 후 아들의 선택에 따라 보내게 된 것이었다. 고등학교 졸업 후의 진로도 아들 본인의 의사에 따라 선택하고 결정하도록 할 것이다.

사실 나도 아들의 대학 진학에 대한 기대와 두려움은 있다. 그럼에도 불구하고 나는 어떤 결과가 나오더라도 담담히 받아들이기로 결정했다. 때문에 아들에게 절대 대학 진학에 대한 압박감이나 부담을 주지 않으려고 노력한다.

주변을 둘러보면 일류대를 나왔음에도 인생을 망친 사람을 흔하게 볼 수 있다. 반면 고등학교 때까지 존재감도 없었던 친구들이 정말 열심히 살아서 어느 날 문득 사회의 귀감이 되는 경우도 많이 볼 수 있다. 그렇다면 우리는 어느 경우에 더 많은 감동을 받고 박수를 보내게 되는가? 당연히 후자다.

공부를 잘하는 사람은 학자가 되는 것으로 충분하다. 누구나 다 공부를 잘할 필요는 없다고 본다. 아들이 학업에 열을 올려 학자가 되겠다면 그렇게 할 수 있도록 뒷바라지를 할 것이다. 혹시 공부에는 더 이상 관심이 없다면 가슴이 뛰는 새로운 분야에 과감히 도전하라고 기꺼이 말할 것이다.

지난 2018년, 여고 동창 P가 친구들에게 중식코스 요리를 대접한 적이 있다. 그 친구 아들의 서울대 입학을 축하하기 위해서였다. 세무사 남편이 돈도 잘 벌어서 성동구에 빌딩을 매입했다는 얘기를 들었을 때도 모두들 부러워했었다. 그 친구가 자식 자랑을 하기 위해 거나하게 연회를 베풀었을 때 친구들은 겉으로는 축하해 줬다. 그러나 마음 한편에서는 여러 가지가 복합된 감정의 쓸쓸함을 감추지 못했다.

이렇듯 동창 모임에 나가면 언제나 자식 이야기가 화제에서 빠지지 않는다. 그러면서 항상 마무리는 "서방 잘 만난 년보다 자식 잘 키운 년이 최고야!"로 귀결되었다. 유사 이래 최고, 최대의 핫 이슈 중 하나가 바로 가정교육이고 자녀교육이 아니겠는가! 그렇다면 자연스럽게 자녀교육을 경제나 사업과도 연관시켜 볼 수 있지 않을까?

나는 가정교육, 자녀교육을 알려 주는 1인 기업가로서의 성공을 꿈꾸고 있다. 나 스스로 자랑스럽고 당당하게 말하듯이 이미 내 자식은 감사하게도 잘 자라 주었다. 올 3월에 아들은 주민등록증을 발급받았다. 이는 아들이 성인이 되었다는 것을 의미한다. 아들에게 이제 부모로서의 역할이 점점 줄어들고 영향력도 미미해진다는 뜻이다.

얼핏 생각해 보자면, 내게 있어서 성공적인 아들 육아는 어쩌면 '우연히 대박 터진 요리'와도 같다고 할 수 있다. 여러 수십 번을 해 본 것도 아니고 어쩌다 딱 한 번 해 본 요리에 사람들이 맛있다고 감탄하는 그런 경우처럼. 딱 한 번 키워 본 아들이 정말 잘 자란 케이스이기 때문이다. 사람들은 결과를 보고 나에게 수시로 요구하고 부탁한다.

"아들 잘 키우는 법 좀 알려 줘요!"

사업하는 사람이 매년 하는 말이 있다. 요즘 경기가 너무 안 좋다고. 갈수록 더 나빠져서 걱정이라고 끊임없이 푸념하고 불평한다. 나는 현재 개인 사업을 하고 있다. 가슴 아픈 사실이지만 지금 사업은 침체기다. 사업의 다각화 및 새로운 아이템 발굴을 위해 노력하고 있지만 마땅한 해결책이 있는 것은 아니다. 그런데 바로 이때, 그런 주변의 요구들이 내 가슴을 두근거리게 한다. 이렇게 많은 주변 사람들의 반복된 요구가 있다는 건 그만큼 나의 역할과 사업의 가능성도 있다는 뜻이기 때문이다.

요즘같이 1인 미디어와 SNS가 발달한 시대에는 누구나 1인 기업가가 되는 것이 가능하다. 본인이 좋아하면서 잘할 수 있는 일을 시스템화해서 비즈니스 모델을 만들고 이윤을 창출하는 것이 1인 기업이다. 또한 1인 기업은 콘텐츠, 전문성, 퍼스널 브랜딩 등의 키워드로도 표현할 수 있다. 이미 시대는 변했고, 직장이 더 이상 나를 보호해 주지 않는 세상에 살고 있다. 살아남기 위해 스스로를 지키고, 경제적 자유를 얻기 위해 1인 기업에서 해법을 찾는 것은 어쩌면 당연한 수순이라고 할 수 있다.

나는 기업인이다. 나는 누구보다도 가정교육, 자녀교육의 중요성을 잘 알고 있으며 나만의 고유한 노하우를 소유하고 있다. 나는 결혼하면서부터 자녀를 잘 키우고 싶다는 욕망에 자녀교육과 관련된 정보를 얻고자 촉각을 곤두세우고 있었다. 그렇게 끊임없이 자료를 수집했으며 꾸준한 독서도 했다. 어쩌다 우연히 아들을 잘 키운 것이라고 쉽게 표현했지만, 이면의 노력은 어쩌면 물 위에 떠 있는 백조의 발놀림과도 같았다고 할 수 있다.

1인 기업가로서 가정교육과 자녀교육에 대해 내가 가진 많은 정보들을 나누고 공유함으로써 사회에 기여할 수 있다. 많은 사람들에게 필요한 도움을 줄 수도 있다. 뿐만 아니라, 1인 미디어의 장점을 최대한 활용해 인지도를 높여 갈 수 있다. 그리고 이를 도서 출판 등을 통한 퍼스널 브랜딩에 접목시킨다면 나도 시간적, 경제적 자유를 얻어 성공적인 1인 기업가가 될 수 있으리라 확신한다.

03

가족들과 한 달 동안
세계여행 하기

　우연한 계기에 버킷리스트를 작성했다. 50번까지 숫자가 나열된 빈 공간을 보면서 가슴이 설렌다기보다는 무엇을 채워야 한다는 부담감에 감감함이 밀려왔다. 아마도 버킷리스트조차 내게는 치러 내야 할 또는 이뤄 내야 할 의무나 책임 같은 것으로 인식되었던 것 같다. 그래서 그냥 가볍게 쓰기로 마음먹고 툭툭 던지듯이 써 내려갔다. 그러다 '가족들과 한 달 동안 세계여행 하기'를 쓰게 되었다. 그러면서 가슴속에 작은 파도 같은 설렘이 일고 있음을 느꼈다.

　'그래! 한 달 동안 가족들과 세계여행 한번 떠나 보자! 까짓 거 못 할 게 뭐가 있어!'

　나의 해외여행에 대한 추억은 수십 년 전으로 거슬러 올라간다. 해외여행이 자유롭지 못한 시절이 있었다는 게 믿기지 않을 정도로 지금은 해외여행이 일반화되었다. 나의 첫 해외여행은 해외여행 자유화 시대가 열리면서 시작되었다. 절묘하게도 나와 두 동생 모두 대학 졸업 후 직장생활을 하던 미혼 시절이었다. 그런지라 같이 여행을 가는 게 가능했었다. 우리 셋은 휴가를 같은 시기에 맞춰서 내고 패키기 상품을 구매해서 동남아 3개국을 다녀왔다. 첫 해외여행의 추억이란! 지금 생각해도 기쁘고 행복할 지경이다. 하루하루가 빡빡한 일정이었지만 정말 즐겁고 신나게 들떠서 다녔던 기억이 있다.

또 다른 세계여행의 추억은 출장이다. 프리랜서로 일하던 시절, 내가 맡은 업무는 통·번역이었다. 지금은 발길에 차이는 것이 영어를 잘하는 사람들이다. 하지만 그 시절만 해도 그렇게 많지 않았다.

나는 대학에서 영어영문학을 전공했다. 순수 국내파로 뛰어난 영어실력은 아니었지만 '의사소통을 하고 무역 서신을 주고받는 정도'의 업무는 가능했다. 때문에 무역회사에서 프리랜서로 근무할 수 있었다. 미국, 독일, 영국, 일본, 이탈리아 등 여러 곳에 출장을 다녀오기도 했다.

그 회사에서의 출장은 딱 업무만 처리해야 할 정도로 빡빡한 일정은 아니었다. 짧은 시간이지만 거래처의 안내를 받거나 자유시간을 내어 주변을 관광할 기회도 있었다. 화려한 도심이나 역사가 숨 쉬는 유적지, 석양이 지는 멋진 해변을 걸을 때면 항상 다짐했던 것이 있었다. '다음에 여기에 올 때는 꼭 좋은 사람들이랑 같이 와서 좋은 추억을 만들어야지!'라는….

혼자 다니는 여행을 선호하는 사람들도 있다. 나는 혼자 출장을 다녀온 적은 있어도 국내든 해외든 혼자 여행을 다닌 적은 없다. 용기가 없어서는 아니다. 나는 같이 나눌 사람, 같이 느끼는 기쁨을 더 선호하는 편이다. 출장이라도 혼자 다녀올 때는 참 외롭게 느껴져서 싫었다. 좋은 곳에서 맛있는 음식을 사랑하는 사람과 즐겁게 나누는 상상만으로도 즐겁지 않은가!

요즘엔 즐기기 위한 여행을 다니는 사람들도 많다. 하지만 나는 세계의 문화와 역사를 느끼고 배우고 체험하는 쪽에 더 비중을 두는 편이다. 흔한 휴양을 목적으로 하는 해외여행은 한 번도 다녀온 적이 없다. 그렇게 다녀온 사람들의 얘기를 들을 때도 부러워하거나 동경해 본 적이 거의 없다. 재미나 즐거움을 느끼는 포인트가 다른 탓이리라 짐작해 본다.

남편과 나는 여행을 좋아한다. 신혼여행은 에어텔 상품을 끊어서 유럽으로 떠났다. 8박 9일을 배낭을 메고 자유롭게 돌아다녔다. 그때는 모든 것이 좋았다.

결혼 전 나는 출장으로 유럽을 몇 번 다녀갔었다. 하지만 다 거래처에서 대접받으며 다녔던지라 배낭을 메고 지도를 찾아서 다니는 여행은 또 다른 세계였다. 모든 것에 내 돈을 쓰는 것이라 지출할 때마다 아끼고 한 번 더 생각하고 사용해야 했다. 느끼한 음식이 지겨워 큰마음 먹고 비싼 값을 치르고 먹었던 김치찌개도 좋았다. 그리고 파리 시내를 걸어 다니며 노천카페에서 식사하는 것도 즐거웠다. 이탈리아의 트레비 분수에서 동전을 던지며 다시 오리라는 소원을 빌기도 했다.

신혼여행 후, 얼마 지나지 않아 임신하면서 모든 것이 조심스러웠다. 노산인 데다 처음에는 유산기가 있었다. 조심 또 조심해야 했던 시기였다. 그렇게 아들이 태어났고 남편이 벌어다 주는 돈으로 생활을 이어 갔다. 적은 월급은 아니었지만 허리를 졸라매고 아끼고 아껴야 내 집 마련을 위한 돈을 모을 수 있다고 생각했다. 그런 만큼 아들이 어릴 때는 해외여행은 사치라 생각되어 아예 입에 올리지도 않고 살았다.

그렇게 아들이 초등학교에 입학했다. 하지만 다람쥐 쳇바퀴 도는 듯한 생활은 변함이 없었다. 남편과의 대화도 줄어들면서 한없이 건조한 시간이 지나가고 있었다. 나도 아들이 36개월 되던 시기에 다시 일을 시작했다. 그렇게 워킹맘으로서 안팎으로 일에 치이는 생활이 지속되었다.

처음 우리 가족이 해외로 여행을 간 것은 아들이 초등학교 2학년이 되던 해였다. 그때는 참 즉흥적이었다. 나는 지쳐서 떠나고 싶었고, 비슷하게 힘들어하던 남편도 흔쾌히 동의했다. 아들이 학교를 다니고 있었지만, '체험활동 신청서'를 제출하면 되었다.

그렇게 후다닥 준비해서 자유여행과 패키지여행이 결합된 상품으로 홍콩을 다녀왔다. 딱히 목적이 있어 홍콩을 선택한 것은 아니다.

하지만 검색하다 보니 그 시기에 적당한 가격으로 가족이 함께 다녀오기에 만만했다. 홍콩은 작은 도시라 짧은 시간에 여행하기 좋았다. 하루 동안의 자유여행 시간에 어린 아들을 위해 홍콩 디즈니랜드를 가서 신나게 놀 수도 있어 좋았다. 근접해 있는, 중국의 발전하는 신도시인 심천에서 하루를 보낸 것도 잊을 수 없는 추억이 되었다.

홍콩으로 시작된 가족의 세계여행은 매년 이어졌다. 시간을 맞추어 셋이 함께 1년에 한 번은 꼭 다녀오는 것을 원칙으로 삼았다. 그러다가 한 해는 내가 회사 일정으로 함께할 수가 없었다. 너무 아쉬웠지만 아들과 남편만 여행을 보냈다. 둘만 보내는 것이 아들을 돌보는 것이 서툰 남편 때문에, 그리고 그것이 불편할 아들을 생각하니 마음이 놓이진 않았었다. 하지만 결과는 대성공이었다. 남편은 며칠을 준비해서 여행 계획을 세웠다. 돌발 상황이 있긴 했지만 함께 극복했다. 그래서인지 아들과 남편의 유대관계가 훨씬 더 돈독해져서 돌아왔음을 느낄 수 있었다.

몇 년 후, 아들이 고등학생이 되었다. 중3 때는 입시 때문에 여행을 생략했었다. 아시겠지만 고등학생들은 여행을 잘 다니지도 않거니와 가더라도 부모와 동행하는 것은 극히 드물다. 갈등에 빠졌다. 어떻게 해야 할까…. 하지만 고2나 고3이 되면 더 시간을 내기가 힘들 것 같아 감행하기로 했다. 문제는 남편이 상황상 갈 수가 없다는 것이었다. 그럼에도 불구하고 아들은 엄마와의 여행에 기꺼이 동행했다. 나도 남편 없이 아들과 둘만 떠나는 여행은 처음이었다. 그런 만큼 책임감과 동시에 부담은 있었다. 하지만 떠나 보니 둘만의 여행도 꽤나 괜찮았다.

아들이 고2가 되었다. 이번에 아들은 방학 때도 기숙사에 잔류하며 집에 오지 않았다. 당연히 여행은 멈추어 버렸다. 나는 일이 바쁘기도 하고 심적으로나 경제적으로도 여유가 없어서 오히려 잘되었다고 자위하기도 했었다. 하지만 가슴 깊숙이 아쉬움이 남았다. 다음에는 어떻게 해서라도 여행의 기회를 만들어야겠다는 생각만 꼬리에 꼬리를 물었다.

이제 내년이면 아들이 고3이 된다. 지긋지긋한 입시지옥이 마무리될 것이고, 그러면 당연히 시간은 마련할 수 있을 것이다. 내 인생의 버킷리스트에 올려놓은 '가족과 한 달 세계여행 하기'는 곧 다가오는 시기에 실현할 최우선의 과제가 되었다. 가족과 함께하는 여행이 좋다는 것은 말로 설명할 필요조차 없다. 다들 공감하듯이 아주 좋다. 유대감을 끈끈히 다지고, 추억을 공유할 수 있으며, 서로를 보듬는 기회도 가질 수 있다.

아들이 더 크면 셋만의 여행은 객관적으로 쉽지 않을 마지막 기회라 생각된다. 아… 이 계획을 작성하는 것만으로도 가슴이 벅차오른다! 다음번에는 가족의 한 달 해외여행의 추억을 글감 삼아 글을 쓰리라 다짐하며 이 글을 마무리한다.

04

월 1,000만 원씩 들어오는
내 빌딩 소유하기

　휴대전화 알림음이 울린다. 입금 안내 문자가 도착했다. 보나마나 조은빌딩 사무실의 월임대료가 입금된 것이다. 최근에 새로 입주한 206호는 내실 있는 교육회사다. 대부분의 세입자들은 매월 임대료를 자동이체로 정해진 날짜에 어김없이 또박또박 입금한다. 이렇게 나에게 입금되는 임대료가 매월 1,000만 원에 이른다. 어떤가? 부럽지 아니한가!

　고백하건대, 나는 숫자에는 완전 꽝이다. 어릴 적 아빠에게서 산수를 배울 때부터 나는 남달랐다. 가끔 아빠는 안방에 모여 놀고 있는 우리들에게 산수 문제를 내셨다. 때로는 쉬운 문제를, 가끔은 다소 어려운 문제까지도. 물론 보상도 있었다. 커다란 눈깔사탕을 주시거나 동전으로 용돈을 주시기도 했다.

　언니나 동생들은 아빠가 내주는 산수 문제를 식은 죽 먹듯이 바로바로 답을 맞히고 칭찬을 받았다. 나는 손가락을 하나하나 접어 가며 숫자를 세야 했다. 겨우 답을 알아냈을 땐, 이미 나와 버린 답을 기어 들어가는 목소리로 되풀이하는 수준밖에 되지 못했다. 약은 올랐지만 상황 종료였다. 얼굴이 시뻘게진 내가 안쓰러워 아빠는 미소를 머금고 괜찮다며 머리를 쓰다듬어 주시곤 했었다.

초등학교 때는 그나마 괜찮았다. 그래도 수준이라는 게 있으니 따라갈 만했다. 중학교 1학년 때는 운이 나빴다. 매월 전 과목 시험을 봤고, 전체 석차를 기준으로 자리를 정해 주었다. 나는 맨 뒤에 앉았다. 공부를 못해서? 아니다. 나는 공부를 잘했다. 성적이 떨어지는 아이들을 철저히 관리해서 반 평균을 올리려는 선생님의 전략 덕분에 이른바 우등생들은 맨 뒷자리에 앉았던 것이다. 하지만 수학은 역시 재미가 없었다. 뒷자리는 딴짓하기에 더없이 좋은 장소였다. 나는 점점 수학과 멀어지게 되고 말았다. 결국, 중학교 시절 수학과 이별했다.

건물주와 수학이 무슨 상관이 있을까? 얼핏 생각하면 딴 나라 이야기 같다. 적어도 내게는 그랬다. 나는 그 치밀하게 얽힌 관계를 전혀 알아차리지 못했고, 눈곱만큼도 관심이 없었다. 나는 숫자가 싫었고 수학은 혐오했다. 돈은 좋아하지 않았냐고? 물론 좋아했다. 하지만 딱 거기까지였다. 생활에 필요한 단순 계산은 했지만 더 이상은 전혀 필요 없었다.

부유한 생활은 아니었지만 부모님의 지원으로 어려움 없이 대학을 졸업했고 취업했다. 넉넉하지 않은 월급을 받아 생활하고, 남으면 저금했다. 경제에 대한 관념 없이 사는 무계획의 삶이었다.

지금에 와서 생각해 보면 나는 결핍이 없이 자란 아이였다. 무엇이든 원하는 것은 조금만 노력하면 성취할 수 있었다. 결과도 나쁘지 않았다. 잘한다고 칭찬받으며 자랐으니 말이다. 그러니 굳이 힘들게 노력해서 얻고 싶은 것도 딱히 없었다. 먹고 싶으면 먹고 자고 싶으면 잘 수 있는 환경에서 자란 내가 기를 쓰고 노력해서 뭔가를 얻으려 할 이유가 도대체 무엇이란 말인가!

어쩌면 타고난 천성이란 것도 일조했던 것 같다. 바라는 것이 크지 않으니 뭔가 부족해도 그다지 슬프다거나 불행하다고 느껴지지 않았다. 나는 그냥저냥 안분지족하며 살다가 생을 마감한다고 해도 어울리는 사람이었다.

대학 졸업 후, 사회생활도 꽤 오래했다. 쥐꼬리만 한 월급도 조금씩 올랐고, 많지 않지만 돈도 좀 모았다. 노태우 대통령 시절에 주택 250만 호 보급이라는, 대대적인 주택 건설 사업이 이루어졌다. 그 시절 나는 명절에 비행기를 타고 부산을 오갔다. 비행기가 뜨고 나면 빽빽하게 올라가는 대단위 아파트 단지가 멀리서 희미하게 보였다. 짐작하건대 분당이었던 것 같다.

나는 그 광경을 보며 정말 저건 성냥갑이고 닭장이라고 생각했다. 깍쟁이 직장 동료 S는 분당의 34평 아파트를 분양받았다고 했

다. 비록 나는 서울의 구의동 원룸에서 월세를 내며 살았지만, 그녀
가 삭막한 도시의 아파트를 구입한 이유는 전혀 납득되지 않았다.
많은 세월이 흐른 지금 그녀는 어떻게 살고 있을까?

나는 서른다섯 살에 가정을 이루었고, 듬직한 남편과 사랑스러운
아들과 함께 분당의 아파트에서 전세를 살고 있었다. 늦둥이 아들을
키우는 일은 쉽지 않았다. 기질상 예민한 아들은 말 그대로 껌딱지였
다. 1분 1초도 엄마와 떨어지지 않으려 했고 독박육아는 행복하면서
도 고된 비명을 지르게 했다. 서울로 출퇴근하던 남편은 언제부터인
지 모르게 낯빛이 어두워지고 말수가 부쩍 줄어들었다. 상처가 썩어
고름이 줄줄 흐르는 상태가 되어서야 남편은 사고를 쳤다고, 주식투
자를 한 것이 휴지가 되었다고 덤덤하게 혼잣말처럼 고백했다.

그 일로 이사를 했다. 가지고 있던 회사 주식을 몽땅 처분해서
남편의 빚을 갚았다. 그리고 가용할 수 있는 모든 돈과 내가 결혼
전부터 모아 온 비상금까지 탈탈 털어 길 건너 용인의 아파트를 사
서 이사했다.

세월이 흘렀다. 부동산 열기가 뜨거워지고 신분당선이 개통하자
집값이 오르기 시작했다. 그래도 여전히 숫자에 둔감한 나는 커다
란 느낌이 없었다. 깔고 앉은 돈은 내 돈이라는 느낌이 없었기 때
문이었다.

살다 보니 돈이 절실하게 필요한 시기도 닥쳐왔다. 그 시기에 나는 〈다꿈스쿨〉이라는 카페를 알게 되었다. '다시 꿈을 꾸는 어른들의 학교'라는 뜻의 카페였다. 많은 사람들이 거기에서 자기계발에 열정을 쏟고 있었다. '다시 꿈을 꾼다…' 이 말이 어쩜 그렇게 가슴에 와 닿던지.

나는 꼭 다시 꿈을 꾸고 싶었다. 그래서 다꿈스쿨의 자기혁명 캠프를 수강했다. 그때 카페의 주인장인 청울림 님이 부동산 쪽에서도 꽤나 유명한 분이란 걸 알게 되었다. 청울림 님은 부동산에 투자해서 엄청난 부를 축적했음은 물론이고, 부동산 강의도 진행하고 있었다. 돈은 없었지만 나도 부동산 투자를 통해서 돈을 벌 수 있겠다는 생각이 들었다. 4주 동안의 부동산 강의를 수강했다. 강의가 끝날 무렵 나는 아파트 한 채를 분양받고, 갭투자를 통해 한 채를 더 매입하기에 이르렀다. 1년이 채 지나지 않았지만 수익률이 꽤 괜찮았다.

패시브 인컴, 즉 일을 하지 않아도 들어오는 소득을 말한다. 부동산을 통한 수입은 대표적인 패시브 인컴이다. 고기도 먹어 본 놈이 잘 먹는다는 말이 있다. 부동산이라는 새로운 분야를 알게 되었다. 거기다 수익을 올리게 되니 더 하고 싶은 욕심이 샘솟았다.

겨우 단맛을 보았고 하고자 하는 열기는 충천했으나 시기가 나빴다. 치솟는 가격 때문에 정부가 부동산을 강력히 규제하기 시작했다. 대출 규제와 세금 폭탄이라는, 유사 이래 제일 강력한 규제

대책을 한 달이 멀다하고 계속 발표했다. 강력한 대책이 발표될 때마다 시장은 주춤거렸다. 아니 급속하게 얼어붙었다. 나는 '완전 초보'라는 팻말을 붙이고 이제 겨우 운전대를 잡은 초보 운전자와 다를 바 없었다. 빨간불이 들어온 이상 도무지 뭔가를 시도할 수조차 없는 상황이 되어 버린 것이었다.

부동산은 수학이고 과학이고 정치경제가 복합된 상품이다. 하방경직성이 강하며 철저히 수요와 공급의 법칙을 따른다. 특성상 돈의 단위도 대부분 커서 쉽게 결정하고 투자할 수 있는 대상이 아니다. 그럼에도 불구하고 정확한 데이터와 흐름을 읽을 줄 안다면 아직도 누군가에게 충분히 희망이 될 수 있고, 역전의 기회가 될 수 있다고 확신한다.

부동산을 가만히 들여다보고 있으면 재미있고 신기했다. 세밀하게 들어가서 엑셀에 숫자를 넣고 결과치를 분석하는 수준까지 가야 한다. 임장을 통한 현장 상황 파악도 반드시 해야 한다. 그래야 정확한 흐름을 읽고 주기를 파악해서 들어갈 때와 나올 때를 판단할 수 있다.

지금의 나는 도약을 위해 움츠린 단계다. 가능성의 바다에서 자유롭게 헤엄치기 위한 준비를 하고 기초를 다지고 있다. 쉽게 움직이지는 않을 것이다. 제대로 된 확실한 물건이 나오면 주저 없이 터뜨릴 수 있도록 끊임없이 준비하고 노력할 것이다.

부동산에서 수익을 실현하는 방법으로는 월세 세팅과 시세차익의 두 가지 방법이 있다. 가는 방향이 정해져 있기 때문에 나는 두 가지 방법을 병행해서 진행하려고 한다. 월 1,000만 원이면 정말로 족할 것 같다. 더없이 행복하고 만족할 것 같다. 안정된 고정 수입이 있다는 것. 그것도 패시브 인컴으로 들어오는 고정 수입은 더할 나위 없이 매력적이다. 시간적, 경제적 자유를 위해 앞만 보고 직진해서 꼭 내 명의의 빌딩 하나를 소유하고야 말 것이다.

05

디지털 노마드의 시간적 자유를 갖는 삶 실현하기

'구름 한 점 없이 눈부신 파란 하늘이 더없이 청명하다. 나는 에메랄드빛 바다가 그림처럼 펼쳐진 호텔 밖의 풍경을 바라보며 커피를 마시고 있다. 이제 막 작업을 마친 결과물을 이메일로 전송했다. 가뿐한 기분으로 노트북을 덮으며 산책을 나가기 위해 일어선다.

나는 디지털 노마드다. 나는 내가 하고 싶을 때, 내가 원하는 곳에서 나의 일을 하며 살아간다. 내 삶에는 시간적, 경제적 자유가 있다. 나는 이것을 충분히 누리며 살아간다. 나는 이미 내 분야에서 최고의 경지에 올랐다. 때문에 그 누구도 나에게 감히 지시를 내리지 않는다. 나는 나로서 충분히 가치가 있다.'

내가 상상해 본 나의 미래 삶의 모습이다.

'디지털 노마드(Digital Nomad)'란 정확히 무엇인가? 디지털과 유목민이라는 영어단어 Nomad의 합성어다. 간단히 말하자면 '디지털 유목민'이라는 뜻이다. 인터넷 시대에 새롭게 탄생한 용어로 스마트폰, 태블릿 PC, 노트북 등의 IT 기기를 갖추고 전 세계를 여행하며 일하는 사람들을 말한다. 이들은 기존의 회사나 생활환경에서 벗어나 디지털 기기를 사용할 수 있는 곳이라면 어디서든 업무를 할 수 있다. 직업으로 살펴보면 사진작가, 블로거, 디자이너, 마케팅/컨설팅 전문가, SNS 매니저 등이 있다.

나는 대학을 졸업하고 취업해서 쉰이 넘은 지금까지 일을 하고 있다. 그렇다고 화려하거나 대단한 직장생활을 했던 것은 아니다. 1989년, 대학교 4학년 때 졸업을 앞두고 수없이 많은 곳에 이력서를 넣었다. 그때만 해도 인터넷 같은 건 없었다. 4대 일간지 중 하나를 사서 광고 면을 차지하고 있는 큰 회사의 구인 광고를 살펴봤다. 출퇴근 거리나 기타 조건이 괜찮다고 판단되면 이력서를 제출했다. 대단한 스펙이 있는 것도 아니었는데, 참 무모한 도전을 했던 것이다.

결과는 다 떨어졌다. 면접조차 시도하지 못한 곳도 수십 군데가 넘는다. 지금 생각하면 참으로 어이없는 짓이었다. 하지만 그때는 영문학을 전공한 대졸자이니만큼 취업이 가능할 것이라 막연히 생각했었다.

낙담이 짙어질 무렵, 시골에 계신 엄마에게서 연락이 왔다. 서울에서 의류회사를 운영하고 계신 큰외삼촌께 부탁해서 자리 하나를 마련해 놓았다고. 이미 대기업 채용도 끝났고, 딱히 갈 곳도 없었으니 외삼촌 회사를 마다할 이유도 없었다. 취업에 대해 특별한 기준이나 로망이 있었던 것도 아니니 상관없었다. 더군다나 기숙사라는 어마어마한 혜택이 제공되었다.

나는 그렇게 되는 대로 취업했다. 외삼촌 회사에서의 업무는 이사실 비서였다. 일은 단순하고 지루했으며 갑갑했다. 한마디로 비전이 없었다. 대충 몇 년 일하다 시집이나 가면 그뿐이라고 생각했다.

너무 오래된 일이라 정확히 기억나진 않지만, 영어영문학을 전공한 나는 어쨌든 영어와 관련된 일을 하고 싶다는 생각을 가지고 있었다. 졸업 전, 학과 사무실 게시판에 붙은 공고를 보고 서류를 냈던 것으로 기억한다. 그렇게 한국 브리태니커라는 회사에서 연락이 왔다. 정확히 무슨 회사인 줄도 모르는 상태였다. 이름에 뭔가 있어 보인다는 이유로 하루 휴가를 내고 인터뷰에 참석했다.

지금은 백과사전 자체가 유명무실해졌지만, 그때만 해도 브리태니커는 세계적으로 명성이 자자한 백과사전 전문 출판기업이었다. 미국에 본사가 있는 이 회사는 설명만 들어 봐도 대단해 보였다. 핵심은 브리태니커 백과사전을 파는 영업직 사원을 구하는 것이었다. 월급은 기본급과 실적급으로 되어 있었다. 그런데 발표하는 사람들은 하나같이 입이 쩍 벌어질 정도의 수익을 올리고 있었다.

나는 영업직에는 관심이 없었다. 그 시절에는 영업직이라고 하면 화장품 외판원이나 보험아줌마 정도로 인식하고 있었다. 때문에 내가 할 일이 아니라고 생각했다. 아무리 고가의 고급진 상품이라고 하더라도 영업은 영업이니까. 그런데 그날 새로운 기회도 있었다. 옆에 앉은 여자가 나와 동갑이었는데 학습지 회사에서 선생님을 하고 있다고 했다. 가정을 방문해서 아이들을 가르치는 일인데 페이도 괜찮다고 하며 나에게도 도전해 보라고 했다. 흘려듣긴 했지만 할 일 없이 시간만 축내는 비서보다는 나을 것 같아 지원했고 이직에 성공했다.

학습지 회사에서는 5년 정도 근무했다. 서울의 강남구를 총괄하는 영동지국 어문교사 1기 계약직 교사로 시작해서 정직원으로 선발되었다. 그리고 5급 지구장으로 승진하기까지 막힘이 없었다. 이때 알게 된 것이 내가 가르치는 일과 영업에 소질이 있다는 것이었다. 모범직원 표창에, 실적으로 대표이사 표창까지 받은 걸로 충분히 증명되었다고 생각한다. 하지만 제일 힘든 곳에서 일을 잘하니까 부서 이동을 시켜 주지 않았다. 나는 억울했다. 내가 한 일을 인정해 주고 적절한 보상과 직무전환을 해 주기를 원했다. 하지만 지점장은 끝내 나를 놓아 주지 않았다. 지칠 대로 지친 나는 사표를 내고 말았다.

한동안 프리랜서로 통·번역 일을 하며 생활을 이어 갔다. 새벽에 영어공부를 하기 위해 듣던 라디오 영어 프로그램에서 국제회의전문 기획가인 PCO(Professional Convention Organizer)를 양성하는 대학원에 대해 알게 되었다. 나는 귀가 번쩍 뜨여 진짜 프로가 되어 보겠다는 꿈을 품고 대학원에 진학했다. 그러곤 석사학위를 받고 졸업했다. 하지만 국내에 처음 도입된 분야라 정말 험지를 개척하는 힘든 시기를 보내야 했다. 겉으로 보기엔 더없이 화려했지만, 속으로는 밤샘업무가 셀 수도 없이 이어졌다. 얼마나 더 버틸 수 있을까 하는 고민이 매일매일 이어졌다.

그때쯤 결혼과 더불어 이사를 가야 해서 퇴직했다. 임신과 출산을 하고, 아들이 36개월이 되던 기간까지 전업주부로 지냈다. 아이가 태어나기 전까지 남편이 벌어다 주는 돈으로 문화생활을 즐기기도 하고, 새로운 취미를 찾아 여러 가지를 배우러 다니기도 했다. 내 평생 남(?)의 돈으로 즐긴 유일한 기간이었다.

남편은 나 몰래 주식투자를 해서 엄청난 돈을 휴지쪼가리로 만들었다. 가정경제를 파탄지경으로 몰아넣었다. 어쩔 수 없이 나는 예상보다 빨리 직업전선에 나서야 했다. 그렇게 시작한 유아 영어 교육 관련 일을 지금껏 이어 오고 있다. 파트타임 강사로 시작해서 본사 부장으로 발탁되었으며, 지금은 독립해서 작지만 내 회사를 운영하고 있다.

회사는 노력하는 만큼 번창했었다. 버는 기쁨, 키우는 즐거움을 누렸다. 정부의 시책으로 두 손 두 발 다 꽁꽁 묶이기 전까지는. 나는 외부적인 요인에 딱히 대처할 방법이 없다는 사실에 분노했다. 결

말이 날 때까지 기다릴 수밖에 없다는 무력감에 치를 떨어야 했다.

그렇게 맞이한 위기 속에서 시간이 남아돌았다. 나는 더 이상 외부 환경에 휘둘리지 않는 나만의 일을 찾기 시작했다. 그러다 우연한 기회에 블로그를 시작하게 되었다. 처음에는 쓸 게 없어서 책을 읽고 필사만 올렸다. 아무도 찾지 않는 내 블로그는 그저 나만의 놀이터였다. 조금씩 애정과 관심을 가지고 보다 파워블로거와 디지털 노마드의 삶에 대해서 알게 되었다.

찾아다니며 많은 블로그 강의를 들었다. 블로그뿐만 아니라 페이스북, 인스타그램 그리고 유튜브까지 1인 미디어는 신세계였다. 세금도 내지 않고 고스란히 억대 수입을 올리는 유튜버들이 여기저기에서 나타나기 시작했다. 회사를 유지하면서 작은 부담으로 내가 할 수 있는 것이 블로그였다. 아쉬운 점은 네이버 블로그는 국내에서 점유율만 높았지, 네이버 정책과 수익 구조상 높은 수익 창출이 불가능한 구조였다는 점이다. 그럼에도 불구하고 기반을 다지기 위해서는 블로그를 성장시키고 끊임없이 유입을 늘려야 한다.

여기까지 오는 데도 많은 시간이 걸렸다. 하지만 이제는 어떤 방향으로 가야 하는지를 알게 되었다. 내 블로그를 기반으로 시너지를 창출할 수 있는 구조를 만들면 된다. 그래서 손끝이 아프도록 서로이웃을 신청하고 이웃 블로그를 찾아가 댓글을 달았다. 더불어 소비되는 콘텐츠를 위해 시의적절한 핫 이슈를 올리기도 했다. 결과적으로 내 블로그는 조금씩 조금씩 성장을 지속하고 있다. 이제 축적된 힘을 폭발시켜 수익화를 실현하는 일만 남았다.

나는 영향력 있는 블로거다. 이제 가만히 있어도 방문객은 내 블로그를 방문해서 글을 읽고 댓글을 남긴다. 방문객과 클릭 수를 통해 일정 수익이 배분되고 유튜브와 카페를 통해서도 끊임없는 유입이 일어난다. 그리하여 3년 후, 나는 자유롭게 세계 여기저기를 여행 다니면서 업무를 보고 인터넷으로 그 결과를 전송한다. 그렇게 디지털 노마드의 삶을 살고 있을 것이다.

PART 06

대한민국
1등 강사로서
꿈의 나래
펼치기

- 유지명

유지명 힐링다나 대표, 베트남호치민시티지사 법인 DANA 운영, 국제뷰티아티스트 심사위원장, 한국피부미용협회 강원도지부 이사, 속초대표맘카페 속초홀릭 대표

18년간 피부미용과 통증케어&체형관리, 퍼머넌트 메이크업에 종사하면서 사람과 여자, 그리고 아름다움의 내면과 외면에 대한 관심과 노력으로 나라를 넘나들며 활동 중이다. 과거에 매달리지 않고 남은 생에 대한 자기계발을 모토로, 여러 가지로 배우는 즐거움에 빠져 있다. '해가 뜨기 전에 가장 어둡다'는 생각으로 어둠에 힘겨워하는 사람들과 함께 해가 뜨는 것을 바라보고자 한다.

01

국내 초청 1순위
강연자 되기

말 대신 눈빛으로 제압하기가 수월했다. 상호 조건 제시를 간단하게 해서 합의점을 찾는 걸 좋아하기도 했다. 그런 사무적인 처리가 뒤끝이 없기도 해서다. 더욱이 강연은 말을 잘하는 사람이 해야 한다고만 생각했다.

나이가 들고 밴드란 곳에서 초등학교 동창밴드를 우연히 찾았다. 밴드로 서로 소통하다가 동창회란 것을 했다. 그렇게 길에서 보면 자칫 몰라볼 정도의 친구들과 소통했다. 우리는 마치 1970년대로 돌아간 듯 사심 없는 대화들로 하루를 보냈다.

그때 알았다. 밝히기도 부끄러운 이야기들도 있지만, 나의 어린 시절 이야기들이 그들에게 큰 소잿거리였다는 것을. 지금 내가 어떻게 살고 있는지도 무척이나 궁금해했다는 것을. 그리고 더 많은 나의 이야기, 어린 시절 당시엔 밝힐 수 없었던 많은 사연들을 이야기하면서 사과도 하고 이해도 받았다. 우리는 서로의 이야기를 주고받으며 눈물을 훔치기도 했다. 그게 나의 이야기였던 것이다.

　나의 이야기들로 강연을 하면 어떤 생각과 느낌이 들까? 나는 과거를 뚫고 나와서 홀가분해질 것인가? 수치스러울까? 아니면 그냥 수다스런 아줌마가 될 것인가? 아니면 나의 이야기가 어두운 음지 한 귀퉁이에서 떨고 있을 한 사람에게 작은 성냥불 같은 희망이라도 줄 수 있을까?

　강연을 하면 나는 어떤 모습이 되어 있을까? 과거를 떨치고 악몽에서 헤어나 더 큰 사랑을 받을 준비가 되어 있을 나는, 그들에게 말하고 싶다. 스스로를 사랑하고 사랑받을 준비를 하라고. 사는 게 힘들 때마다 되풀이되는 악몽은 이제 그만 꾸라고. 시련은 그냥 더 큰 바다로 향할 때 뛰어넘어야 하는 징검다리일 뿐이라고 말하고 싶다. 내일은 내일의 태양이 뜬다고 말해 주고 싶다.

　오늘 사는 이 하루를 내일이 부끄러워하지 않게끔 살다 보면 옛 어른들이 말씀하시듯, 선한 끝은 있다, 라고 말해 주고 싶다. 그리고 그런 말들을 하는 나는 그들과 함께 울음바다를 이룰지 모르겠다. 나의 강연은 그렇게 끝날지도 모르겠다.

　그래도 말하는 이나 듣는 이나 속 시원한 힐링을 경험하게 되는, 나는 그런 강연자가 되고 싶다. 가식 없이 공감과 소통이 되는, 오늘 만났지만 10년은 본 듯한 그런 인연이고 싶다.

어린 시절 나는 말이 없는 아이였다고 한다. 가끔은 꿈속에서 억누르는 울음소리를 내는 어린아이가 보이기도 한다. 그 아이는 솔직히 말을 해도 맞았고, 말을 하지 않아도 맞았다. 그 후 크면서 그 아이는 다짐한 것이 하나 있다. 나는 누구에게도 맞지 않을 것이고 말로도 절대 지지 않겠다는 다짐이다.

그렇게 그 아이는 스스로 강해지는 법을 배워 나갔다. 아직도 누군가의 앞에서 말을 하는 게 두려울 때도 있고, 자신에 대한 이야기를 풀어 갈 때 복받치는 설움에 목멜 때도 있다.

그래도 나는 전국 1순위 초청 강사가 되고 싶다. 그 이유는 이리 치이고 저리 치였어도 지금 이만큼 이 자리에 서 있을 수 있고, 글을 쓸 수 있기 때문이다. 그렇게 감사한 것이 그 첫 번째 이유다. 누군가에게는 나의 이야기가 큰 호흡 한번 하고 다시 일어날 수 있는 도약이었음 하는 바람 때문이다. 그것이 두 번째 이유다. 그리고 나머지 하나는 나 때문에 가슴 한쪽을 늘 쓸어안고 살았을 엄마에 대한 미안함 때문이다.

02

10개 이상의 베트남 관리실과 라이선스 취득하기

어느 날 우연히 지인과 베트남을 가게 되었다. 이제 베트남에서도 문신이 아닌 한국식의 반영구 화장을 한다는 것이었다. 내가 심사위원으로 참가했던 올해 뷰티대회에도 베트남분들이 참가했었다.

난 호기심 반 휴가 반으로 무작정 베트남행 비행기를 탔다. 난 더위를 심하게 타는 편이라 친구들과의 여행도 동남아 쪽은 피하는데…. 아직도 그날, 베트남의 오후를 기억한다. 무더운 날씨에 공항 밖을 꽉 채운 인파들.

날씨가 조금만 더워도 인상을 잔뜩 찌푸리는 습관이 있던 나는 그들을 보고 놀랐다. 그들은 밝은 얼굴 한가득 웃음을 머금고 있었다. 그것이 베트남 국민들에 대한 나의 첫인상이다.

어떤 이들은 소매치기나 불친절한 택시기사 등 극소수의 일로 그 나라 국민들 전체를 해석하기도 한다. 우리나라도 그랬다. 1970~1980년대에 그런 일이 없었는가? 지금도 일어나고 있는 일이다.

아무 생각 없이 지인을 따라간 그 나라에서의 첫날. 나는 나의 노후 계획을 세웠다. 2~3년 뒤에 실행하려고 했던 계획을. 그날 나는 피곤함도 잊고 밤을 새웠다. 단지 그 웃음들이 좋았다. 해맑은 그 순진한 웃음들이 내 발목을 잡았다. 그 옛날 우리나라 사람들도 이처럼 순박한 모습이었을 때가 있었을 것이다. 삭막한 지금의 모습이 아닌.

나는 아침에 호텔 직원인 베트남 아가씨의 오토바이를 빌려서 낯선 나라를 파헤치기 시작했다. 혼자서 베트남 구석구석을 다니기 시작한 것이다. 그렇게 오토바이 무리에 휩쓸려서 가고자 하는 곳을 지나치곤 엉뚱한 곳을 한참 헤맸다. 그러다 어둑해져서 숙소로 오니 호텔 여직원분은 나 때문에 택시를 타고 퇴근한 후였다. 지인인 호텔 주인분은 하루 종일 걱정했다고, 겁도 없다며 나를 질타하고 잔소리를 해 댔다. 하지만 내 귀엔 아무 소리도 들리지 않았다. 유독 푸르렀던 하늘만 내 머릿속을 떠나지 않았다. 나는 내 방으로 돌아와서 빠르게 계획을 세웠다.

난 3일의 여정으로 간 일정을 이틀 더 연장했다. 호텔 주인의 걱정과 잔소리를 뒤로하고 난 아침이면 나갔다가 저녁에 숙소로 돌아왔다. 가슴이 두근거렸다. 무엇보다 내가 지금 하고 있는 일을 음지에서 하지 않고 마음 편하게 할 수 있음에 도전장을 던졌다.

나는 마사지사다. 여성전용 관리실을 19년째 운영하고 있다. 그리고 나는 퍼머넌트메이크업(반영구 화장) 아티스트다. 그런데 우리나라에서는 '마사지'라는 말을 쓸 수 없다. 전 세계에서 그 말을 쓸 수 없는 유일무이한 국가다. 우리나라에서 마사지라는 단어는 맹인들만 쓸 수 있다. 그들을 탓할 생각은 없다. 이건 나라의 정책 문제니까.

나는 체형관리로 사업자를 내고 관리실을 운영하고 있다. 우리나라에선 피부 관리 국가자격증을 따도 기계를 쓰지 못한다. 위험이 전혀 없는 앰플 투입용 간단한 기계조차 관리실에서 사용하면 불법이다. 이 또한 피부과 의사들 몫이다. 화장품 판매도 안 된다. 수익이 동반되는 이 모든 것들은 모두 갑인 의사들 몫이다. 우린 그저 손목이 부러져라 손과 팔을 이용해야만 한다.

우리나라에선 반영구 화장을 할 수가 없다. 그런데 반영구 화장 학원은 허가를 내준다. 학원 운영에 대한 세금을 내고 학원생들을 배출해 봐야 불법인을 배출할 뿐이다.

이 일 또한 산부인과 의사든 한의사든 의사들만 할 수 있다. 개떡 같다는 것이 나의 생각이다. 개떡 같은 법이다.

한국인의 손재주는 굉장하다. 지금은 가르치는 일을 주로 하는데, 개인 수업을 해 보면 수강생들의 놀라운 손재주를 알게 된다.

몇 년 전부터 같은 일을 하는 선후배들이 중국으로 동남아로

빠져나가기 시작했다. 몇 번 단속을 경험하고 불이익을 당한 그들은 우리의 기술을 우리나라 사람들에게 가르치는 위험을 무릅쓰지 않는다. 대신 대우받고 돈벌이가 되는 중국이나 동남아를 택한다. 먹고는 살아야 하니까. 그들을 탓할 수 없다. 먹고는 살아야 하니까. 내가 태어나서 세금 내고 있는 이 나라가 우리의 뛰어난 손재주를 그렇게 방치했다.

올해 초 한국에서 국제 뷰티대회를 개최했다. 그때 난 처음으로 나의 일에 자괴감까지 들었다. 대회에는 중국인 70%, 동남아인 20%, 한국 선수들 10%가 참가했다. 모두 우리나라 사람들이 가르치고 배출한 인재들이었다.

이 나라에선 불법일 뿐인데 아무리 좋은 기술이라도 누가 배워서 음지에서 하고 싶을까? 그래서 그들은 떠났고 국내에서 개최한 대회가 외국인들이 판치는 대회가 되어 버린 것이다.

난 먹고살기 위해 마사지를 배웠다. 기계도 못 쓰고 몸만 쓰다가 나이 들어 몸도 못 쓰면 뭐 해서 먹고사나 싶어서 불법인 줄 알면서도 반영구 화장을 배웠다. 그냥 의사도 뭐도 아닌 내가 먹고살기 위해서 배운 일이었다.

나래를 펴 보고 싶었다. 낯선 나라에서의 고생은 각오하고 있었다. 나는 그저 내가 할 수 있는 일을, 이 기술을, 음지에서 나와 마음껏 펼치고 싶었다. 더 이상 내 나라에서 대우받지 못하는 이 일을 그냥 떳떳이 하고 싶었다.

그렇게 1년에 걸쳐 모든 걸 준비했다. 이제 완성 단계에 있다. 많은 시행착오가 내 앞을 가로막았다. 하지만 넘어졌다가 일어날 때마다 나는 더 강해져 있었다.

순조로운 일은 없다. 순조로운 길도 없다. 순조로운 인생도 없다. 돌멩이를 파내고 흙을 깔고 그 위를 또 몇 번을 다져야 길이 만들어진다. 나의 길도 쉽지 않다. 나의 과거도 단 한 번도 쉽지 않았다.

나는 이곳 베트남에서 10곳 이상 관리실을 운영할 것이다. 터무니없는 이 꿈을 이뤄 낼 것이다. 내 나라가 아닌 이곳에선 언어소통도 안 되어 당분간 손짓발짓하면서 살 것이 뻔하다. 조금은 외롭기도 할 것이고 음식이 안 맞아 고생하리란 것도 안다. 물론 안 될 수도 있을 것이다. 그러나 나는 두려움을 내보이는 사람이 아니다. 묵묵히 최선을 다해 한 걸음 한걸음 나아갈 것이다. 하나가 자리 잡히면 또 다른 하나에 도전할 것이다. 그렇게 자갈길을 손수 다져가며 넘어져 무릎도 까이고 좌절도 하면서 나의 상처로 다져진 이 길을 걸어갈 것이다.

내가 살아온 길은 단 하루도 쉬웠던 적이 없다. 아무 일도 생기지 않으면 오히려 불안하곤 했다. 오히려 힘든 일이 생기면 좋은 일만 남았다고 기뻐하기도 했다. 홀로서기에 너무나 익숙해진 나는 누구에게 손을 내밀 줄도 모른다. 그게 나다. 악에 받쳐 혼자 울던 날도 있었다. 그러다 지치면 숨 한번 크게 쉬고 높은 하늘 한번 올려다보면 된다. 그리고 나는 할 수 있다고 힘없이 되뇐다.

나의 최종 목표는 라이선스를 취득하는 것이다. 이곳에서 2년 동안 살면서 여러 가지 활동을 하면 라이선스 취득 자격이 된다. 내 나이 쉰. 이제 가르치는 걸 하고 싶다. 내가 가진 기술을 가르치고 점점 발전하는 학생들을 보면서 나의 노후를 보내고 싶다. 시간적 여유가 날 때마다 책을 읽고 책을 쓰고 싶다. 그렇게 아름답게 늙어 가고 싶다.

이곳은 나의 노후다. 10개의 지점도 나의 노후고, 라이선스 또한 나의 노후다. 그리고 진정한 나의 노후는 책을 쓰는 것이다. 내가 사랑하는 이들을 만나면 진심 어린 포옹과 방금 나온 나의 책을 주는 것이 나. 의. 노. 후. 다.

03

동남아에
선교하러 가기

처음 하나님을 믿기 전 나는 신실한 무당 신봉자였다. 작은 외삼촌이 정신병이 있는데 무당은 그 모든 게 귀신에 씌어서라고 했다. 외할머니는 그 당시 5급 공무원이었던 외할아버지 재산을 야금야금 무당 입으로 털어 넣으셨다. 어린 나는 늘 할머니 손에 이끌려 전국 용하다는 점집을 순방하러 다니곤 했다. 그 후엔 용하다는 절도 다니고 신비의 돌도 들러 다녔다. 지금 남편을 만나 연애할 때도 교회에 다닌다는 남편의 말에 단칼에 끊으라고 윽박질렀다. 남편은 25년을 다니던 교회도 그만 다니게 되었다.

하나님을 만날 기회가 없었던 건 아니다. 관리실을 하면서 일부지만 이른바 권사님 집사님들의 이중인격을 충분히 봤다. 하물며 무당집에 출장을 갔을 때도 부적을 써 가는 교인들을 많이 보았다.

지금 생각하면 한국 교회는 한참 부흥하던 1970~1980년대가 끝이었던 것 같다. 그 후 교회마다 패가 갈려 직분자들은 보이지 않는 싸움을 했다. 목사님들은 본인의 체면을 더 중요시하며 성도에게 굽히지 않았다. 예수님은 성도의 발도 씻겨 줬는데…. 이해가 안 가는 것투성이였다.

하나님을 믿기도 전에 내게 다가왔던 건 그런 교인들의 십자가들이었다. 모든 죄를 짓고도 회개하면 된다던 지인의 말. 그런 면죄부를 준다는 게 말이 되지 않는 것 같아 더더욱 멀리했었다. 지금 생각하니 참 어이없던 사람이 바로 죄인이라 부르는 인간이었다.

선교를 결심하게 된 이유가 있다. 어느 날 심신이 너무 힘들고 지쳤다. 그런데 평소에 좋아하던 목사님이 내가 있는 곳에서 2~3시간 정도 남짓한 거리의 기도원에 오신다는 소식을 들었다. 나는 있던 예약을 다 접고 달려갔다. 그렇게 이틀을 꼬박 설교를 듣고 나도 나중에 선교를 하리라 결심했다.

내가 하려고 하는 선교는 오지에 가서 무조건 믿음과 무조건 봉사를 강조하며 거지꼴로 "하나님을 믿어야 천국 간다."라고 설파하는 선교가 아니다. 믿음이 부족한 내가 선택한 선교는 나의 기술을 도구로, 내가 하는 행동으로 하는 선교다.

한국 교회 여기저기에 구걸하지 않을 것이다. 마음 맞는 지인들과 순수 내 수입으로 사람들을 돌볼 것이다. 열심히 배우고 살아가면 세상에서 천국도 맛볼 수 있다고 알려 주고 싶다.

나는 나의 목숨을 살려 주신 어떤 할머니의 권유로, 아니 끌려

가서 나이 들어 교회를 다니기 시작했다. 신약이 뭔지도 구약이 뭔지도 몰랐다. 성경공부 시간에는 하나님 성함을 하. 나. 님이라 했다. 엘리야가 누구냐는 질문에는 잘 모르는 사람이라 했다. 노아의 세 아들은 큰아들, 작은아들, 셋째 아들이라 답할 정도로 나는 아무것도 몰랐다.

그렇게 나의 믿음은 시작되었다. 교인들에 대한 불신으로 마음이 닫혀 있던 나는 하나님을 알아 가는 것으로부터 믿음을 시작했다.

출장을 가면 예배는 내 숙소 주변의 가장 작은 교회를 찾아가 드린다. 되도록이면 개척교회를 찾아가 십일조를 한다. 대형교회들에는 그만큼 들어오는 게 있을 거라고 생각하기 때문이다. 하나님이 꼭 그런 큰 곳에만 계시리라 생각하지 않기 때문이다.

교회에 다니시는 주변 분들은 지교회에 헌금을 해야 한다고 한다. 지교회에 꼭 출석해야 한다고들 한다. 하지만 힘들고 어려운 곳에 헌금하는 자체가 내 믿음이 시작될 때부터 내가 맞이한 선교였다. 휘장을 두른 거룩한 모습의 목사님보다 구세군에서 건졌을 듯한 양복을 입으신 개척교회 목사님의 매끄럽지 않는 설교가 내겐 더 크게 와 닿았다.

믿지 않을 때 나라굿 하는 무당을 관리(마사지)했던 적이 있다. 작두를 타던, 근방에선 유명한 무당이었다. 그 시절 선거 때가 되면 노모와 사모님들이 줄을 서던 그런 무당이었다. 직접 굿하는 곳도 많이 따라다녔고, 모든 굿을 알 정도로 가깝게 지냈다. 작두를 타고 나면 (제정신으로 타는 게 아니라서) 종아리랑 다리가 많이 아프다. 그런 만큼 큰 굿이 있는 날이면 항상 나를 불렀다 .

그렇게 오가며 관리하던 중, 어느 날 자기 집에 오는 손님도 받아 보면 어떠하냐는 제의를 받았다. 관리실을 처음 오픈해서 손님도 없던 때라 나는 흔쾌히 동의했다.

그러다 어느 날 나는 경찰서 의자 위에 앉아서 조사를 받고 있었다. 손님이 오면 그 무당은 양쪽 어깨에 귀신이 앉아 있다고 했다. 그러곤 저쪽 방에 약사여래신(병을 고쳐 주는 신)을 받은 사람(나)에게 관리를 2~3일 간격으로 와서 받으라고 했다. 그러고는 부적을, 굿을 강요하다가 나까지 한통속으로 몰린 것이다.

물론 난 점을 보는 신당에서 벌어지는 일은 아무것도 알 수가 없었다. 조사를 받고 무혐의로 나왔지만 참 어리석은 믿음, 어리석은 행동이었다.

우리나라에 만약 선교사들이 들어오지 않았다면? 그들의 수많은 목숨과 핏값이 없었다면? 선조 때부터 늘 외세에 시달려 온 이 작은 땅을 하나님이 내려다보셨을까? 선교는 하나님의 마지막 소원 사업이셨을 것 같다. 벌레보다 못한 내가 가진 기술로 선교를 하고 싶다. 그것으로 사람을 모으고 희망을 주고 싶다. 그리고 그 결과로 그들에게 미소와 함께 보장된 미래를 보여 주고 싶다. 그 모든 게 주님과 함께하심을 알려 주고 싶다.

나는 절을 한 채 지어 줄 정도의 돈을 여러 무당집에 갖다 바쳤다. 많은 시련과 함께 그에 마땅한 죗값을 받았다. 그래도 하나님은 그런 나를 넘어질 때마다 일으켜 주셨다. 자살을 눈앞에 두고 있을 때 그 음성을 들었다.

홀어머니 밑에서 온갖 시련과 고통에 처했을 때 누구 하나 내 손을 잡아 주지 않았다. 오롯이 그 모든 악을 혼자 감내할 때 나는 이 세상에 나 하나뿐인 줄만 알았다. 내 곁에서 나를 지켜 줄 이는 아무도 없을 줄 알았다. 육신의 아버지도 일찍 여의어 기댈 곳조차 없던 내게 이젠 나의 하나님, 나의 아버지가 계신다.

이 얼마나 경이롭고 영광스런 일인가. 어느 날부터 나는 누구보다 당당해졌고 빽(하나님)이 든든한 나는 두려울 게 없다. 나만의 방식으로 오직 기도하며 선교할 것이다. 하나님을 모르는 이들을 위해 나의 노후를 선교로 마무리 짓고 싶다.

04

나의 호텔
가지기

집이 있었으면 했다.

나는 여행 짐이나 출장 짐을 빠르고 간단하게 잘 꾸린다. 어린 시절 집이 없던 나는 엄마의 재혼으로 이 집 저 집 친척들 집을 전전했다. 한 곳에서 사고를 치면 또다시 다른 곳으로 가야 했기 때문에 나에겐 빠르게 짐을 싸는 능력이 생겼다.

그 어린 나이에 어느 한 곳 정 붙일 곳이 있었을까. 난 그냥 눈치만 빠른, 동년배보다 너무 마르고 악만 남은 어린아이였다. 그냥 온 세상을 까맣게 칠하고 싶었던, 너무 빨리 세상의 힘듦을 알아버린 아이였다.

마음 맞는 사람들이 오갈 수 있는 집. 바람이 이마를 가르고 지날 수 있게 통풍이 잘되는 집. 여행자들이 편히 쉬고 그들의 걸어온 자취를 서로 주고받을 수 있는 집. 내가 아닌 우리가 될 수 있는 호텔이면 더더욱 좋을 것이다.

가끔은 너무 바쁜 일상들을 접고 홀로 멍 때리며 자고 싶을 때

자는 것도 좋을 것이다. 먹고 싶을 때 먹고 그렇게 머무르는 것도 좋을 것이다. 나를 잃어 가는 이 시대에 나란 존재를 돌아보는 시간을 갖는 그런 공간이었음 좋겠다. 그런 호텔을 가. 지. 고 싶다.

나는 사람을 좋아한다. 사람 때문에 상처받고 그 멍울이 가시기도 전에 난 잊는 것 또한 잘한다. 그냥 사람이 그리워서다. 그냥 사람이 좋다. 내 사람 내 편을 가지고 싶었다. 한 지붕 아래 사는 남편도 남의 편이라 하지 않는가. 가끔은 깊은 흉터 하나, 잊으려고 해도 잊히지 않는 그런 상처가 있다. 너무 아파서 그 시절을 떠올리면 나도 모르게 몸이 움츠러드는 그런 상처 말이다. 그래도 난 항상 사람이 그립다.

초등학교 1학년 때쯤 집으로 가는 어귀에 밭이 하나 있었다. 어느 날 그 밭을 지날 때 작은 애호박 하나가 바닥에 떨어져 있었다. 그걸 주워서 한참을 보고 있는데 밭 주인 할머니가 나타나서 아직 어린 호박을 땄다고 호통을 쳤다. 아니라고 말해도 소용없다는 걸 붉게 이글거리는 할머니 눈빛을 보고 알았다.

그뿐이 아니었다. 집이 어디냐고 해서 나는 엄마 이름을 대고 누구누구의 딸이라고 했다. 그랬더니 갑자기 호래자식이라는 호통과 함께 마구 때리는 것이었다. 할머니들 손이 그렇게 매운지 난 그때 알았다.

호래자식이 뭔지도 그때 알았다. 집도 없이 외갓집에 빌붙어 사는 게 죄인지도 그때 알았다. 아빠가 없다는 것이 지옥을 갈 만큼 큰 죄라는 걸 어린 나이에 나는 그렇게 몸소 체험했다. 집에 오자 피투성이가 된 내 몰골을 본 엄마가 누가 그랬냐고 했다. 나는 어느 순간부터 누가 말을 걸어도 침묵하는 아이가 되었다.

그러고 한 달쯤 지났을까. 그 할머니가 딸 산후조리를 해 준다고 전라도를 한 달 정도 간 그때. 집이 늦게까지 구멍가게를 해 나에겐 딱히 취침시간이 없었기 때문에 매일 밤 작업(?)을 하러 나갔다. 한 달 후 그 할머니가 딸네서 돌아왔을 때, 동네 사람들이 하는 말을 들었다. 골목에 퍼질러 앉아 통곡하던 그 할머니 이야긴 즉슨, 누가 밭을 쑥대밭을 만들어 놨다는 것이다. 힘없고 작은 아이는 그렇게 복수를 하면서 한참을 커서도 자신 안에 작은 악마가 살고 있다고 느꼈다.

호텔은 내 마지막 꿈일는지도 모른다. 가끔 영화에서 보는 그런 꿈같은 현실은 아니라고들 말할는지도 모른다. 나는 안다. 숙박의 뒷모습들을. 나는 철저한 예약제를 실시하고 꼼꼼하게 신상을 파악한 후 고객을 받고 싶다. 직원들도 심신이 정갈하도록 교육할 것이다. 다소 이익이 덜하더라도 철저한 채용 시스템을 고려할 것이다. 그들은 잠시 고객과 가족이 되어야 하기 때문이다. 이 호텔 안에서만큼은 누구라도 안전해야 하기 때문이다. 누구라도 편안함과 힐링을 느껴야 하기 때문이다. 늘 불안에 떨며 살았던 나의 어린 시절은 그만 멈춰야 한다.

큰 집이 갖고 싶었다. 온 식구가 함께 있는 공간이 아닌, 방이 여러 개인 그런 집. 어릴 적 친구 집에 놀러 가면 공주방처럼 꾸며진 그 애의 방에 동생이나 누가 같이 찍은 사진이 아닌 독사진이 있었다. 그 옆에는 가족사진이 있었다. 내게는 기억조차 나지 않는 아빠도 그 아이의 사진 속에는 있었다.

그 어렸을 때도 난 없는 건 빨리 포기하고 빨리 커서 돈 벌어 나머지 인생 퍼즐을 맞추고 싶었다. 그 친구가 가지고 있던 모든 것. 나한테 없는 아빠만 빼고. 여러 개의 방, 일하는 아줌마, 상냥한 미소의 엄마…. 삶에 찌든 나의 엄마도 그런 집에서 살면 나를 바라보며 친구 엄마처럼 웃어 주리라 생각했다.

나의 엄마는 약하고 여렸다. 내겐 어떠한 것도 선택의 여지가 없었다. 그래도 엄마면 강해야 한다는 게 나의 생각이다. 지금 나의 다 큰 아이들조차 엄마는 태산도 옮긴다고 생각하고 있다. 살면서 아이들 앞에서 딱 한 번 울었다. 지금 이 글을 쓰면서 눈물이 멈추지 않아 자판도 흐릿하게 보인다. 깊이 베인 상처를 꺼내 들여다보는 느낌이다.

외갓집에 얹혀살 때, 작은 외삼촌이 정신병이 있었다. 그런데 그 고통이 고스란히 내 몫이 되었다. 자다가도 맞고 TV를 보다가도 들어 던져졌다. 몸이 왜소한 할머니는 외삼촌을 말리느라 늘 다치셨다. 그렇게 30분쯤 후엔 외삼촌은 기억도 못하는 상태가 되었다. 외할머니는 그런 나를 보면서 늘 혀를 차시며 말씀하셨다. 지금은 어려도 나이 들면 골병들 텐데, 라고. 그러다 보면 나를 다시 찾은 엄마가 원망스럽기도 했다.

어렸을 때 따라 불렀던 〈즐거운 우리 집〉. 모든 동요나 동화가 그렇듯 현실하고는 매치되지 않는다. 그건 보이지 않는 천국 이야기라 생각했다. 난 그 동요를 현실과 매치시키고 싶다. 나의 호텔에서 만큼은.

이글스의 〈hotel california〉라는 노래가 있다. 그 가사처럼 누구는 기억하기 위해, 누구는 잊기 위해 호텔을 찾는다. 과거에서 현재로 현실에서 미래로 상처를 치유하듯 가끔은 더 이상은 너무 힘들지 않았으면 하는 바람을 갖는다. 그렇게 며칠이나마 나를, 현실을 비울 수 있는 그런 공간, 모두를 위한 호텔을 만들고 싶다.

놀랍게도 느린 삶의 속도는 현재의 삶에 감사를 더하기도 한다. 느리게 가는 호텔을 만들고 싶다. 뒷머리 수습도 안 된 상태에서 조식시간에 임박해 내려와 우걱우걱 밀어 넣는 식사가 아닌, 일어나고 싶을 때 일어나고 자고 싶을 때 자고, 룸서비스로 편안히 식사할 수 있는 그런 호텔. 내가 틀지 않아도 귀에 거슬리지 않는 정도의 잔잔한 음악이 곳곳에 흐르는 그런 호텔 말이다.

꼭 그런 호텔을 가질 것이다.

05

캠핑카와 동행하는
행복한 노후 보내기

　13년 전쯤 국내에서 제작된 캠핑카를 장기 렌털한 적이 있었다. 바닷가 어느 펜션에서 딸아이가 머릿니를 옮고 난 후, 전 식구가 다 옮은 적이 있어서가 가장 큰 이유였다. 그 당시엔 캠핑카도 별로 보급되지 않았고, 렌털비도 비쌌다. 무엇보다 전국에 분포되지 않아서 집 근처까지의 차량 픽업비가 비쌌다. 그래도 웬만한 펜션 비용이랑 비교해서 그게 그거였다.

　애들 방학 때 내 출장까지 겹쳐 잡아서 10박 11일씩 대여했던 걸로 안다. 그때만 해도 아이들은 토요일까지 수업을 했다. 그래서 토요일에 학교 근처로 가 아이 둘을 차에 태워 바로 출발하곤 했다. 무엇보다 아이들이 좋아했다. 그렇게 한 번씩 정해져 있지 않은 여행지를 찾아 떠났다.

　캠핑카의 제일 큰 장점은 종착역이 필요 없다는 거였다. 가다가 들녘이 예쁘면 세우고 일몰이 아름다우면 멈췄다. 운전하다 지치면 그곳에서 잠시 누워 낮잠을 청했다. 별이 가장 커 보이는 곳에서 하루를 접었다. 바닷가 앞에 차를 세우고 멍 때리며 수평선을 바라봤다. 야간스키장의 가장 밝은 곳에서 멋진 스키를 구경하며 또 하루를 접었다. 아이들이 어린 탓에 식당을 가기보다는 근처의 맛집 음식을 사 와서 근사한 야외식탁을 차리기도 하고. 집에서 나올 때 스팸 하나, 계란 10구, 국이나 찌개 좀 싸 와서 테이블에 세팅하면 어느 누구도 부럽지 않은 식탁이 되었다.

60대가 되어도 괜찮겠지. 나이가 70~80쯤 되면 지금처럼 계획을 세우고 여행지와 숙박소를 잡고 떠나기도 쉽지 않을 거야. 캠핑카가 있으니 무릎이 덜 쑤시는 날 출발해야지. 그 정도 살았을 나이가 되면 웬만한 곳은 다 가봤을 테니 살아 있는 친구 찾아 떠나는 것도 괜찮겠다. 천천히 운전하면서 첫 수학 여행지부터 태어나서 살아왔던 곳을 머릿속에 그려 가며 찾아가 보는 것도 좋으리라. 그리운 사람이 있었던 그리운 곳의 자취를 찾아서 떠나는 것도 괜찮으리라.

살아왔던 곳이 없어졌어도 아파하지 말고 그리운 사람이 하늘나라로 갔어도 슬퍼하지 말자. 눈에 보이는 사물이 흔적만 남았어도 내 마음속에서는 생생할 테니까. 숨긴 일기장을 꺼내 보듯 늘 내 마음속에 있을 테니까.

캠핑카에는 작은 싱크대와 호텔에나 있을 법한 작은 냉장고와 에어컨, 그리고 작은 욕실 겸 커튼 사이로 변기가 있다. 아이들이 어렸을 때는 욕실과 변기가 참으로 유용했던 거 같다. 다만 가는 곳마다 남편이 공중화장실을 찾아 비우고 물탱크에 싱크대에서 쓸 물과 샤워할 물을 채워야 하는 번거로움이 있을 뿐이었다. 우리는 이틀에 한 번은 공중목욕탕을 이용하기도 했다.

남편은 그 당시 캠핑카를 진짜 싫어했던 것 같다. 지금도 싫어 하는 건 마찬가지다. 늘 나와는 여러 가지로 맞지 않았다. 그래도 아이들이 좋아하고 내가 편하게 사용하니 하는 수 없이 따라다녔던 듯하다. 언젠가 물어보니, 사람들이 기웃거리며 궁금해하면서 들여다보는 게 싫었다고 한다. 캠핑카 여행일정을 잡아 놓으면 아이들은 좋아서 소리 지르고 남편은 이불을 뒤집어쓰던 기억이 난다. 벌써 10여 년 전 일이구나.

가족끼리 어딘가 떠나고 싶은 나이는 아니다. 이젠 어디를 가든 각자 논다. 다 큰 아이들은 휴대전화를, 남편은 뉴스를 보며 혼잣 말을 한다. 난 일거리를 잔뜩 싸 들고 가서 거기서 또한 일을 연장 해 한다. 여행의 의미가 없다. 장소만 다를 뿐이다.

내가 선호하는 여행은 홀로 가는 여행이나 친한 지인, 친구와 하는 여행이다. 같은 일을 하는 사람들이나 같은 생각을 하는 사람들끼리의 공감 여행이다. 시간과 장소에 구애받지 않고 하늘 아래 가장 아름다운 곳을 찾아 그 하루의 여행을 마감한다. 한 페이지의 글로 그날을 기록하고 별을 본다. 잠들 때 작은 속닥거림을 나눈다. 나는 그런 여행을 사랑할 것이다.

요즘은 나이를 먹는다는 게 꼭 슬프지만은 않다. 나이에 걸맞은 생각을 하게 되고 나이로 인한 노하우가 생긴다. 부드러움이 가미된 인애함이 생기고 그냥 보아도 사람을 어느 정도 읽게 된다. 단체로 다니는 패키지여행보다는, 떠나고 싶을 때 10분 만에 간단히 짐을 꾸리고 자연스럽게 떠나는 그런 여행. 너무 예쁜 하늘을 탓하면서 "○○야 여행 갈래?" 한 줄의 문자를 날려 동행하는 여행. 어떤 날은 잿빛 하늘을 탓하면서 어떤 날은 벚꽃을 탓하면서 숙박소와 날씨에 구애받지 않는 여행. 가는 길이 막히면 반대 방향으로 운전하면서 급하게 행선지를 바꾸는 여행. 술 한잔하면 그 자리가 숙박소가 되는 그런 여행을 하는 거다.

초등학교에 다닐 때 기사 아저씨가 까만 자가용으로 태워다 주고 데리러 오던 친구가 있었다. 그날은 그 친구와 같은 주번이었다. 같이 청소 뒷정리까지 하고 나니 장대 같은 소나기가 내렸다. 기사 아저씨가 노란 비옷과 우산까지 이중으로 준비해서 그 친구를 데리러 교실까지 들어왔었다. 친구는 비가 오니 같이 타고 가자고 했다. 나는 쑥스러움 반 미안한 마음 반을 안고 차에 탔다. 차 안에는 그 친구 엄마가 있었다.

차의 뒷좌석엔 손뜨개질한 의자 커버가 있었다. 땟자국에 빗물까지 튄 나의 까만 발은 그 하얀 커버를 순식간에 새카맣게 얼룩지게 만들었다. 그걸 본 친구 엄마는 짧은 한숨과 함께 인상을 찌푸렸다. 그때의 까맣고 큰 자가용과 친구 엄마가 짧게 내뱉은 한마디가 기억난다. "세상에나." 큰 차에 대한 부끄러운 첫 경험이었다.

나무가 가득한 가로수 길을 달리고 싶다. 나의 캠핑카로. 담양의 메타세쿼이아 가로수 길을 달리다가 보성 녹차 밭에서 눈을 힐링하고 싶다. 맛난 어느 전라도 음식점에서 임금 부럽지 않은 한상차림을 받고 싶다. 사랑하는 친구와 아니면 동생들과 한 해 한 해 건강하게 늙음을 감사하며 내 나라 사계절의 아름다움을 나의 캠핑카와 함께하고 싶다.

스치고 끝나는 인연으로 아파하지 말고 병듦과 늙음을 두려워하지 않고, 《82년생 김지영》에서 그러듯 사람이 변하고 사랑이 변하는 결혼생활에 연연하지 말고, 나는 나만의 캠핑카로 그동안 애쓴 나를 달래며 여행하고 싶다.

PART 07

힘들어하는
이들을 위한
모티베이터가 되어
위로와 감동
전파하기

– 양정숙

양정숙 BOM그룹(주)미래금융컨설팅 부대표, 에셋메니지먼트 엑스퍼트(N.Y), 부동산 투자가(N.Y),
재테크 칼럼니스트, 강연가, 자기계발 작가

15여 년간 자산관리회사에 근무하며 의사, 약사학회, 중소기업 CEO 등등 텍스 스페셜리스트와 재테크 칼럼
니스트로 활동하며 많은 강연을 진행했으며, 국외로는 뉴욕에서 에셋메니지먼트 엑스퍼트와 부동산 투자가
로 활동하고 있다. '정상이 가까울수록 힘이 들게 마련이다'라는 모토로 동기부여가와 매니지먼트 강연가로
도 활동하고 있다. 꿈과 희망을 잃어 힘들어하는 이들에게 모티베이션이 되어 주는 코치, 강연가로 활동하기
위해 오늘도 열심히 순간순간을 준비하고 있다.

01

버킷리스트를 이루기 위한
초석 다지기

어릴 때부터 나는 책을 좋아하시는 아버지의 영향으로 다양하고 꽤 많은 책들을 접하고, 읽었다. 책 속에서 즐거운 상상의 날개를 펼치며 그 책 속의 주인공이 된 것처럼 깔깔거리기도 하고, 울기도 하며 신나했던 말괄량이 소녀였다.

그 시절 나는 후딱 자라서 《톰소여의 모험》, 《플란다스의 개》, 《소공녀 세라》 등등의 이야기 세계로, 모험의 세계로, 미지의 세계로 나를 데려가 주는, 신나고 재미있는 멋진 책을 만드는 사람이 될 거라고(나는 그때 이런 환상적인 스토리를 작가가 쓰는 게 아니라 만들어지는 것이라 생각) 조잘조잘 되뇌었다. 그러면 아버지는 항상 "그래 그래." 하시며 조용히 미소를 지어 주셨다.

그렇게 시간은 흘러 그 시절 책을 좋아하던 소녀는 훌쩍 자랐다. 하지만 어린 시절 꿈꾸었던 작가라는 멋진 직업을 가지진 못했다. 그럼에도 불구하고 지금 이 순간에도 여전히 가슴속에 품었던 어린 시절 꿈을 놓지 못하고 있다. 그래서 더 늦기 전에 가슴속 깊이 품었던 나의 로망 '작가'라는 꿈을 향해 한 걸음 한 걸음 떼어 보려 한다. 다만 지금의 나는 어린 시절의 꿈이었던 책을 쓰는 작가만 되려 하지 않는다. 많은 사람들에게 '오프라 윈프리'처럼 감동과 희망을 주는, 상처 입은 사람들의 마음을 보듬어 주는 치유와 동기부여의 코치이자 강연가가 되기로 결심한다.

하나님이 내게 주신 달란트 중에 제일 귀한 것은 힘든 이들을 보면 쉽게 지나치지 못하는 성향이다. 중·고등 시절부터 내게 고민을 상담해 오는 친구들이 늘 주위에 있었고, 그 친구들의 고민을 들어 주고 나의 생각을 이야기하노라면 그들의 어두웠던 표정은 밝은 표정으로 변했다. 그렇게 "나 고민 해결되었어. 고마워."라는 인사를 들을 때면 나는 엄청난 행복감을 느꼈다. 가끔은 "야, 너 요즘 고민 없어?" 하며 먼저 싱겁게 묻기도 했다.

우리나라가 아닌 미국 뉴욕에서 공부 할 때에도 많은 친구들의 상담가가 되어주고, 그들의 조언자도 되어주며, 그들의 상처를 함께 느끼고, 아파하고 위로해주는 역할을 종종 하면서 나는 굉장한 큰 행복감과 뭔지 모를 성취감을 느끼곤 했었다. 그중에 가장 행복했던 순간들은 인종차별이나, 여러 가지 압력에 의해 본인도 모르게 마리화나를 가까이 하게 된 몇몇 아이들을 중독에 빠지기 전에 치료할 수 있도록 해줬던 그때의 희열감은 아직도 생생하다.

물론, 성인이 된 지금도 감정 상담을 해 오는 친구나 선후배, 직장 동료들이 많은 편이다. 이를테면 "나 힘이 많이 빠졌어. 너의 조언과 통통 튀는 너의 밝은 에너지가 필요해. 맛있는 밥은 내가 살게."라며 귀여운 SOS를 청하는 식이다. 그럴 때면 나는 나도 모를 그 어떤 사명감을 느끼게 된다. 그러면서 모든 열정을 다해 그들의 고민거리를 상담해 주었다. 현재까지도 그들의 고민을 들어 주고 있다.

나는 이런 나의 재능을 바탕으로 나의 일인 자산관리 비즈니스를 한다. 그러면서 성과나 그래프의 움직임이 우선이 아닌, 진심으로 고객들을 이해하고, 가끔은 그들의 고민상담도 해 주며 최고의 비즈니스 파트너가 되기 위해 노력했다. 그렇게 노력했기 때문에 나는 지금 현재의 나의 자리까지 올 수 있었다. 나는 아직도 그 예전의 고객들과 소통하고 있으며, 그들은 현재까지도 내 인생의 동반자들이자 든든한 응원군들이다. 그렇게 한번 맺은 인연은 소중한 인연들로 오랜 시간 함께 하고 있는 나이다.

나는 지금은 규모는 작지만 내실이 튼튼한 자산관리법인의 부대표다. 나는 지금의 부사장이라는 직함보다는 직원들이 붙여 준 '감동쟁이 부사장님'이라는 별명을 들을 때면 그 무엇보다 행복감과 성취감을 느낀다. 또한 임원 회의보다는 직원들과 하는 대화가 즐겁고, 직원들과의 미팅 시간이 더 기다려진다. 그런 만큼 나는 어쩔 수 없이 동기부여 작가이자 코치, 강연가가 꼭 되어야만 하는 운명을 가지고 태어났음을 느낀다.

　그러면 나의 간절한 다섯까지 버킷을 이루기 위해 지금부터 무엇을 해야 할까. 많은 정보와 어드바이스를 서치하고 고민한 결과, 나는 먼저 작가가 되기로 결심을 했고, 그리고 먼저 무엇보다 튼튼한 반석위에 나의 간절한 꿈을 이루기 위한 초석을 세우기 위해 차분하게 시간들 공들여 준비해 가고 있다.

　그리고 많은 시간을 공들여 고민고민한 결과, 먼저 '양정숙'이라는 이름 세 글자를 '버킷리스트'에 올려 공동저서를 집필하려고 한다. 그리고 바로 나의 노하우와 생생한 현장의 경험담과 나의 리얼한 성공담의 코칭이 담긴 저서를 집필할 계획이다. 그렇게 나의 첫 저서를 집필해 먼저 나를 알리고, 대한민국과 뉴욕에 코치 겸 강연가로서 나의 이름을 많은 사람들에게 알리는 것이다. 언뜻 생각하면 과연 나의 버킷이 이루어질까? 괜한 시간 낭비는 아닐까? 하는 염려도 있지만, 생생하게 생각하고 의식적으로 '나는 할 수 있다', '이미 내 꿈은 모두 이루어졌다'라고 주문을 외우고 긍정적으로 생각하며 열심히 준비하면 모든 건 이루어지리라는 것을 나는 믿는다. 그래서 나의 강렬한 믿음과 함께 나의 모든 꿈을 향해 전력 질주 할 것을 스스로에게 약속한다.

나는 현재까지 200여 권의 책을 집필하고, 수백 명의 베스트셀러 작가들을 탄생시킨 한책협 김태광 대표 코치의 제자다. 현재 그분의 노하우와 경험담이 담긴 생생하고, 치밀한 코칭을 받고 있다. 나는 지금 나의 달란트와 더불어 대한민국 최고의 작가에게 배우며, 책을 집필하는 행운까지 거머쥐었다. 때문에 나는 분명히 전 세계 독자들을 감동시키며 후세에도 길이 기억될 마음 따뜻한 작가가 될 것이며 더불어 동기부여 코치 겸 강연가가 될 것이다.

　이렇게 나는 나의 남은 일생 동안 나의 모든 열정과 모든 에너지를 쏟아부어 만든 결과물인 저서와 강연으로 한국은 물론 뉴욕까지 진출할 것이다. 그래서 세상의 삶에 지쳐 힘들어하는 많은 이들과 성공을 원하는데 방법을 몰라 우왕좌왕하는 젊은 영혼들 그리고 아주 사소한 문제지만 위로받고 싶어 하는 사람들과 이런저런 모양의 고민들을 안고 살아가는 이들의 목소리를 들어 주려고 한다.

　나는 온 우주의 에너지를 모아 나의 비전과 꿈을 향해 지금 이 순간에도 달리고 있다. 이 모든 것들을 꼭 이루도록 절대 나태해지지 않고 두 번째, 세 번째, 열 번째까지 나의 저서를 집필할 것이다. 그리고 나의 유명세와 넉넉한 경제력으로 소중한 나의 주변 사람들을 살뜰히 챙길 것이다. 더불어 삶이 힘겨운 이들을 돌아볼 줄 아는 'Honor Society' 회원의 일원이 되는 것이 나의 마지막 플랜이자 비전이다.

　나는 지금 이 순간에도 나의 버킷리스트를 위해 열정적으로 움직이고 있다. 나를 사랑하는 사람들과, 내가 사랑하는 소중한 이들과 함께 나는 오늘도 나의 큰 꿈을 응원하고 다짐하며 이 모든 것을 이루기 위해 단단하게 초석 다지기에 집중할 것이다.

02

100년 후에도
기억될 멘토 되기

"상상이 현실을 창조한다."

원하는 것을 생각해서 이미 원하는 모습이 되었다는 것을 사실로 받아들이십시오. 그 상상이 단단한 실체라는 감각들을 주었다면 여러분은 객관적인 외부 세상에 주어야 할 은총을 주관적이 내면 세상에 준 것입니다.

상상이 현실을 창조한다고? 《네빌 고다드 5일간의 강의》의 책장을 펼치고 눈에 들어온 저 글귀를 보자마자 뭔가에 한 대 맞은 느낌이었다. 상상이 현실을 창조한다고? 에이, 그런 게 어디 있어. 그저 공상일 뿐이지. 할 일 없어 시간 때우는 사람들이 합리화시키려 하는 말이자 변명일 뿐이지. 나는 그렇게 생각하며 '그래, 어디 나도 시간 때우는 셈치고 읽어나 보자' 하며 네빌 고다드의 책을 읽기 시작했다. 그랬던 내가 지금은 100년 전의 작가인 '네빌 고다드'의 완벽한 팬이 되었다.

내가 서두에 이렇게 네빌 고다드의 이야기를 하는 이유가 있다. 바로 내가 가진 큰 꿈을 현실화시키기에 앞서 나의 비전을 한 번 더 다짐하고 단단하게 무장하기 위해서다.

나는 누군가를 코칭하기 위해 전문교육을 따로 받은 적도 없다. 강연가가 되기 위해 이미지 메이킹 교육을 받거나 스피치 교육을 받은 적도 없다. 다만 지난 10여 년 동안 나의 전문성을 살려 자산 관리 강의를 했을 뿐이다. 재테크 관련 멘토 역할과 더불어 대한민국 곳곳에서 강의를 했을 뿐이다.

나는 재테크, 세테크 칼럼가로 활동한 경험을 살려 가슴에서 시키는 일을 하고 싶다. 그리고 온 열정을 다해 준비 중이다. 나는 내가 이루고자 하는 나의 비전이, 내가 상상하는 것들이 무조건 현실화된다는 단단한 믿음으로 무장하고 있다. 이런 나의 모습을 보면서 이런 상황이 정말로 신기하고 오묘한 기분이 들었다.

어떻게 100년 전에 생존했던 사람이 쓴 저 책이 그 긴 시간이 흐른 21세기인 현재까지도 많은 사람에게 동기부여가 되어 주는 걸까. 어떻게 이루지 못한 꿈에 좌절해 상실감에 빠진 많은 이들과 사랑하는 사람들에게서 받은 상처들로 힘들어하는 전 세계의 많은 사람들을 위로해 주는 걸까. 어떻게 그들에게 다시 일어설 수 있는 큰 용기와 희망을 줄 수 있는 걸까. 나는 그것이 너무도 신기하고 신기할 뿐이다.

그러면 생각을 조금만 바꾸어 보자. 내가 숨 쉬고 있는 현세대에서도 누군가는 다른 사람의 아픔을 치유해 주는 코칭가 겸 동기부여가가 될 것이다. 또한 내가 이제부터 집필할 많은 책들이 시간이 흘러 내가 이 세상에 존재하지 않는 그날이 와도 나의 생각과 정신을 담고 오롯이 남을 것이다. 즉, 이 세상에 존재하면서 위로받고자 하는 많은 사람들에게 힘이 되어 줄 것이다. 상처받은 마음을 감싸 주는 최고의 motivational bible이 되어 있을 것이다.

100년 전의 저자를 생각하며 이 글을 쓰고 있노라니, 2년 전에 계획 없이 훌쩍 떠났던 여행이 떠오른다. 그날은 유난히 더웠던 날로 기억한다. 귀가하자마자 에어컨을 틀었다. 동시에 TV를 틀었고. 거실이 시원해지기를 기다리며 TV 채널을 이리저리 돌리다가 애잔한 멜로디에 먼저 귀가 반응해 채널을 고정했다.

시선이 고정된 TV에서는 하얀 눈송이를 맞으며 바이올린을 연주하는 한 남자가 보였다. 그 연주자는 우리나라의 〈아리랑〉을 연주하고 있었다. 참 생소한 모습에 한참을 TV에 정신을 빼앗겼다. 그렇게 넋을 놓고 있다가, 저기는 어디지? 궁금해져 자세히 들여다보니 동유럽의 체코 프라하였다. 달빛이 쏟아지는 한겨울 늦은 밤 오래되어 불빛마저 오묘한 프라하성이 배경이었다. 나는 유럽인일 것 같은 분위기의 젊은 청년이 아리랑을 연주하는 모습에 매료되어 '저곳으로 당장 가야지'라고 생각했다. 그러곤 즉흥적으로 여행 계획을 세웠다.

우리나라와는 정반대의 계절인 13시간 비행의 그곳으로 떠나면서 나는 궁금했다. 무엇이 나를 다음 날 바로 프라하행 비행기의 티켓팅을 하게 했는지. 일주일 만에 우리나라의 정반대인 그곳으로 나를 이끄는지. 그 에너지는 어디에서 나오는 건지. 그렇게 궁금해하며 비행기에 몸을 싣고 그곳으로 떠났었다.

비행기에서 내려 게이트를 나오자마자 훅 몰아치는 차가운 바람은 동유럽의 매서운 추위를 실감케 했다. 나는 한국에서 챙겨온 패딩을 여미며 프라하 광장으로 발길을 재촉했다. 나는 그냥 빨리 그곳에 가서 내가 느낀 그때의 감성을 느끼고 싶었다. 물어물어 도착한 그곳은 어마어마한 관광객들로 붐비고 있었다. 너무 많은 인파에 놀라긴 했지만, 그렇다고 많은 인파에 묻힐 프라하 광장은 아니었다.

TV에서 봤던, 우아하고 오묘한 분위기의 프라하성은 수많은 사람들 사이에서 위풍당당하게 아름다움을 발산하고 있었다. 나는 글로는 형용할 수 없는 그 어떤 어마무시한 아름다움에 푹 빠졌다. 그러다가 황급히 현실의 세계로 돌아와 여기저기를 두리번거리며 그때 그 아리랑을 연주하던 거리의 악사를 찾았다. 하지만 내가 찾던 악사는 보이지 않았다.

물론 다른 악사들은 많았다. 각자의 연주 실력을 뽐내며 연주하는 그들의 모습도 아름답고 행복해 보였다. 하지만 나의 목적은 단 하나. 이곳에서 아리랑을 연주하던 그를 직접 보며, 프라하의 분위기를 현장에서 온몸으로 직접 느끼고 싶었다.

하지만 어찌하겠는가. 인생은 정해진 계획대로 움직이지 않을 때도 있으니. 많이 아쉬웠지만 프라하 광장을 둘러싼, 알록달록하게 꾸며져 있는 많은 카페 중 유난히 눈길을 끄는 카페로 들어가 자리를 잡고 앉았다. 그러곤 따뜻한 멜랑쥬로 몸을 녹이며 카메라 셔터를 쉴 새 없이 눌러 댔다. 그렇게 여기저기 프라하의 그림 같은 풍경을 한 곳이라도 놓칠세라 부지런히 카메라에 담았다.

참 아름답고 눈이 시리도록 예쁜 곳임이 분명했다. 한참을 그곳을 즐기고 아쉬운 대로 자리에서 일어나려는데 저 멀리서 어렴풋이 들리는 익숙한 멜로디가 있었다. 바로 아리랑이었다.

그때 그 기분은 어릴 때 엄마 손을 잡고 있다 놓쳐서 당황하다가 엄마 손을 다시 잡은 듯한 느낌이었다. 전율이 흘렀다. 나는 한참 동안 그곳을 온몸의 세포로 느끼고 즐기며 눈과 귀 그리고 가슴에 그 기분을 한가득 담고 한국으로 돌아왔다. 지금 생각해 보면 그 먼 곳으로 훌쩍 떠날 수 있었던 나 자신이 신기할 뿐이다.

그렇게 다녀온 체코는 지금까지도 나에게 많은 추억과 내가 가려고 하는 길에 도움을 주고 있다. 나는 아파하는 사람들을 다독여 주고 상처받은 그 마음들을 위로해 주는 길을 가고자 한다. 그리고 나는 그 길이 작가라는 타이틀과 함께 영원히 책 속에 남길 바란다. 그래서 100년 전의 많은 작가들과 수천 년 동안 그 자리를 지키며 많은 사람들에게 감동과 예술적 영감을 주는 체코의 프라하성, 그리고 그 광장에서 아리랑을 연주하는 악사처럼 나 또한 그런 존재감 있는 멘토가 되기를 간절히 원하고 바란다.

'네빌 고다드'의 100년 전의 정신과 무엇인지 모를 힘에 이끌려 지구 반대편의 프라하까지 날아갔었던, 나의 뜨거웠던 심장. 그리고 누구도 말리지 못할 나의 열정을 지금 이 시간 다시 한 번 떠올린다. 그리고 그것을 끌어올리며 혹자는 비웃을지도 모를 나의 커다란 꿈과 비전을 최선을 다해 준비하며 묵묵히 가려 한다.

03

뉴욕 맨해튼에 'Office for motivational bible' 설립하기

"뉴욕에서 공부 중인 유학생이에요."라고 말하면 사람들은 보통 부모 잘 만나 배부르고 등 따뜻이, 아무 근심 걱정 없이 공부만 한다고들 생각한다. 물론 부유한 부모덕에 아무 근심걱정 없이 공부에만 전념하는 학생들도 있다. 하지만 대부분의 학생들은 그러하지 못하다. 한국보단 학비가 2배로 지출되는 데다 주거 렌털비가 한 달 생활비의 3분의 2를 차지한다. 그래서 한국에서 보내온 학비가 넉넉하지 않은 학생들은 어쩔 수 없이 아르바이트를 선택하게 된다. 하지만 미국, 특히 뉴욕에서의 아르바이트는 결코 만만치 않다.

'F1', 즉 학생비자는 아르바이트를 하더라도 폭이 굉장히 좁다. 학생 신분으로 떳떳하게 할 수 있는 일은 재학 중인 대학의 캠퍼스 내에서 학교가 합법적으로 제공하는 일뿐이다. 또한 학교 추천을 받고 여러 가지 테스트에 어렵게 통과해야만 이민국이나 유엔지부 같은 곳에서 일자리를 제공받을 수 있다. 다시 말하자면 유학생 신분으로서 이런 합법적인 일을 가지기엔 너무나 폭이 좁고 한계가 있다는 것이다. 그렇기 때문에 일부 유학생들의 생활은 늘 빠듯하고 힘들기만 하다.

철없던 어린 시절 나는 외국에서 공부한다는 것이 힘들고 어려운 일이라 느끼지 못했다. 단 한 번도 그렇게 생각해 본 적이 없었다. 아마 철없는 어린 시절이라는 핑계로 주위를 둘러보지 못했던 것 같다. 그리고 시간이 흘러 30대 후반 나는 사업에 필요한 스펙 때문에 늦깎이 학생 신분으로 뉴욕으로 리턴했다. 그렇게 3년 동안 학생 신분으로 생활하면서 느꼈던 나의 감정들을 다시 떠올리며 나의 생각들을 정리해 본다.

많은 사람들이 생각하는 뉴욕은, 아름다운 야경과 바쁜 아침이지만 여유롭게 한 손엔 커피를, 그리고 또 한 손엔 휴대전화를 들고 있는 모습들을 볼 수 있는 곳이다. 그것으로 어떤 이는 음악을 듣고, 또 어떤 이는 통화를 한다. 사람들은 그렇게 분주하게 움직이는 뉴욕의 거리를 동경한다. 그러면서 그곳에 가 보고 싶어 한다. 그래서 전 세계의 많은 사람들이 화려하고 복잡한 뉴욕으로 모여든다.

하지만 성인이 되어 지낸 3년 동안 내가 느낀 뉴욕은 환상적이거나 화려하지만은 않았다. 물론 내가 느낀 감정을 표현하는 것일 뿐 생각의 차이는 있을 것이다.

나는 학생의 신분으로만 뉴욕 맨해튼에서 3년을 보냈다. 그 3년 동안 나는 일주일에 5일은 80%가 유학생인 젊은 청춘들과 많은 시간들을 공유하고 소통할 수밖에 없었다. 그러면서 자연스럽게 그들의 꿈과 비전 더불어 그들만의 고충과 아픔을 간접적으로 느끼는 시간을 보냈다. 아마도 내가 20대가 아닌 젊은 날의 힘든 과정을 모두 겪은 인생의 선배였기 때문에 그들의 고민이 무엇인지 알게 되었던 것 같다. 그들이 유학생 신분으로 미국생활에서 제일 어려워하고 불편해하는 것들이 무엇인지 느낄 수 있었던 것 같다.

그들이 가장 힘들어하고 스트레스를 받는 제일 큰 고민은, 첫째가 경제적인 부분이었다. 서두에서 이야기한 것처럼 저들이 선택할수 있는 일자리의 폭은 너무 좁았다. 때문에 어쩔 수 없이 학생의 신분으로 식당, 마켓, 커피숍 등 규모가 작은 곳에서 아르바이트를 하는 경우가 허다했다.

물론 미국의 대학에 합격한 학생 신분인 친구들은 그나마 아르바이트라도 마음 편히 할 수 있다. 하지만 뉴욕의 대학에 진학하기 위해서 어학원이나 미술학원, 패션스쿨에 다니는 신분의 유학생들은 뉴욕에서 소득활동을 하지 못한다. 그럼에도 불구하고 그들은 어려운 경제 여건 때문에 불안한 마음으로 하루하루 공부와 파트타임 일을 병행할 수밖에 없다.

그리고 이렇게 힘들고 어렵게 공부하며 졸업한다 한들, 뉴욕에서 취업하기는 하늘의 별 따기보다 어렵다. 뉴욕은 170개국의 언어를 사용하며, 각양각색의 사람들이 모여 사는 다민족의 도시다. 그렇기 때문에 경쟁은 그 어느 도시보다 치열할 수밖에 없다.

그로 인해 우리네 젊은 청춘들은 그곳에서 최선을 다했음에도 취업을 하지 못해 다시 한국으로 리턴하거나 한다. 리턴을 택하지 않고 그곳에 머무르기도 한다. 하지만 취업을 하지 못한 채 시간이 흘러 본의 아니게 불법체류자가 되기도 한다. 그런 이들을 보면서 마음이 많이 아팠다. 이럴 수밖에 없는 현실이 씁쓸했었다.

그렇게 뉴욕에서 3년을 지내며 내가 느낀 건, 우리네 귀한 젊은 청춘들이 타국에서 너무나 많은 상처를 받으며 하루하루 지내고 있다는 것이다. 그리고 그럼에도 불구하고 그런 상처를 감싸 안아 주고, 고민을 들어 주며, 아픈 마음을 달래 주는 전문적이지만, 언제든 편히 다녀갈 수 있는 공간이 없다는 현실이었다. 물로 한인들의 모임이나 교회 모임, 유학원 등이 있다. 하지만 그곳에서 해 줄 수 있는 일에는 한계가 있다.

미국이란 타지에서 청춘들은 무엇보다 인종차별로 인한 스트레스를 어마어마하게 받는다. 동시에 언어 장벽이라는 스트레스를 많이 받는다. 유학생이 아닌 이민 1.5세들도 수많은 고민거리와 상처를 안고 있다. 그들은 본인들의 이야기에 귀 기울여 줄 곳이 있었음 하는 바람을 종종 이야기하기도 했다.

그래서 나는 부족하지만 이런저런 모양의 그들의 고민을 들어주었다. 그러곤 "괜찮아." "걱정 마.", "다 잘 될 거야." 이렇게 몇 마디 해 주며 등을 토닥거려 주었다. 그러면 아무것도 아닌 몇 마디 위로에 청춘들은 감사해하고, 다시 기운을 얻었다. 그 모습을 보며 나도 마음이 평온해짐을 종종 느꼈던 3년간의 뉴욕생활이었다.

그렇게 나는 뉴욕생활을 마치고 한국으로 돌아왔다. 하지만 아직도 아파했던 청춘들이 떠오른다. 그때 맺었던 인연들이 뉴욕엔 언제 오냐며 선배의 따뜻한 말 한마디와 선배가 끓여 준 라면이 그립다고 한다. 그렇게 안부 톡을 보내오는 저들에게 나는 오늘도 도전을 받으며 나의 세 번째 버킷리스트를 써 내려간다.

나는 10년 안에 뉴욕 맨해튼 코리아타운에 'Office for motivational bible'을 설립할 것이다. 그래서 삶이 뭔지도 모를 나이에 벌써 삶에 지쳤다 하는 청춘들을 위로하고 응원할 것이다.

04

'Honor Society'
회원 되기

"비록 나는 부의 축복에 감사하지만 부로 인해 내가 달라지지는 않았다. 내 발은 아직 땅을 딛고 있다. 단지 좀 더 좋은 신발을 신었을 뿐이다."

오프라 윈프리의 말이다. 나는 오프라 윈프리를 존경하고 사랑한다. 그녀는 너무나 닮고 싶은 나의 워너비다. 어린 시절부터 매스컴, 신문, 잡지를 통해 그녀를 알고 있었다. 그러던 어느 날 서점에서 《시크릿》이라는, 제목과 디자인이 너무 예쁜 책에 한순간 매료되었다. 난 서점 카페에 앉아 단숨에 그 책을 읽어 버렸다. 그 후 나는 그녀에게 완전히 매료되었다. 현재까지 그녀를 만나 보지는 못했지만, 언젠가는 꼭 만나야 할 나의 정신적 멘토이자 지주다.

그녀는 1954년 1월 미국의 미시시피 코지에서 까만 피부에 가난한 가정의 사생아로 태어났다. 하지만 그녀는 불우한 어린 시절을 꿋꿋하게 이겨 냈다. 유색인종에 대한 편견이 존재하는 미국사회에서 그녀는 악조건을 모두 견뎌 내고 극복했으며 당당하게 성공했다. 그리고 지금 그녀는 미국을 움직이는 밝은 기운이자 힘으로, 막강한 브랜드로 자리매김하고 있다.

그녀가 전 세계에 팬덤을 구축하고 있는 이유가 있다. 성폭행, 이혼, 아동 문제 등 누구나 공감할 수 있는 주제와 화두가 되고 있는 시사문제를 시청자와 함께 울고 웃으며 토크하기 때문이다. 그러면서 세계 곳곳의 많은 이들의 아픈 상처를 토닥여 주고, 들어주기 때문이다. 그들의 고된 마음을 진심을 다해 어루만져 주며 밝은 에너지로 삶의 희망을 북돋아 주기 때문이다. 그리고 무엇보다 그녀가 존경받는 이유 중의 하나는 그녀가 자신의 재산을 조금도 아까워하지 않고 많은 이들에게 기부하기 때문이다. 그녀가 지금까지 기부한 금액만 해도 상상을 초월할 정도니까.

그리고 그녀는 기부하는 방법 또한 남다르며 따뜻하다. 예를 들면 성폭행, 이혼, 아동 문제 등을 진행하는 토크쇼에 초대된 게스트들에게 서프라이즈 형식으로 생각지 못한 큰 깜짝 선물을 주는 것이다. 그런 만큼 그 어느 토크쇼보다 호스트와 게스트가 함께 울고 웃으며 따뜻한 쇼를 진행하게 되는 것이다.

나의 버킷리스트를 쓰면서 '오프라 윈프리'의 이야기를 서두에 길게 나열한 이유는 나 또한 그녀의 삶을 동경하며 그녀처럼 세상을 살고 싶기 때문이다. 물론 그녀처럼 되기는 힘들 것이다. 하지만 나는 나의 위치에서 나의 삶에 하루하루 최선을 다하고 싶을 뿐이다. 그렇게 낮은 곳을 돌아보고 살필 줄 알며, 상처 입은 젊은이들에게 조언자 역할을 하고 싶을 뿐이다. 훌륭한 인생의 선배로서 봉사하는 삶을 살고 싶을 뿐이다.

내 나이 20대 초·중반 젊은 시절에는 가지고 싶은 게 있으면 가지고, 가고 싶은 곳이 있으면 길을 떠나는 등 혼자 할 수 있는 일이 참 많다고 생각했다. 그만큼 나 자신에게 투자를 많이 하면서 주위를 둘러볼 겨를이 없다는 핑계로 기부는 엄두도 내지 못했다. 하지만 지금은 그렇지 않다.

나는 작은 손길부터 시작하자는 마음으로 월드비전의 후원자가 되었다. 그리고 처음엔 아프리카 아이 1명으로 시작해 지금은 5명의 아이들을 후원하고 있다. 물론 나는 점차적으로 계속 후원하는 아이들을 늘려 갈 것이다. 처음엔 내가 내는 이 적은 금액이 무슨 도움이 될까? 생각했었다. 하지만 내가 보낸 후원금으로 아이들은 학교를 가고, 음식을 구입하고, 아프면 병원에도 갈 수 있다고 했다. 한 달을 생활할 수 있는 아주 큰 힘이 된다는 이야기를 들었다. 그리고 그런 아이들의 편지를 받고 난 이후 더 정성스런 마음으로 그들을 위해 기부하려 했었던 것 같다.

그런데 참 신기하게도 이런저런 모양으로 적은 금액이지만 조금씩 기부하다 보니 마음이 부자가 된 느낌이었다. 왠지 모를 짜릿한 흥분도 느껴졌다.

하루는 가까운 지인분의 초대를 받아 '후원자의 밤'이라는 모임에 참석한 적이 있었다. 서울의 한 호텔에서 열린 소박하지만, 격식을 차린 작은 파티 모임이었다. 그런데 그곳에 도착했을 때 나의 눈에 제일 먼저 들어온 것은 "Honor Society"라고 쓰인 테이블 네임 태그였다.

Honor Society란 사회복지공동모금회가 개인 기부 활성화, 성숙한 기부문화 확산을 통해 사회공동체의 안정적 발전을 도모하기 위한 목적으로 설립한 것이다. 1억 원 이상 또는 5년 이내에 1억 원 이상을 기부하기로 약정하는 방식이다. 그렇게 회원이 되는 것이다.

이날 이후로 나의 버킷리스트에 새로운 비전이 추가되었다. 'Honor Society' 회원 되기. 나는 그날의 파티 모임에서 그들은 단순히 돈을 기부하는 것이 아닌, 그들의 삶의 일부분이라는 것을 느꼈다. 그들의 가슴속에서 진심으로 우러나오는 나눔 실천이라는 걸 느꼈다.

하지만 아무리 가슴에서 우러나 기부하고 싶은들, 경제적 여력이 따라 주지 않으면 할 수가 없는 것이 기부다. 물론 부가 넘쳐흘러도 기부와는 담쌓고 사는 이들이 많은 세상이다. 하지만 나는 꼭 내가 언제든 원하는 만큼의 기부를 할 수 있도록 경제력을 구축하려고 지금껏 그 누구보다 열심히 뛰어왔다. 그런 만큼 또 지금부터 미래까지 나는 나의 꿈과 비전을 향해 지구의 온 에너지를 모아 나의 열정으로 시너지 효과를 내면서 쭉쭉 달려 나갈 것임을 알고 있다.

그리고 나의 마지막 사회적 기부는 부모로부터 학대와 버림을 받아 갈 곳을 잃고 헤매는, 상처받은 아이들을 위한 것이다. 그들을 위한 치유 프로그램과 그들이 잠시라도 쉬어 갈 수 있는 공간을 설립하는 것이 마지막 목표다. 나는 원대한 나의 꿈과 비전을 이루기 위해 어제도, 오늘도, 내일도 끊임없이 노력할 것이다. 나의 모든 열정을 다 바쳐 나의 꿈에 가까이 다가갈 것이다.

05

걸어 다니는 자서전인 신체를 아끼며 건강하고 아름답게 나이 들기

지금 내 나이는 서른아홉이다. 물론 조금 더 많긴 하지만 나는 서른아홉 살부터 나이 카운트를 멈췄다. 몇 년 전부터는 누군가 나에게 나이를 물어오면 "서른아홉 살입니다."라고 한 뒤 부가 설명을 곁들인다. 그러다 보면 유쾌하게 서로 웃게 된다. 실은 나는 왜 우리나라에서는 나이에 그렇게 연연해하는지 안타까운 생각이 든다. 나이는 숫자에 불과할 뿐인데….

미국에서는 10대와 70대가 친구가 되기도 한다. 서로의 나이 같은 건 개의치 않고 마음이 통하고 마인드가 비슷하면 언제든 좋은 에너지를 주는 친구가 된다. 나는 외국생활을 하면서도 그런 문화가 재미있고, 참 좋았다.

요즘 TV나 영화, 매거진을 보고 있노라면 어쩜 그리도 다들 자기 관리들을 잘하는지 도저히 나이가 가늠이 안 된다. 뿐만 아니라 가끔은 "우와, 어쩜 저 나이에 저런 보디와 표정을 가질 수 있지."라고 감탄하게 만든다. 감탄을 멈추지 못하고 넋 놓고 바라볼 때가 많다. 특히 내가 여성이다 보니 40대를 지나 50대를 바라보는 여자 연예인들을 보면 더 신기하고 부럽다. 한편으로는 '나도 저들처럼 멋있게 나이 들어야지'라고 스스로에게 동기부여를 하며 다짐하곤 한다.

"세월이 흐르면서 우리네 신체는 걸어 다니는 자서전이 되어, 모든 삶의 스토리를 보여 준다."라는 메릴린 퍼거슨의 말에 격하게 공감한다. 지인들 중 어떤 분은 나이에 비해서 주름도 덜 지고 우아하고 멋있기도 한다. 그런가 하면 또 어떤 어르신들은 나이에 비해 주름도 굵게 지고, 표정도 어둡고, 더불어 전체적인 느낌이 별로 좋지 않기도 한다. 어린 시절 길거리에서 그런 분들을 지나칠 때면 왜 같은 연령대임에도 차이가 많이 날까 궁금해하곤 했었다.

이렇게 어린 시절 나는 조금은 성숙했었던가 보다. 그렇게 유별난 생각들을 하며 나는 10대 시절을 보냈다. 그러다 지금은 내가 그 누군가의 판단의 대상이 되는 연령대를 바라보고 있다.

어린 시절의 이런 의문과 생각들이 무의식적으로 작용했는지 나는 고등학교 시절부터 지금까지 한 번도 운동을 게을리한 적이 없었던 것 같다. 30대 중반 뉴욕에서 공부하는 3년 동안에도 틈날 때마다 센트럴 파크를 뛰었다. 주 3일은 GYM에 내려가 운동을 즐기곤 했다.

물론 지금도 나의 스트레스 해소법은 운동이다. 정말 피곤할 때면 가기 싫어 농땡이를 부리기도 한다. 하지만 개인적으로 운동은 신께서 인간에게만 주신 축복이라 생각하며 운동을 즐긴다.

21세기 현대사회의 키워드는 '나이보다 어려 보이는 동안법', '건강하고 젊게 나이 들기'다. 이런 주제로 다수의 프로그램들이 방송되고 있기도 하다. 피부과, 성형외과에서 '딸과 친구 같은 엄마', '아들과 친구 같은 아빠' 등의 캐치프레이즈를 내걸고 마케팅을 펼치고 있을 정도다. 그만큼 젊음과 건강은 현대사회의 화두이자 많은 이들의 관심사다.

나 또한 30대를 지나 40대를 향해 갈 때쯤부터 나이보다 어려 보이기 위해 노력했다. 또한 나이가 들어갈수록 건강하고 엘레강스해 보이도록 노력했다. 무엇보다 부드럽고 삶의 흔적인 미소가 온화하고, 평온하도록 무던히 노력했다. 지금도 그런 노력을 하고 있다. 하지만 이런 물리적인 방법에는 한계가 있다는 사실을 깨달았다.

얼마 전 나는 시니어 한복 모델을 하는 선배의 초대로 한복 패션쇼에 갔었다. 처음에 초대를 받으면서 '시니어, 그럼 다들 나이들이 꽤 드셨겠네' 혼자 생각했다. 그날따라 바빠 대충 챙겨 입고 나간 그곳에서 나는 문화적인 충격을 받았다. 나도 나름 내 나이에 비해 동안이라 생각했는데, 그곳에 계신 분들에 비하면 명함도 못 내밀 정도였다. 다들 활기차고, 건강하고, 생기가 가득하신 분들뿐이었다. 분명 50~70대까지의 연령대라고 했었는데 도저히 그 나이 대로 보이지 않았다.

그렇게 한참 동안 나는 시니어 모델분들에게 정신을 빼앗겼다. 그분들의 행동 하나하나, 표정 하나하나에 집중하며, 쇼가 끝날 때 까지 그분들을 관찰했다. 그리고 느낀 한 가지는 한 분 한 분 모두 가 표정이 너무 밝으시다는 것이었다. 분명히 힘드실 텐데 내색 한 번 안 하셨다. 최강 긍정으로 일을 즐기고 계심이 느껴졌다. '아하, 이런 게 저분들의 젊음의 비결이구나'라는 생각에 잠기며 나는 막 바지 쇼를 관람했다.

쇼가 끝나고 뒤풀이에 함께 참석한 나는 앉자마자 "아니, 어쩜 다들 이렇게 건강하시고, 활기찬 젊음을 지니고 계시냐?"라며 신기 하다는 듯 질문을 던졌다. 그런 나의 질문에 나이 지긋하신 노신사 분께서 웃으며 말씀하셨다. 젊음을 유지하는 비결은 오늘처럼 즐겁 게 열심히 일하는 것이라고. 항상 긍정적인 마인드로 되도록이면 화 를 내지 않으려고 노력하는 것이라고. 그렇게 즐겁게 하루하루를 보 내는 게 당신들이 젊음을 유지하는 비결이라고. 그러면서 '하하하' 유쾌하게 웃으셨다. 잔에 따라진 맥주를 시원하게 원샷 하시면서.

그날의 저 자리가 나의 기억들 중에 잔상이 많이 남은 시간이 었던 것 같다. 항상 내가 고민하면서 가져 온 나의 모토는 "신체는 걸어 다니는 자서전이다. 그 신체가 나의 살아온 모든 것을 대신 말해 준다."다. 그래서 운동도 더 열심히 했고, 몸에 나쁜 음식이나 술은 가까이하지 않았다.

물론 내가 실천하고 있는 방법도 꼭 필요하다. 하지만 더불어 건강하고 평온한 정신세계를 유지할 필요가 있다. 그러기 위해서는 무엇보다 긍정적인 마인드를 갖고 화와 분노를 컨트롤할 수 있어야 한다. 그것이 모두가 원하는, 건강과 젊음을 유지할 수 있는 포인트라는 걸 깨닫게 되었다. 앞으로 나의 인생을 어떤 성향으로 살아가야 하는지를 짚어 볼 수 있는 시간이었다.

나는 지금 버킷리스트를 작성하고 있다. 내가 꿈꾸고, 준비하고 있는 멋진 나의 비전은 작가와 동기부여가 그리고 강연가다. 더욱 더 건강하고 맑은 정신을 유지하며 많은 사람들의 소리에 귀 기울이고 상처를 감싸 주는 '양정숙'이 될 것이다. 건강하고 아름다운 신체로 대한민국 곳곳과 뉴욕에서 멋지고, 활기차며, 열정이 가득한 작가 '양정숙'으로 활동할 것이다.

그러기 위해서 나를 가꾸고 만들어 가야 할 책임이 나에게 있음을 느낀다. 나는 나의 꿈에 필요한 건강한 정신과 육체를 위해 무던히도 노력할 것이다. 나도 60대쯤엔 시니어 모델에 도전하리라 다짐하며 이 글을 끝맺는다.

PART 08

청중을
웃고 울리며
치유해 주는
최고의
메신저 되기

– 신용일

신용일 아빠육아 전문가, 자기계발 작가, 동기부여가, 강연가

건설회사 재직 중이며 아빠육아 전문가, 동기부여가, 강연가로 활동 중이다. 강연가이자 동기부여가라는 행복한 꿈을 꾸며 행복한 가정을 만들기 위한 상담 활동을 하고 있다. 현재 '아이와 행복하기 위한 아빠의 대화법'을 주제로 개인저서를 집필 중이다.

01

아버지를 위한
크루즈여행 하기

2018년 7월의 어느 날이었다. 나는 여느 때와 다름없이 출근하기 위해 새벽 5시 20분에 일어났다. 그러곤 간단한 선식으로 아침을 먹고 세수를 하고 기분 좋은 음악을 들으며 자동차 운전석에 앉았다.

그때 전화벨이 울렸다. 액정을 보니 어머니였다. 이 새벽에, 아직 주무실 시간인데. 왜? 란 물음과 함께 문득 불안감이 머리카락부터 발끝까지 엄습했다.

"여보세요?"

"출근했니?"

"아니요, 아직. 지금 출발하려고요. 왜요?"

"네 아버지 암이란다."

"…"

"…"

그 당시 내 나이 44세, 아버지는 73세, 어머니는 67세셨다. 백세시대인 만큼 아버지는 한창 왕성히 활동하실 나이시다. 그런데 왜 갑자기 암? 그 전화를 받는 순간엔 솔직히 믿지 않았다. 아니 믿고 싶지 않았다, 라는 표현이 더 정확할 것이다. 나는 그날 저녁 퇴근 후 바로 부모님 집으로 가서 그간의 얘기를 들었다.

아버지는 몇 주 전에 계속 명치 윗부분이 아프셔서 심혈관질환 때문에 주로 다니시는 일산 백병원에 가서 검사를 해 보셨다고 했다. 그런데 그때는 별다른 이상이 없다고 판명 받았다. 하지만 그 후로도 계속 아프셔서 백병원에 다시 가서 MRI 및 각종 검사를 하셨다고 했다. 그러자 암으로 의심되는 종양이 발견되었다고 한다. 그리고 크기가 작지 않으니 당장 수술 날짜를 잡아야 한다는 엄청난 얘기를 들으신 것이다.

어머니께서는 곤하게 자는 자식들 깨우는 것도 민폐이고 자식들에게 우는 모습을 보이고 싶지 않아서 밤새 혼자 우셨던 것 같다. 그러곤 마음을 진정시킨 후 새벽에 큰아들인 나에게만 전화를 하신 것이다.

아버지의 암은 요즘에 많이 걸린다는 위암, 췌장암, 대장암, 폐암 등과 같은 암이 아니었다. 하필이면 희귀암인 흉선암이었다.

흉선(thymiccarcinoma)이란 흉골의 후방, 심막 및 심장의 대혈관의 앞쪽에 있는 림프 기관이다. 편평한 삼각형 모양이고 좌엽과 우엽으로 나뉘는데 좌우의 모양이 같지 않다. 적회색을 띠고 있으며 구조는 연하다. 신생아 때부터 발육하고, 12~14세까지는 상당히 커지며, 사춘기에 정점에 달했다가 그 후부터는 점차 퇴화하고, 지방에 싸여 흔적이 된다. (인용 출처: 네이버 지식백과, 두산백과) 쉽게 말하면 나이가 많아질수록 그 기능이 점차 퇴화되어 흔적만 남게 되는 기관이란 말이다.

그런데 하필이면 나이 73세에, 거의 퇴화되었을 것 같은 기관에 암 덩어리가 생겼단 말인가, 하는 생각이 나에게 먼저 들었다.

그 후 백병원보다는 국립암센터가 낫다는 주위의 말을 듣고 그곳에서 암 덩어리 제거 수술을 시도했다. 하지만 이미 암 덩어리가 커진 상태이고 암세포가 주변의 심장과 대동맥의 표면에 전이된 상태였다. 그러므로 100% 제거는 힘들다고 했다. 결국 제거하기 쉬운 암 덩어리만 제거한 후 수술을 종료했다.

아버지는 흉선암 4기로 판정받았다. 수술 및 수술 후 회복 단계까지 우리 식구는 병원에 매달려 있을 수밖에 없었다. 나와 내 동생은 다행히 휴가 기간과 날짜가 맞았다. 그래서 서로 번갈아 가며 아버지의 힘들어하시는 모습과 수술 회복의 과정을 옆에서 지켜보면서 병실을 지켰다.

아버지는 경남 거창의 거창고등학교를 졸업하고 나서 바로 군대에 입대하셨다. 그러곤 직업군인으로 약 45년 정도를 근무하시고 전역하셨다. 어머니, 아버지 두 분이서 남은여생을 사시는 데는 전혀 지장이 없을 돈도 모아 두셨다. 그런 만큼 집에서 쉬시면서 여가생활을 누려도 되실 터였다. 하지만 조금이라도 움직일 수 있을 때 움직여야 한다는 생각에 휴양지의 매점을 운영하셨다. 매주 주말엔 나도 가서 일을 도와드리곤 했다.

평생에 술은 물론 담배도 안 하고 나쁜 짓 한 번 안 하신 아버지셨다. 평생을 하나님께 기도드리며 열심히 생활하셨는데 왜 하필이면 내 아버지가 암이란 병에 걸리게 되었는지. 그 당시에는 하나님을 굉장히 많이 원망했었다.

하지만 지금은 '받아들일 건 받아들이고 버릴 건 버리자'란 생각으로 살고 있다. 앞으로 남아 있는 길면 5년, 짧으면 당장 내일이 될 수도 있는 아버지의 생애에서 행복한 추억거리라도 많이 만들어 드려야겠다는 생각이다. 그래서 수술에서 회복된 올해 초부터는 내 가족, 동생 가족, 부모님까지 11명이 오붓하게 시간이 날 때마다 모인다. 또한 가까운 곳은 짧게 1박 2일 정도로 여행도 가려고 노력하는 중이다.

이와 더불어 크루즈여행을 꿈꾸게 되었다. 그런 꿈을 꾸게 된 건 2019년 11월 3일 한책협의 김태광(김도사) 대표의 책 쓰기 1일 특강을 들으면서였다. 김도사님은 1년에 3~4번 크루즈여행을 간다고 했다. 그 얘기를 듣고 나도 얼마 남지 않은 생을 사시는 아버지를 위해서 꼭 우리 가족을 다 데리고 크루즈여행을 가고 싶다는 열망에 휩싸였다.

그래서 아버지께서 자신의 자식들, 또 손자 손녀들과 함께 웃고 즐기며 여행하는 모습을 사진으로 남기고 싶다. 뿐만 아니라 그 모습을 가슴 깊이 담아서 내 생에 가끔씩 꺼내 보며 아버지를 생각하고 싶다.

평생을 직업군인으로, 매점 사장으로, 아버지로, 남편으로서 제대로 쉬지도 못하시고 밤낮으로 열심히 일하신 나의 아버지. 그러다 마지막에는 암 4기라는 병을 얻어 힘겹게 지내시는 나의 아버지. 그 아버지를 위해서 또 그런 아버지를 바라보는 나를 위해서 부족한 큰아들이지만 '크루즈여행'이라는 간절한 소망을 가져 본다.

그동안 못 해 드린 효도, 물론 앞으로도 100% 만족시켜 드릴 효도도 아니겠지만, 마음을 다해 아버지께 효도하고 싶다. 그냥 아버지께서 나를 보고 웃으시면서 세상을 사는 동안 너로 인해서 기쁘고 즐거웠다는 말, 그 한마디만 들을 수 있으면 정말 좋을 것 같다.

02

자녀와 친한 아빠 만들기를
주제로 강의하기

나는 한 여자의 남편으로 16년째 살고 있으며, 세 아이의 아빠다. 주위 사람들이 흔히 말하는 딸! 딸! 딸! 아빠다.

2005년 7월 4일 새벽. 해가 주위의 어둠을 위로 밀어내고 세상을 환히 밝히며 올라오고 있을 때, 산부인과 병원의 한 병실에서 나의 첫째 딸이 태어났다. 그때는 내가 아빠가 된다는 생각에 너무나도 기쁘고 행복하다는 마음이 들었다. 더군다나 아들밖에 없는 집안에 아주 귀한 딸이 태어났으니 부모님도 기뻐하시며 축하해 주었다.

그러나 나는 며칠 뒤 이런 생각에 휩싸였다. '나와 아내, 둘이서도 먹고살려고 힘들게 일하고 있는데, 내가 과연 한 생명을 책임지고 키워 낼 수 있을까?' 그러면서 걱정이 되기 시작했다. 하지만 나의 그런 걱정과 근심은 산후조리원의 신생아실에서 방긋방긋 웃으며 얌전히 누워 있는 내 딸의 얼굴을 보는 순간 어디론가 날아가

버렸다. 세상을 다 가진 듯한 벅차오름이 가슴을 가득 채웠다.

그 후로 2년 뒤에 둘째 딸, 8년 뒤에 셋째 딸이 세상에 태어났다. 우리 부부의 계획은 아이 2명만 낳는 것이었다. 때문에 막내를 임신했다는 소식에 아내는 기뻐하기는커녕 걱정을 하고 있었다. 나는 그런 아내의 걱정을 없애 주기 위해 막내는 내가 키우겠다고 아내를 설득하고 다짐했다. 아내가 나의 그런 말을 믿어 줬기 때문에 막내가 세상에 태어날 수 있었다.

하지만 나는 일명 '별보기 운동'을 해야 하는 건설회사에서 현장근무를 하고 있었다. 때문에 아내에게 했던 약속과 다짐은 바쁘다는 핑계 뒤로 밀려나게 되었다. 그래서 육아는 온전히 어머니와 아내의 몫으로 돌아가게 되었다.

나의 딸들은 첫째가 열다섯 살, 둘째는 열세 살, 막내는 일곱 살이다. 이미 유아기(2~6세)를 지난 아이들의 유아기 기억에 나는 항상 바쁘고, 피곤하다며 자신들과 놀아 주지 않는 아빠가 되었다. 그래서 나는 아이들이 커 가는 동안에라도 아빠와 함께하는 기억과 추억을 만들어 주고 싶다. 아이들과 나의 관계가 가까우면서도 먼 관계가 아니라 아이들이 아빠를 생각만 해도 살며시 미소가 피어나는 친밀한 관계가 될 수 있도록 노력할 것이다.

나의 아버지는 올해 연세가 74세이고, 29세에 나를 낳으셨다. 나는 보통 사람들이 그러하듯 유아기 때의 기억이 없다. 어머니의 말을 빌리면 아버지는 나를 낳고 굉장히 기뻐하셨다고 한다. 내가 초등학교에 다니기 전까지 출근 전, 퇴근 후에 항상 나를 안아 주시고, 이야기를 들려주시고, 나를 어머니 대신 본인의 등에 업고 다니셨다고 한다.

하지만 내가 중학생이 되면서 어머니와 다르게 아버지와는 얼굴을 보는 것도 서먹서먹해지는 것을 느꼈다. 조금씩 대화가 줄어들면서 관계가 멀어지는 것을 느꼈다. 아버지는 일터에서의 스트레스로, 나는 학업으로 서로 바쁘게 자신을 추슬러야 했다. 때문에 아버지와 나의 관계가 멀어지는 것은 어쩔 수 없다고 생각했다. 내가 학교를 졸업하고, 회사에 취업해서 시간적인 여유가 생기면 아버지와의 관계가 자연스럽게 회복될 것이라고만 생각했다. 그러나 그것이 크나큰 착각이었다는 것을 지금 깨닫고 있다.

나는 어려서부터 공부를 좋아했던 것 같다. 부모님께서는 내가 다섯 살 때부터 길바닥에 앉아 나뭇가지를 주워 바닥에 무언가를 쓰고 있거나 했다고 한다. 집에서는 장난감을 가지고 노는 것이 아니라 노트에 뭔가를 끄적거리며 적고 있었다고 한다. 그 모습을 보시고 내가 커서 교사나 강사가 될 거라 생각하셨다고 한다.

내가 교사나 강사라는 직업에 매력을 느낀 것은 대학교에 들어가서 지도교수님의 강의를 들었을 때였다. 교수님께서는 스크린에 짧은 주제만 띄워 놓고 약 1시간 동안 학생들에게 내용을 설명해 주셨다. 나는 그때 '우와 저 많은 내용을 다 외우신 걸까?', '어떻게 저렇게 말씀을 잘하시지?', '어떻게 말이 막힘이 없는 걸까?' 이런 생각을 했다. 그러면서 강사라는 직업을 동경하게 되었다.

하지만 나는 당시 삶의 목표나 도전의식이 부족했었다. 때문에 내가 동경하고 매력을 느꼈던, 남을 가르치는 직업이 아닌 고등학교 때부터 공부했던 건축의 길을 선택했다. 나는 '만약 그때 나에게 누군가 조언을 해 줬더라면, 나 스스로 앞으로의 삶에 대해 조금 더 깊게 고민했었더라면, 평범하게 취업해서 직장에 다니기보다는 강의를 하며 여유 있는 생활을 누리고 있을 텐데…'라고 생각했다.

그래서 나는 '지금이라도 시작하지 않으면 늦겠다'라는 생각에 한책협의 김태광(김도사) 대표 코치의 책 쓰기 1일 특강을 듣고, 책 쓰기 과정에 등록했다. 나는 보통 사람들과 비슷한 인생을 살았기 때문에 책을 쓰기 위한 주제를 정하는 데 어려움이 컸다.

나는 나의 딸들과 나의 관계, 아버지와 나의 관계를 찬찬히 생각해 봤다. 그러면서 그동안 아이들을 위해서 해 주고 싶은 것들이 많았음에도 바쁘다는 핑계로 또는 피곤하다는 핑계로 아이들을 나의 영역 밖으로 밀어냈다는 것을 깨달았다. 내가 아버지를 대화를 나누기에는 어려운 존재로 인식했다는 것도 알게 되었다.

내가 만약 시간을 내서 딸들과 함께 놀기도 하고, 올바른 대화를 많이 했다면, '아이들에게 존경받는 아빠로 지내고 있을 텐데'라는 아쉬움이 밀려들었다. 내가 만약 아버지를 어려워하지 않고 편한 나의 조언자로 생각했다면, '시한부 삶을 사시는 아버지께 행복하고 즐거운 추억을 많이 쌓아 드릴 수 있었을 텐데'라는 안타까움이 생겨났다.

나는 김도사님의 목숨을 건 코칭을 받아 나의 경험, 지혜와 깨달음을 바탕으로 '아이들과 나, 나와 아버지의 관계'에 대한 책을 써서 출판할 것이다. 그 후 내가 매력을 느끼고 동경했던 강의를 할 것이다. 나와 같은 아빠는 되지 말라고, 아이들이 엄지손가락을 치켜세우며 "우리 아빠 최고야!"라고 말해 주는 아빠로 살라고 이야기해 주고 싶다.

나는 꿈꾼다. 나는 소망한다. 나의 강의를 듣는 수강생들과 함께 때로는 웃고, 때로는 눈물을 흘리며 '최고의 강의'라는 말을 사람들에게서 듣고 싶다. 나의 삶에서 우러나온 경험을 같이 공유하며, 치유하는 과정을 함께 겪는 최고의 메신저가 될 것이다.

03

TV, 라디오에 출연해
나를 알리며 강의하기

"텔레비전에 내가 나왔으면 정말 좋겠네, 정말 좋겠네."

대한민국에서 태어나 자란 사람이라면 누구나 다 아는 노래다. 그만큼 유명한 노래다. 때문에 이 노래가 나를 포함한 대한민국 국민에게 끼친 영향력은 대단한 것이다.

혹여, 누구든지 길을 걷다가 방송사에서 카메라를 들고 촬영 중인 것을 보면 가까이 다가가기 위해 애쓴다. 그리고 혹시라도 TV에 본인 얼굴이 나오면 자랑하기 위해 친구나 지인들에게 전화를 건다. 대한민국 국민뿐만 아니라 TV가 있고 방송국이 있는 나라의 사람들은 누구나 다 그럴 것이다. 그만큼 TV의 영향력은 대단한 것이다.

나는 흑백TV와 컬러TV 사이에 낀 세대다. 내 나이 일곱 살이 되던 해에 아버지께서 컬러TV를 구매하셔서 집에 설치하셨다. 그래서 그때부터 난 신세계를 눈으로 경험하기 시작했다. 나와 내 동생이 이불 속에 몸을 넣고 얼굴만 밖으로 내민 채 TV에서 나오는 〈전설의 고향〉을 마음 졸여 가면서 보는 것이 행복했다. 그리고 TV에서 가수들이 부르는 노래와 춤을 따라 했던 것이 가장 기억에 남는다.

약 40년 전에는 지금과는 다르게 언론매체라는 것이 TV, 라디오 그리고 신문뿐이었다. 지금 21세기에는 기계와 통신이 발달해서 컴퓨터를 비롯해 휴대전화 인터넷을 통해 각종 언론사에 접속함으로써 세상 돌아가는 얘기를 접할 수 있다. 하지만 나는 구시대의 사람으로 넘어가는 단계라서 그런지 인터넷보다는 TV가 나에게 영향을 제일 많이 주는 매체 중 하나라 생각한다.

이런 생각 때문인지 예쁜 여자, 잘생긴 남자만 TV에 나올 수 있다고 생각했다. 그러던 중 중·고등학교 시절의 방학 기간에 아침밥을 먹고 나는 어머니와 함께 TV를 시청하고 있었다. 그런데 예쁘지도 잘생기지도 않은 교수님, 강사님 그리고 학원장님 등 사회적으로 유명하다고 여겨지는 분들이 나와서 방청객과 시청자들에게 강의하는 것을 보게 되었다. 그것을 보고 나는 '똑똑한 사람 그리고 유명한 사람들도 TV 프로그램에 출연할 수 있구나'란 생각을 했다.

그래서 나도 유명해져서 TV 프로그램에 출연해 내 얼굴을 세상에 알리고 싶다는 꿈을 품게 되었다. 그 당시만 해도 나의 'TV 프로그램 출연하기'란 꿈은 전혀 철없는 아이의 엉뚱한 생각이었을지도 모른다. 그래도 지금은 그 꿈에 한 발자국씩 다가가고 있다는 것을 실감하고 있다.

　나는 꿈을 이루기 위한 첫 단추를 잘 꿰기 위해 한책협의 김태광(김도사) 대표에게 책 쓰기 교육을 받고 있다. 늦어도 2020년 1월이면 내가 쓴 글이 책으로 출판될 것이다. 하지만 나의 꿈은 그것이 전부가 아니다. 더 상위의 꿈을 이루기 위해서 세상 사람들에게 큰 영향을 끼칠 수 있는 TV 프로그램에 출연해 나를 알리고 싶다.

　인생의 굴곡이 없는 나와 같이 지극히 평범한 사람도 한책협의 김태광 대표 코치에게 도움을 받으면 글을 쓰고 책을 출판할 수 있다. 그렇게 되면 나는 "지금 내가 쓴 책을 주제로 TV 프로그램에 출연해 사람들에게 강의하고 나를 알리고 있다."라고 당당하게 말할 것이다.

　나는 일반인들이 꿈만 꿀 수 있는 TV 프로그램에 출연해 사람들에게 강의하는 나의 모습을 항상 상상한다. 그리고 매일 감사의 기도를 한다. 'TV 프로그램에 출연해 나를 모르는 사람들에게 나란 존재를 알리고, 강의하는 꿈을 이루게 해 주심을 감사합니다'라고.

　내가 글을 쓰고, 책을 출판하고 TV 프로그램에 출연해 강의하는 것은 나만의 꿈이다. 하지만 이 꿈이 이루어졌을 때의 모습을 상상해 본다. 그러면 내 아내는 기뻐하며 나에게 '수고했어, 여보'란 말을 할 것이고, 딸들은 아빠인 나를 자랑스러워하며 친구들에게 자랑하기 바쁠 것이다. 나는 특별히 부모님이 기뻐하시는 모습에 가슴이 뭉클해지고 눈시울이 붉어질 것이다.

부모님은 아들 둘을 남부럽지 않게 키우기 위해 쥐꼬리만 한 월급을 받아서 나와 내 동생에게 다 쓰셨다. 그러다 보니 정작 본인들은 먹고 싶은 것 못 먹고, 사고 싶은 것 못 사는 삶을 사셨다. 그러한 생활을 하면서 많은 돈을 저축하시게 되었다. 그래서 나는 '우리 부모님도 남부럽지 않게 살 수 있을 것이다'라고 생각했다. 그리고 '나도 조금씩 저축하고 있으니까 조금만 더 돈을 모아서 자식들을 위해 희생하신 부모님께 효도해야 되겠다'라고 생각했다.

그런데 그만 작년에 아버지가 희귀암인 흉선암 4기 진단을 받으셨다. 아버지는 희귀암이란 이유로 표적 치료가 불가능하다. 일반 항암치료를 거부하시고 집에서 요양 중이시다. 나는 내가 쓴 책을 가지고 TV 프로그램에 출연해 강의할 것이다. 그렇게 하루하루 야위어 가시는 아버지에게, 그런 아버지를 간호하시는 어머니에게 기쁨을 안겨 드릴 것이다.

큰 집, 좋고 값비싼 차, 명품으로 치장하기 등 효도의 방법은 많다. 하지만 내가 지금 생각하고 간절히 바라는 효도가 있다. 바로 부모님에게 자랑스러운 아들로 인식되는 것이다. 그러면 부모님은 주변 사람들에게서 팔불출이라는 소리를 들어도 굴하지 않고, 자식이 책을 쓰고, 어릴 때 꿈인 TV 프로그램에 나와서 강의하는 모습을 자랑하고 다니실 것이다. 나는 그런 부모로 만들어 드리는 것이 효도라고 생각한다. 나는 부모님이 "참 잘했어, 우리 아들. 네가 자랑스럽다."라고 나에게 말해 주는 것을 고대하며 이 글을 쓴다. 지금도 그 장면을 상상하며 입가에 흐뭇한 미소를 짓는다.

04

100억 원대의 성공한
1인 창업가로서 부를 누리며 살기

나는 지금 행복하다. 현실에 만족하기 때문이다. 나는 안정된 직장을 다니고 있고 한 달에 한 번 꼬박꼬박 내 이름으로 된 계좌에 월급이 들어온다. 부모님은 건강히 살아 계시며, 토끼 같은 아내는 보육교사로 일하면서 매달 월급을 받고 있다. 그리고 나의 딸들도 건강하게 잘 자라고 있다.

하지만 나는 지금의 현재 내 모습에서 행복을 발견할 뿐이었다. 미래에 이루고 싶은 그 어떤 소망이나 꿈도 가지지 않은 채 편하고 쉬운 길만 걸어온 것이다. 꿈이 없으니 나는 당연히 눈앞의 당면한 문제만 생각하게 되었다. 그리고 그러한 문제들을 하나씩 해결할 때마다 나 자신을 위로하듯 현실의 행복만 추구했다. 나의 시선은 미래를 향해 있지 않고 현재에 머물러 있었다. 때문에 미래에 대한 그 어떤 꿈도, 그 꿈을 이루려는 노력도 없는 쉬운 길, 편한 길 그리고 넓은 길을 걸어온 것이다.

2018년 어느 날, 나의 머릿속이 갑자기 바빠졌다. '막내딸이 대학에 들어갈 나이가 되면 내 나이는 환갑이다'라는 생각에 머릿속이 바빠진 것이다. 그래서 나는 노후자금을 만들기 위해 가장 빨리 돈을 모을 수 있는 주식투자를 시작했다.

'세상에 공짜는 없다'라는 말처럼 주식투자 2년째인 나는 원금을 다 잃어버렸다. 보통의 개인투자자들이 하는 방법으로 투자했기 때문이다. 나는 큰 자괴감에 빠졌다. '왜 내가 주식을 사면 주가가 떨어지는 것일까?', '왜 내가 주식을 팔면 주가가 오르는 것일까?', '나는 투자에 소질이 없는 것인가?', '하나님은 내가 노력해서 벌어들인 소득만 바라기를 원하는 것인가?'

내 머릿속의 저런 생각들로 인해 나는 매일매일 우울한 날들을 보내야만 했다. 나는 원금은 거의 다 잃었지만 언젠가 다시 도전할 것이라 생각했다. 그래서 주식 매매는 하지 않더라도 공부는 계속해야 한다고 생각했다. 틈날 때마다 주식투자 관련 책을 사서 읽은 이유다.

2019년 10월 초, 나는 도서관에서 주식투자에 관한 책을 읽고 공부하고 있었다. 그러던 중 정말 우연히 《주식투자 이렇게 쉬웠어?》(김이슬 지음)라는 책을 보게 되었다. 나는 '나는 정말 고생고생하며 주식투자를 하는데 도대체 어떻게 했길래 주식투자가 쉬웠다는 거야?'라고 생각했다. 그러곤 책을 집어 들어서 읽기 시작했다. 책은 주식투자에 관련된 전문도서가 아니었다. 그렇기보다는 김이슬 작가가 직장을 다니면서 경험했던 주식투자를 일반 직장인들이 읽기에 전혀 어려움이 없도록 쉽게 쓴 책이었다. 나는 이 책을 3~4일 만에 다 읽었다.

《주식투자 이렇게 쉬웠어?》란 책에는 김이슬 작가가 한책협의 김태광(김도사) 대표의 도움을 받아서 책을 출간한 과정이 쓰여 있었다. 그래서 나는 김도사님이 출간한 《내가 100억 부자가 된 7가지 비밀》, 《100억 부자의 생각의 비밀》이라는 책을 사서 읽기 시작했다. 그리고 김이슬 작가(한국주식투자코칭협회 대표)의 전화번호가 있기에 바로 메일로 컨설팅을 신청했다. 그러곤 분당에 있는 한국주식투자코칭협회에서 컨설팅을 받았다.

나는 어려서부터 책을 좋아했다. 방학이 되면 어머니와 함께 밥 먹는 시간을 제외하고는 책을 읽으며 지내는 날이 많았다. 초등학교 때는 《셜록 홈스》, 《괴도 루팡》 등 추리소설 시리즈물을 많이 읽었다. 점점 나이가 들어서는 소설이나 에세이 등을 많이 읽었다.

나는 《내가 100억 부자가 된 7가지 비밀》을 읽으며 김도사님이 어떻게 100억대 부자가 되었는지 알게 되었다. 나는 '나도 책을 좋아한다. 또한 나의 미래를 위해 기필코 성공해야 한다'라는 생각에 김이슬 작가에게 조언을 구했다. 그러자 그녀는 책 쓰기 1일 특강에 참석하라며 예약해 주었다.

그 후 나는 1일 특강에 참석해 김도사님의 주옥같은 특강 수업을 받았다. 그러곤 바로 책 쓰기 과정에 등록했다. 지금은 책 쓰기 공부 및 의식과 사고의 확장을 위해 김도사님의 말씀대로 카페활동 및 과제를 충실하게 이행하고 있다.

내가 '100억 원대 자산가'를 꿈꾸고 난 이후로 그 꿈은 점점 구체적인 모습이 되어 내 앞에 나타났다. 한책협의 프로그램에는 책 쓰기 코칭도 있지만 1인 창업 프로그램도 있었다. 내 생각에 완전히 나의 미래를 예비해 주신 하나님의 특별한 선물인 것 같았다. 나 혼자의 힘으로는 막연한 '100억 원대 자산가'였을 뿐이다. 하지만 김도사님을 통한 책 쓰기 및 1인 창업 수업은 그 꿈을 이루리라는 하나님의 계시로 받아들여졌다.

나는 주식투자의 실패, 책(《주식투자 이렇게 쉬웠어?》, 《내가 100억 부자가 된 7가지 비밀》, 《100억 부자의 생각의 비밀》)과의 만남, 김이슬 작가의 조언, 김도사님과의 만남이 절대 우연히 일어난 일이라고 생각지 않는다. 이러한 일련의 일들을 생각하면 운명이라는 생각이 든다. 하나님이 나를 위해 예비해 두신 길이라는 생각이 든다.

나는 100억 원대의 성공한 1인 창업가로서 부를 누리며 살 것이다. 해외 스포츠카, 명품 시계, 넓고 방이 많은 큰 집 등등 내가 눈으로만 보고 꿈꾸었던 모든 것을 소유하고 살 것이다. 나는 가족들에게 그동안 돈이 없어서 하지 못했던 것들을 다 하게 해 줄 것이다.

이미 그것은 나의 소명이다. 그러니만큼 자신에게 주어진 소명을 모르고, 찾을 시도도 하지 않고 현실에 만족하며 사는 내 주위의 나와 같은 사람들에게 알려 주고 싶다. 나는 "당신들처럼 살던 나도 한책협의 김도사님을 만나 꿈을 꾸고, 그 꿈을 이루면서 행복한 삶을 살고 있다."라고 강력하게 전하고 싶다.

05

선한 영향력을 끼치는
메신저 되기

나는 한책협의 책 쓰기 프로그램 중 책 쓰기 과정에 등록했다. 그러곤 김도사님의 코칭을 받아 책을 쓰고 있다. 내 책은 '아이와 가까워지는 아빠'라는 주제를 담고 있다. '선한 영향력을 끼치는 메신저 되기'는 내 꿈이다. 메신저라는 꿈을 가지게 된 것은 불과 한 달여밖에 되지 않았다. 한 달 전까지만 해도 나는 꿈도 없이 무조건 주식투자를 통해 돈을 많이 벌겠다는 욕심만 가득했다.

그러던 내가 한책협의 김도사님에게서 책 쓰기 및 1인 창업을 배우고 있다. 나는 내 책을 가지고 강의 및 강연을 통해 수익을 창출할 수 있다는 것을 알고 있다. 그리고 지금은 책 출간 및 100억 원대 자산가가 되고자 한다. 그렇게 나의 경험과 지금 꿈을 이루기 위해 노력하는 삶을 메신저가 되어 사람들에게 알려 줄 것이다.

메신저란 국어사전에 "지시, 명령, 물품 따위를 다른 사람이나 기관에 전하여 이르게 하는 사람. '전달자'로 순화."라고 나온다. 의미는 붙이기 나름이겠지만, 내가 생각하는 메신저란 국어사전에 나오는 '전달자'라는 의미는 아니다. 경험이나 지식을 전해들은 사람들의 마음속에 무엇인가 뭉클한 감동을 전해 주는 사람을 지칭하는 말이다.

좁은 땅덩어리를 가진 우리나라에선 수만 명의 강연가들이 갖가지 주제를 가지고 사람들에게 강연하고 있다. 대한민국 국민이라면 최소한 한 번 이상은 어떤 주제가 되었든 강연을 들었을 것이다. 회사 워크숍이라든가 수련회 그리고 연수 등의 기회를 통해서 말이다.

나도 직장의 워크숍 기회를 통해서 강연을 많이 들었다. 그럴 때면 나는 강연의 주제를 떠나서 강연하는 장소의 분위기라든가, 의자가 딱딱하다든가 '날씨가 너무 좋은데 실내에서 뭐 하는 거지?'라는 평계를 대곤 했다. 그러곤 밀려오는 졸음을 받아들이면서 그냥 잠자는 시간으로 이용했다.

그래서 그런지 나는 강연가가 말하고자 하는 주제보다는 청중들에게 재미를 주려고 하는 농담들만 기억할 뿐이었다. 그런 만큼 내가 책을 쓰고 강연가가 되어 청중들에게 강연한다고 생각하자 나의 지난날들이 부끄러웠다. 쥐구멍이라도 있으면 당장 들어가고 싶었다.

물론 태어날 때부터 강연가로 태어난 사람은 없다. 강연가들은 '어떻게 하면 청중들이 듣고 기억했다가 자신들의 실생활에 접목할 수 있을까?라고 끊임없이 고민한다. 그렇게 수없이 연습하고 또 연습해 청중들 앞에 나선다. 그러곤 자신이 알고 있는 지식, 경험, 노하우, 연구 성과물 그리고 깨달은 것들을 말로써 전달해 주는 것이다.

지금 나는 그러한 강연가들의 노력과 헌신을 안다. 때문에 지난날의 나의 태도가 그 강연가들에게 '그들의 자존감 저하와 의지를 한풀 꺾는 데 기여한 것은 아니었나?' 하는 부끄러운 생각이 드는 것이다.

청중들을 웃게 하면서 자신의 주제를 알리는 강연가들은 많다. 그러나 청중들의 마음속 깊은 곳까지 어루만지면서 감동을 주는 강연가들은 많지 않다. 물론 강연의 주제, 강연장의 분위기, 청중들의 태도 그리고 청중들의 마음 상태에 따라서 그 강연회의 질이 결정되어지지만 말이다.

사람들은 웃는 것만으로도 힐링을 경험할 수 있다. 하지만 웃음으로 힐링 받는 것은 그때뿐이다. 일상생활로 복귀하고 시간이 지나면 다시 원래의 마음과 모습으로 돌아간다. 강연회가 웃음을 통해서 강연 주제를 전달할지 아니면 마음속 깊은 곳에 있는 그 어떤 감정들까지 끄집어내 줄 수 있는 훌륭한 강연회가 될지는 강연자와 청중들의 상호협력에 달려 있다.

상호협력이란 '힘을 합해 서로 돕는 것'이다. 강연가는 자신의 강연에 청중들이 집중할 수 있게 짧아도 강렬한 인상을 주도록 노력해야 한다. 청중들은 강연 외의 다른 방해 요소들을 차단하고 강연자의 강연에 집중하도록 노력해야 한다.

나는 노래 듣는 것과 부르는 것을 좋아한다. 그래서 되도록 가족들과 함께 콘서트장을 자주 찾는 편이다. 가수들의 콘서트에 가면 귀가 아플 정도로 큰 스피커 볼륨, 쏟아져 나오는 레이저 불빛, 휘황찬란한 옷을 입은 가수 및 댄서들 그리고 거대한 스크린 등이 관객들로 하여금 다른 생각을 할 틈을 주지 않는다. 오로지 앞에서 노래하는 가수에게 집중하게 만든다.

물론 강연가들이 가수들의 콘서트처럼 크고 화려한 것을 따라서 강연하면 안 될 것이다. 하지만 콘서트를 진행하는 가수들을 보고 어떻게 관객들을 사로잡아서 집중하게 할까. 고민해 보고 연구해 보면서 벤치마킹하는 것도 그리 나쁜 방법은 아닐 것이다.

나는 그렇게 할 것이다. 청중들이 나에게만 집중할 수 있도록 공부하고 노력할 것이다. 청중들과의 상호협력을 통해 명강연이 될 수 있도록 내가 할 수 있는 것은 다할 것이다. 그래서 내가 마음먹은 대로 청중들을 웃고 울리는 강연가가 될 것이다.

나는 나의 강연이 청중들의 마음속 깊은 곳에 있는 무언가를 끄집어내었으면 좋겠다. 강연을 들은 청중들이 실생활에 강연 내용을 적용해 보고, 그에 따라 도출되는 결과물에 행복해하고 감사했으면 좋겠다. 그런 청중들을 보면서 나도 보람을 느끼고 싶다.

나는 이것이 '선한 영향력을 끼치는 메신저'로서의 삶이라 생각한다. 나는 나를 위한 것이 아닌, 다른 사람들을 위해 더 많은 연구와 준비를 할 것이다. 그리하여 내 강연을 듣는 청중들에게 선한 영향력을 끼치는 메신저로서의 삶을 살 것이다.

PART 09

꿈을
현실로 만드는
스타 작가이자
열정 메신저 되기

– 박근일

박근일 구세군 사관, 겸임교수, 동기부여가, 유튜버, 열정 메신저, 청소년 멘토, 자기계발 작가

명지대학교 청소년지도학과 박사 과정을 수료했다. 경북 의성에서 드림타임이라는 청소년 활동을 만들어 5년째 진행하고 있다. 작가이자 동기부여가라는 가슴 설레게 하는 꿈을 전하며 청소년들의 멘토로 활동하고 있다. 현재 청소년의 꿈에 대한 개인저서를 집필 중이다.

01

말더듬증을
극복한 강연가 되기

"제… 제… 이… 이… 름… 은 … (3초 후) 박… 근… (5초 후) 일…입니다…."

불과 15년전 까지만 해도 나의 자기소개는 이렇게 시작되었다. 그래서 나는 나 자신을 소개해야 하거나, 남들 앞에서 혼자 말하거나 발표하는 상황이 가장 두려웠다. 그러다 보니 무대공포증은 물론이고, 대인공포증까지 생겼었다. 엎친 데 덮친 격으로 열등감까지 심해져, 청소년 시절 실제로 자살 시도를 세 번이나 할 정도였다. 입이 있음에도 아무런 말도 못하고 벌벌 떨고 있는 나 자신이 너무나 미웠다.

말더듬증이 언제부터 시작되었었나. 시간을 거슬러 올라가면 일곱 살 때였다. 초등학교 1학년 때 같은 반의 한 친구가 말을 더듬는 것이 너무 신기하고 우스꽝스러웠다. 그래서 학교에 가면 그 친구 옆에서 말더듬을 따라 하면서 놀리는 것이 나의 일상이었다. 문제는 그 이후부터였다. 친구의 말더듬을 따라 하던 것이 그만 내 입에 붙어 버린 것이다(어렸을 적 나는 하나님께 벌을 받았다고 생각했다).

초등학교 4학년 때였다. 반 부회장인 관계로 국민의례를 내가 낭독해야 하는 상황이었다. "나… 나… (3초 후) 는… 자자… 랑스 런… 태… 태태… 극… 기…." 국민의례의 배경음악은 이미 끝났지 만, 내가 낭독하고 있는 국민의례는 여전히 두 번째 줄이었다. 곳 곳에서 아이들은 키득키득 웃음을 참느라 애쓰고 있었다. 보다 못한 담임 선생님은 "조용!! 아직 안 끝났습니다."라고 아이들에 게 주의를 주었다. 그러한 순간에도 나는 여전히 그다음 국민의례 를 말하려고 입을 움직이고자 했지만, 혼자 덜덜거리고만 있을 뿐 이었다.

어렸을 때 그런 날이 있지 않은가? 오늘이 4월 15일이면 15번, 25번, 35번순으로 일으켜 세워서 책을 읽히는 그런 과목이 있는 날. 그렇게 난 내 번호가 들어 있는 날 무단결석을 했다. 다른 아이 들은 가만히 있고 나만 말해야 되는 상황이 나는 너무 두려웠다. 그래서 택한 것이 결석이었던 것이다. 학교에서만 그랬던 것이 아니 다. 교회에서도 두세 달에 한 번씩 대표기도를 해야 되는 날이 오 면, 무단결석을 했다. 그래서 나의 어렸을 적 학적부에는 병원에 입 원한 적도 없는데, 결석일이 몇 번 있었다.

어렸을 적에는 그저 '조금 더 크면 괜찮아지겠지'라고 안일하게 생각하며 시간을 흘려보냈다. 친구를 놀리면서 바이러스처럼 전염된 말더듬증은 청소년기의 가장 큰 약점으로 자리 잡아 나의 발목을 잡곤 했다. 중학교와 고등학교에 입학했을 때가 아직도 기억난다. 이제 새로운 학교에서 새로운 친구들과 시작하니 나의 말더듬증을 아무도 모르겠지. 그러니 이제는 더듬지 않아야지 굳게 결심하고 자기소개 연습을 열심히 했다.

하지만 어김없이 중학교 입학식 첫날과 고등학교 입학식 첫날에 장소와 사람만 달랐지 나의 말더듬증은 똑같았다. 비참했다. 평상시 대화는 그래도 그럭저럭 하는데, 3명 이상이 나를 바라보고 있는 상황에 처하면 나의 말더듬증은 나아질 기미가 안 보였던 것이다.

그 당시 청소년기의 박근일에게는 앞이 보이질 않았다. 모든 사람이 나를 비웃는 것처럼 느껴졌다. 이렇게 살아서 뭐 할까? 그냥 죽는 것이 나와 가족에게 편하겠지. 그런 생각으로 해서는 안 될 행동을 세 번이나 시도했었다(만약 그때 잘못되었더라면, 나는 지금 기적의 이 글을 당연히 쓰지 못했을 것이다).

오죽했으면 신학생 1학년이었던 나에게 기도를 해 주시던 담임 목사님도 "근일이가 모세처럼 말을 잘 못하니, 말 잘하는 아론과 같은 사람을 붙여 주세요."라고 했을까?

군대 현역을 마치고 전역을 신고하는 상황에서도 나는 모든 사람들의 기대에 부응해 말더듬 전역 신고라는 사상 최고의 오점을 남기기도 했다.

말더듬증에 대한 에피소드는 차고 넘친다. 하지만 이 책은 보물지도다. 삶의 기적을 보길 원하는 우리들의 꿈의 목록이 적혀 있는 책이다. 이제 나는 말더듬증 17년 인생에 종지부를 찍었다. 이제는 누구보다 무대를 즐기며, 분위기 메이커가 되었다. 말더듬증으로 사람들이 있는 곳을 피하고 투명인간처럼 조용히 살아온 소극적이었던 나다. 그런 내가 이제는 주위 사람들 모두가 인정하는 언어의 연금술사로 변화되었다.

말더듬증 17년을 졸업한 후에 만난 사람들에게 나의 과거를 말하면, 모든 사람들이 놀란다. 그러면서 나의 말더듬증을 믿지 않고 상상할 수도 없다고 한다. 그 정도로 나는 바뀌었다. 지금 이 책을 보고 있는 독자들 중에도 대인공포증, 사람들 앞에만 서면 말을 더듬게 되고, 머릿속이 하얘지는 분들이 많이 있을 것이다. 한국 사람들에게는 무대 앞에 나서는 것보다는 무대 밑에 앉아 있는 것을 좋아하는 성향이 강하다. 나부터도 사실 더 나아갈 수 있는데, 생각 이상으로 말더듬증 때문에 발목을 잡히는 경우가 많았다. 말더듬증 합병증처럼 다가온, 대인공포증과 열등감, 두려움, 공포 등이 그런 것들이다.

하지만 말더듬증 하나를 고치자 합병증처럼 따라다니던 것들이 모두 사라졌다. 대인공포증은 오히려 사람들과의 만남과 대화를 즐겨 하는 것으로 바뀌었다. 열등감은 오히려 남보다 내가 더 빛나는 보석임을 알게 되는 자아 깨달음으로 바뀌었다. 두려움은 오히려 나는 이미 해냈고 이루었다는 자신감으로 바뀌었다. 공포는 희망과 즐거움으로 바뀌었다.

사실 나에게 이 글을 쓰도록 최고의 동기부여를 해 주신 분은 김태광 스승님이시다. 그분 역시 어렸을 적에 말을 더듬었었는데 지금은 오히려 최고의 강연가이자 코치이자 동기부여가, 사업가가 되었다. 그분은 책과 유튜브와 강연을 통해 자신이 말더듬이었다는 것을 먼저 오픈했다. 그리고 자신이 말더듬증을 벗어나게 된 비결과 그 이후의 삶을 당당하게 말하고 있다. 그 부분이 나에게는 최고의 동기부여가 되었다.

나도 이제는 말더듬증을 극복한 최고의 강연가가 될 것이다. 말을 더듬으며 사람들을 두려워했던 박근일은 이제 사라졌다. 말더듬이가 가장 두려워하는 곳은 사람들이 많은 곳과 무대다. 하지만 그 말더듬증을 극복하게 되면 가장 두려워하는 곳을 사랑하게 되고 즐겨 찾게 된다.

어느 무대든 자신 있다. 청중이 누구이든 간에 상관없다. 어린 아이에서부터 어르신까지 문제없다. 남녀노소 상관없다. 나는 무대를 즐길 수 있는 나만의 노하우를 17년 만에 터득했기 때문이다. 나는 최고의 강연가로 나아갈 준비가 되어 있다.

이 글을 보면서 나의 지인들에게는 두 가지 감정의 변화가 생길 것이다. 말더듬증을 극복한 이후에 만난 나의 지인들은 '내가 아는 박근일이 저 정도로 말더듬증이 심했었단 말이야?' 이렇게 생각할 것이다. 말더듬증에 시달리고 있을 때 나를 알았던 지인들은 '내가 아는 박근일이 이렇게 변했단 말이야?' 이렇게 놀랄 것이다.

그리고 알게 되었다. 세상에는 나와 같은 말더듬 합병증으로 마음고생을 하는 사람들이 여전히 많다는 것을 말이다. 나는 그런 사람들을 세상 속으로 초청할 것이다.

이제 나는 최고의 강연가로서 말더듬 스피치 아카데미를 설립할 것이다. 1개월 과정과 3개월 과정을 만들 것이다. 한 클래스를 6~8명의 소규모로 운영할 것이다. 시간을 내기 힘들거나, 사람들의 눈이 두려워 프로그램 신청을 기피하는 사람들을 위해 1:1 과정도 만들 것이다. 말더듬증으로 17년을 고생했는데 내가 프로그램을 신청한 사람들의 마음을 왜 모르겠는가? 상처 입었던 치유자로서 나는 그들을 고칠 자신이 있다.

무대공포증, 두려움과 열등감이 가득한 말더듬이들을 향해 말한다.

"나와 함께 세상 속으로 들어가지 않겠는가?"

02

청소년
열정 메신저 되기

앞 장에서 말했듯이, 나는 어렸을 적부터 말더듬증이 있어 사람들을 두려워하는 경향이 있었다. 그러다 보니 말수가 적어지고 주위 사람들과 함께 있는 시간을 그리 좋아하지 않았다. 사람들과 함께보다 혼자인 것을 좋아하다 보니, 학교생활과 친구들과의 관계 부분에서는 그리 좋은 점수를 줄 수 없었다. 그 당시 나에게서는 남들에 비해 특출 난 장점이나 특징 등 아무것도 찾을 수 없었다. 컴퓨터나 기계도 잘 다루지 못하고, 말하기는 꼴찌였다(공부나 운동은 그나마 보통 수준이었다). 늘 말없이 조용조용하게 학교생활을 했었다.

그러던 나에게 고등학교 1학년 시절에 새로운 입이 생겼다. 바로 악기였다. 교회에서 처음 악기를 접하면서, 작은 용기를 얻었다. '아! 악기를 연주하면 굳이 내가 말하지 않아도 나를 표현할 수 있구나'라는 생각에 처음 악기에 입문하게 되었다. 제일 처음에는 어쿠스틱 기타를 배웠다. 교회 찬양팀 친구들보다 악기를 늦게 배워서인지, 정말 잘해보겠다는 의지가 강했다. 나는 매주 토요일마다 남아서 혼자 기타를 연습했다.

처음으로 입문한 음악세계는 무언가 표현하기 힘든 아늑함과 편함, 그리고 고향에 온 것처럼 마음 든든함을 주었다. 가장 중요한 것은 굳이 내가 직접 말하지 않아도 어쿠스틱 기타를 통해 나의 마음을 표현할 수 있었다는 것이다.

어느 정도 기타 실력이 오르자, 그때서야 다른 악기들이 눈에 들어왔다. 어깨너머로 피아노와 드럼, 베이스 기타를 독학하게 되었다. 다른 사람들은 악기를 배우면서 자기만족과 어디 가서 뽐낼 수 있는 장점을 중요하게 칠지도 모르겠다. 하지만 나에게는 악기를 배우게 된 이유가 나의 감정을 표현할 수 있기 때문이었다.

나는 말더듬증이 있어, 나를 표현하는 데 늘 어려움이 있었다. 좋을 때나 기쁠 때나 슬플 때나 화날 때나 우울할 때나 어떠한 감정이든 말더듬증으로 인해 표현을 잘 못했다. 하지만 악기를 연주할 때면 그 모든 감정을 악기로 표현할 수 있었다. 기쁠 때는 기쁜 감정에 맞는 연주를 했고 우울할 때는 또 그런 감정에 맞춰 연주를 했다. 그렇게 나에게, 그리고 타인에게 나의 입이 아닌 악기의 입으로 나의 감정을 표현할 수 있었다.

악기 연주를 통해서 나는 점점 사람들과 소통하기 시작했다. 악보에 대해 토의하고, 어떠한 음악을 할지 얘기하면서 점점 나의 입도 자연스레 열리기 시작했다. 그러던 중에 대학교 동아리 찬양팀에서 만난 선배 한 명을 소개하려 한다. '한정호' 찬양팀 선배이시다.

이분은 참 특이한 캐릭터였다. 외모적으로 보면 그리 멋진 분은 아니다(지극히 솔직히 말해서 미안하지만, 반전을 기대하시라). 키도 작고, 얼굴도 동그랗고, 옷을 멋지게 잘 꾸며 입는 스타일도 아니었다. 길거리에서 보면 정말 지극히 평범한 20대 한 남자에 불과했다. 그러한 그 선배의 옆에는 늘 선후배들이 가득했다. 선배는 사람들이 함께 있고 싶어 하고, 함께 있다 보면 웃음꽃이 활짝 피는 그런 사람이다. 정말 지극히 평범한 얼굴인데, 사람들이 잘 따랐다.

궁금했다. 도대체 어떠한 매력이 있길래 남녀노소 불문하고 저 선배를 좋아하고 따를까? 몇 주 옆에 있어 보니 치명적인 매력이 발견되었다. 그것은 바로 '열정'이었다. 모든 부분이 평범한데, 그 선배만이 가지고 있는 열정이 치명적인 바이러스처럼 주위 사람들에게 영향을 미치는 것이었다. 후배는 물론, 선배들에게도 그 선배의 열정 하나로 인해 동기부여가 되었다. 뿐만 아니라 마음의 문을 열고 깊은 상담까지 하게 되는 것이었다.

솔직히 외모나 키나 악기 실력 등 모든 면에서는 부럽지 않았는데. 그 선배가 가지고 있는 열정, 그 한 가지가 정말 부러웠다. 나도 그 열정을 갖고 싶었다. 어렸을 적부터 대학생이 되어서도 말더듬증으로 인해 나는 무언가를 할 수 있다는 마음보다는, 지레 겁먹고 포기하거나 두려워하는 마음이 태반이었다. 그러한 나에게 한정호 선배가 가지고 있는 열정은 가장 필요한 것이었기 때문이다.

나는 결정했다. 저 열정만큼은 정말 본받아야겠다고 다짐했다. 그 이후로 정호 선배 옆에 찰싹 붙어 다니면서 그가 하는 말, 습관, 제스처 등을 유심히 살펴보기 시작했다. 그러면서 자연스레 그 선배와 단둘이 있는 시간이 많아졌다(참! 정호 선배는 당연히 남자다). 선배와 대화하다 보니 나와 비슷한 부분이 정말 많았다. 비슷한 가정 환경, 비슷한 공부 실력과 악기 실력. 비슷한 외모(이쯤 되면 독자들에게는 그 선배의 얼굴이 정말 궁금하기도 할 것 같다).

처음에는 열정을 배워야지, 라는 마음으로 같이 있었는데, 이제는 선배와 서로 코드가 맞았다. 우리는 서로 속마음까지 이야기를 나누는 사이가 되었다. 나는 정호 선배가 가지고 있는 장점을 정말 갖고 싶었다. 하나님을 향한 순수한 마음, 배우고자 하는 마음, 그리고 열정. 이 세 가지를 취하고 싶었다. 그때 내 나이가 스무 살이었다.

그 후 나는 군에 입대했고 2년의 복무를 마치고 복학했다. 그리고 이제는 선배라는 자리에서 대학생활과 찬양팀 생활을 하게 되었다. 이제는 무언가를 배우는 입장이 아니라 무언가를 배우려 하는 후배들을 가르치고 섬겨야 하는 자리에 올라서게 되었다. 그렇게 대학생활을 하던 중 어느 후배가 나에게 무심코 한마디를 던졌다. 나는 그 말을 듣자마자 심장에 강한 충격을 받은 것처럼 걸음을 멈춰 서 버리고 말았다.

"근일 선배님은 정말 열정이 넘치세요."

2년 전부터 내가 가장 갖고 싶었고, 듣고 싶었던 그 한 단어. '열정.' 그 이후 신기하리만큼 주위 사람들이 나에게 하는 말 속에 '열정'이 계속 들어가는 것이었다. 2년 전 정호 선배의 열정을 본받고 싶어 함께했던 그런 날들이 나의 언행에 자연스레 녹아든 것이었다. 삶의 배움이었던 것이다. 말더듬증으로 대인기피증, 무대공포증이 있었던 내가 이제는 열정의 사람이 된 것이다.

그 이후로 나는 만나는 모든 사람들에게 나의 열정을 쏟아부었다. 그리고 무엇을 하든지 간에 열정을 쏟아부었다. 신학생으로서 기도의 열정, 음악의 열정, 배움의 열정을 다했다. 사랑도 열정적으로 했다. 선후배 모두에게 나를 오픈해 보여 주었더니, 열정의 박근일이 된 것이다. 나에게 처음 열정을 가르쳐 준 한정호 선배는 지금 아내와 3명의 어린 자녀들을 데리고 이스라엘에 가 있다. 그곳에서 히브리어로 찬양인도 하며, 예배생활을 하고 있다. 지금도 여전히 그분은 나에게 열정을 보여 주고 있는 열정의 멘토다.

이제 나의 브랜드는 '열정 메신저'다. 무엇을 하든지 간에 가장 필요한 것은 열정이라고 생각한다. 나는 나를 만나는 사람들에게 내가 그토록 가지고 싶어 했던 열정을 나누어 주고 있다. 특히 삶을 쉽게 생각하고 귀찮다고 하는 10대에게 그런 열정을 전할 것이다. 이런저런 문제로 어린 나이에 삶을 포기하려 시도하는 청소년들이 수없이 많다. 나 역시 그랬던 적이 있었다. 그래서 그 친구들의 마음을 조금은 이해한다. 그러한 청소년들에게 나의 열정을 전할 것이다. 아직 너는 충분히 아름답고 멋진 인생을 살아갈 가치가 있다는 것을 알릴 것이다.

그리고 이제는 그 열정을 글로 표현해 책으로 나를 전한다. 사람들이 나의 이름을 다 몰라주어도 괜찮다. 이름보다 열정의 사람, 열정 메신저라고 불러 준다면 오케이다.

1년에 1권씩 책 출간하는
스타 작가 되기

어렸을 적 내 책장에는 책이 가득 꽂혀 있었다. 어머니께서 만화성경, 위인전 등 시리즈로 된 책들을 가득 사 주셨기 때문이다. 어른이 되어선 그 책들을 그리 크게 신경 쓰지 않았었다. 그런데 이 글을 쓰면서 떠올려 보니 깨달은 것이 있다. 지금 내가 이렇게 책을 쓸 수 있게 된 첫 번째 동기가 어머니께서 내 책장을 가득 채워 주신 때문이었다는 것.

초등학교 시절에는 만화성경과 위인전을 너무 재미있게 봤다. 책 속에는 내가 한 번도 보지도, 겪어 보지도 못한 상황들이 가득했기 때문이다. 유년시절 나에게 있어 책의 세계는 영화의 신세계와 같았다.

어렸을 적부터 취미를 소개할 때 늘 독서라고 했다(그런데 그 당시 유난히 다른 사람들도 취미가 독서라고 했던 걸로 기억된다). 중·고등학생 때는 말더듬증으로 인해 사람들과 어울리는 것을 그리 좋아하지 않았다. 집에서 혼자 책을 보는 시간이 더 재미있고 유익했었다.

대학생이 되어서는 도서관에서 늘 많은 시간을 보냈다. 도서관이 너무 좋았다. 오래 있어도 누가 뭐라 하지 않고, 관심 있는 주제와 관련된 참고도서들이 즐비했기 때문이다.

대학생 때부터 책을 더 좋아하게 된 이유가 따로 있었다. 좋지 않은 가정경제로 인해 읽고 싶은 책이나 수업 관련 도서를 마음껏 살 수 없었다. 그런데 도서관에 가면 그러한 책이 가득했던 것이다. 그래서 도서관에서 읽고 싶은 책을 빌려 읽다 보니 어느 순간 다독상도 받게 되었다.

그렇게 나는 가는 곳곳에서 다독상을 받게 되었다. 대학교 도서관이나 군대, 지금 거주하는 지역의 의성도서관에서도 수상하게 되었다. 책을 많이 읽는 것만으로도 나에게는 자아만족이 충분히 되었다. 그리고 다른 사람들에게 내가 읽은 책을 소개하고, 책의 좋은 글귀를 보내 주는 것이 나의 작은 행복이었다.

그러한 소소한 행복이 평생 갈 줄 알았다. 그런데 나의 사고의 식을 완전히 변화시킨 사람이 있었다. 도서관에서 우연히 집어 든 책 한 권이 나의 마음에 강력하게 들어왔다.《마흔, 당신의 책을 써라》. 너무 신기해 이 책의 저자가 쓴 책을 여러 권 읽어 보았다.《책을 쓴 후 내 인생이 달라졌다》,《꿈만 꾸어도 좋다, 당장 떠나도 좋다》등등.

책의 곳곳에서 저자는 책을 읽지 말라고 한다. 평생 독서해도 변화되는 것이 없다면서. 이상하지 않나? 여러분은 이런 말이 이해가 되는가? 나는 정말 이해가 되질 않았다. 지금껏 수많은 독서를 한 나의 자부심을 꺾어 버리는 말이었다. 조금 마음이 불편했다. 그런데 이후에 저자가 말한 한마디가 나의 마음에 강력히 꽂혀 버렸다. 그리고 나의 심장을 요동치게 만들었다.

"성공해서 책을 쓰는 것이 아니라 책을 써야 성공한다."

나의 심장을 진동기로 만든 분은 바로 김태광 작가다. 이분의 수식어는 너무 많아 다 쓸 수 없다. 23년간 200여 권의 책을 출간한 베스트셀러 작가, 8년간 900명의 작가를 양성해 낸 대한민국 1등 책쓰기 코치, 한책협 대표 코치, 출판기획자이자 출판계의 마이더스의 손.

그런 분이 말하는 것이 책만 읽지 말고, 본인이 직접 책을 쓰라는 것이었다. 다른 사람의 이야기에 감동만 하지 말고, 본인의 이야기를 풀어내 다른 사람들을 감동시키고 도전하게 하라는 것이다. 김태광 작가는 나이 들어 책을 쓰지 말고, 한 살이라도 젊을 때 책을 쓰라고 한다.

더 충격적인 것은, 이분에게 코칭을 받은 사람들은 빠르면 몇 주 아니면 한 달 만에 출판사와 계약하고 책을 펴낸다는 것이다. 그렇게 해서 평범했던 직장인이, 평범했던 주부가 작가로 변신해 화려한 인생 2막을 사는 것이다. 작가로 등극할 뿐 아니라, 퍼스널 브랜딩 코칭을 통해 1인 창업까지 나아가는 것이다.

정말 대박 아닌가? 이건 정말 놀라운 일이다.

이러한 일이 나에게도 벌어질 수 있고, 당신에게도 충분히 벌어질 수 있는 일이라는 데 나는 충격을 받았다. 이 글을 통해 처음 알게 된 분이 있다면 미리 축하한다. 당신도 작가가 될 수 있기 때문이다.

나는 2009년 싱가포르에서 살 때, 한 권의 영문 자서전을 읽게 되었다. 그 당시 미국 대통령이었던 버락 오바마가 쓴 자서전이었다. 그는 흑인과 백인 사이에서 태어난 혼혈아로서 인도네시아인 새아버지 아래에서 성장하는 등 끊임없이 정체성 혼란에 시달렸다. 하지만 정치에 대한 소명을 가지면서 진실한 인생관과 정치관을 갖게 되었다.

책에서는 그의 그런 면모를 엿볼 수 있었다. 흙수저 중의 흙수저로서 기적을 보인 미국 대통령의 자서전을 보면서 '나도 언젠가 나이가 들어 은퇴하면 나의 인생을 뒤돌아보는 자서전을 써야겠다'라고 생각했다.

2009년에 책 한번 써 보는 것이 평생소원이었던 내가, 김태광 작가님의 책에 영향을 받아서인지, 다 늙고 나서 쓰겠다는 자서전을 2019년 9월에 완성했다. 비록 출판용은 아니지만, 의성도서관에서 운영한 자서전 쓰기 프로그램을 통해 완성했다. 깜짝 놀라는 주위 사람들의 의도치 않은 큰 관심을 받았다. A4 60매 분량으로 나의 인생을 정리해 보았더니, 나 스스로 대단하고 대견스러웠다. 평범하다고 생각했던 나의 인생을 글로 풀어 보니, 결코 평범하지 않았다. 험난한 인생길을 꿋꿋이 걸어온 나에게 박수를 쳐 주고 싶었다.

어쨌거나 현재 나는 김태광 작가님을 책 스승으로 직접 만나고, 코칭을 받으며 책을 쓰고 있다. 그리고 '1년에 책 1권씩 출간하는 스타 작가 되기' 버킷리스트는 김태광 스승님을 통해 생각해 낸 것이다. 계속적으로 가르침을 받아, 책 1권만 내는 반짝 작가가 아닌 지속적으로 여러 다양한 책을 출간해 스타 작가가 될 것이다. 평범하다고 생각했던 나에게는 그간의 인생을 통해 쓸 책의 종류가 어마어마하게 많아졌다.

《청소년 자기계발 도서》
《말더듬 스피치》
《악플 말고 선플》
《젊은 목회자가 고백하는 이야기》
《그것이 알고 싶다, 구세군》
《좋은 아빠 10계명, 안티 아빠 10계명》

《좋은 아빠, 좋은 남편 두 마리 토끼를 잡아라!》

《이래도 책 안 읽을 거야?》

《청소년의 이성교제. 어디까지 가능할까?》

《청년의 연애와 결혼의 38선》

《청소년과 청년의 멘토 이야기》

《드림타임》

《청소년의 신앙혁명》

이렇게 책의 가제목까지 생각해 두었다. 아마 김태광 스승님을 만나지 않았더라면 나는 여전히 내 책이 아닌 다른 사람의 책만 소개하며 남의 배만 부르게 하는 사람이 되었을 것이다. 이제 나는 이 책을 시작으로 매년 책을 출간할 것이다. 그리하여 나의 또 다른 호칭, 박근일 작가가 되어 있을 것이다.

글을 쓰는 지금 이 순간에도 나는 혼자 엷은 미소를 짓고 있다. 이것은 꿈만으로 되는 것이 아닌, 꿈이 현실이 되기 때문이다.

그리고 이 지면을 빌려 꼭 감사의 표현을 하고 싶은 분이 있다. 책을 쓰면서 관련 도서를 구입하는 데는 생각 이상으로 많은 구입비가 들어간다. 이 부분에서 큰 도움을 주는 분이 있다. 나는 그분을 BOOK 후원자라고 부른다. 나에게 필요한 책을 직접 구입해 후원해 주시는 김은경 님께 진심으로 감사드린다. 앞으로도 평생 작가로 살아가려면 당분간 책 후원이 필요하다. 나는 반드시 베스트셀러 작가가 되어, 매년마다 나오는 나의 책을 김은경 님께 제일 먼저 증정할 것이다.

04

가족, 부모님 모시고
크루즈여행 가기

　나의 첫 해외여행은 대학교 1학년 때 과에서 단체로 중국 베이징을 간 것이다. 그리고 그 이후로 감사하게도 2년에 1개국 정도는 여행할 수 있는 기회가 주어졌다. 중국으로는 체육선교를 가게 되었고, 21세에 호주로 주일학교 사역을 가게 되었다. 그 당시만 해도 나는 여전히 말더듬증으로 인해 사람들과의 소통이 조금은 어려웠다. 하지만 어떻게든 갈 수 있는 여건이 만들어졌었다.

　그 이후에는 예수전도단 선교 훈련으로 인도에 2개월, 운양교회에서 필리핀 단기선교, 구세군 안양교회에서 인도네시아 단기선교를 다녀왔었다. 본격적으로 외국에서 경험을 쌓게 된 것은 2009년 싱가포르에 나눔과 섬김의 교회 학생부 전도사로 가면서부터였다. 싱가포르에 거주하는 동안 말레이시아, 인도네시아, 태국은 수없이 다녀왔다.

　처음 외국을 방문했을 때는 외국인과 마주치지 않는 것이 나의 일일 목표였다. 한국말도 잘 못하는데, 영어는 더 심했기 때문이다. 하지만 말더듬증을 이겨 내고 자유로운 사람이 된 후부터는 외국에 가는 것이 재미있었다. 영어를 잘하고 못하고를 떠나서, 외국인이 있으면 무조건 다가가 영어와 몸 언어를 통해서 상대방을 웃게 하는 것이 나의 목표가 되었다.

실제로 2010년 싱가포르 City Harvest Church의 SOT(School Of Theology) Course에서 있었던 일이다. 5개월 과정의 첫날이었다. 약 600명 중의 수강생 중에 한국인은 단 3명에 불과했다. 20명이 한 조로 정해졌는데, 내가 속한 조에 한국인은 당연히 나 혼자였고, 다국적의 수강생들이 모였다. 싱가포르, 말레이시아, 대한민국, 일본, 남아프리카공화국, 인도, 홍콩 사람들이었다.

나름 입학일이라고 한국 문화 스타일로 차려입고 갔는데, 나만 정장 차림이었다. 나머지 사람들은 모두 자유롭게 반팔 반바지를 입고 왔다. 나는 더 눈에 띄는 사람이 되어 버렸다. 그런데 영어로 자기소개를 하는 것도 힘들었다. 아주 기초적인 자기소개를 영어로 짧게 하고 그 후엔 부끄러워서 뒤에서 조용히 있었다. 하지만 2~3주가 지난 후에는 내가 그 20명을 이끄는 총무가 되었다. 그들의 분위기 메이커가 되었다.

영어실력은 전혀 문제되지 않았다. 그들과 소통하겠다는 마음가짐과 의지를 보이자, 그들도 마음의 문을 열었다. 우리는 자유롭게 식사하고 조별 토의도 문제없이 아주 즐겁게 할 수 있었다. 이처럼 나에게는 외국문화에 충분히 적응할 수 있는 능력이 생겼다. 말더듬증을 이겨 내고, 열정적으로 삶을 살아 낸 결과라고 생각한다.

아내와 결혼하고 알게 된 일이다. 아내는 신혼여행이 첫 외국여행이었던 것이다. 싱가포르와 말레이시아를 갔는데, 첫 외국여행인지라 한국에서의 당당함은 사라지고, 오로지 나만 믿고 졸졸 따라오는 것이었다. 신혼여행지에서 그런 모습을 보았으니 얼마나 더 사랑스럽고 귀여웠을지는 충분히 상상이 갈 것이다.

나는 외국인 친구들이 많은 싱가포르에 가서 내 아내를 소개하고 자랑하고 싶었다. 외국인에게는 내 아내를 자랑하고, 내 아내에게는 내가 외국에서 이렇게 좋은 친구들과 지냈다는 것을 자랑하고 싶었다. 처음에는 외국여행을 쑥스러워하고 당황하던 아내였지만 조금씩 적응하며 설레어하는 모습을 보였다. 나는 그런 아내를 보며 다짐했다. 쉽지 않은 형편이지만 자주 비행기를 태워 주고 외국여행을 가야겠다고.

첫째 딸을 낳은 후에는 9개월 된 아기를 안고 아내와 장모님을 모시고 다시 한 번 싱가포르에 여행을 갔다. 이번 여행의 목표 중의 하나는 장모님에게 첫 외국여행을 시켜 드리는 것이었다. 장모님도 그 당시 외국여행은 한 번도 가 보지 못한 상황이었다. 나는 멋진 사위의 모습을 보여 주고 싶었다.

가족만의 즐거운 여행을 하려 했지만, 싱가포르에 DAVID(나의 영어 이름)가 온다는 소식을 듣고 싱가포르 친구들이 여기저기에 식사 자리를 주선했다. 장모님과 아내는 영어로 대화해야 한다는 중압감에 조금 지쳐 버리고 말았다(이 글을 보는 독자들은 나와 같은 실수를 하지 않았으면 좋겠다. 여행은 힐링 하러 가는 거지, 바쁘게 움직이러 가는 것이 아니다).

아내가 가장 가고 싶어 하는 여행지는 베트남, 일본, 유럽이다. 아직 나도 가 보지 못한 곳이다. 언젠가는 가야지, 라고 생각하고 있었다. 언젠가라는 단어는 참 책임 없는 단어 중의 하나라고 생각한다. 확고한 목표의식을 가지고 가겠다는 강력한 의지를 품는다면 언젠가가 아니라 1년 후 또는 2년 안에, 라는 말로 목표가 조금 더 확고해지게 될 것이다.

2019년 11월에 나는 지금까지 알지 못했던 신세계 중의 신세계인 크루즈여행을 알게 되었다. 흔히 한국의 보통 사람들에게 크루즈여행은 귀족여행이고, 가격이 너무 비싸 평생에 한 번 갈까 말까 하는 여행으로 인식되어 있다. 물론 나에게도 역시 크루즈여행은 영화에서 보고 아는 정도였다. 그때 참 괜찮아 보여 인터넷으로 검색한 적이 있다. 하지만 크루즈여행 가격을 알고 바로 꼬리를 내렸다. 그러곤 언젠가, 죽기 전에는 한 번 크루즈를 타 봤으면 좋겠다는 생각만 했었다.

그런데 100억 자산가 김태광 스승님의 아내이자 베스트셀러 작가인 권동희 위닝북스 대표님의 책을 통해 나의 여행의식이 완전히 변화되었다. 나는 2019년 8월에 출간된 그녀의 《나는 100만 원으로 크루즈 여행 간다》란 책을 두 번 정독했다. 그리고 그녀가 운영하는 유튜브 〈권마담TV〉에서 크루즈여행과 관련된 영상을 2주 사이에 모두 시청했다. 놀라운 충격이었다. 예전에 내가 일반적으로 알아본 크루즈여행 가격에 비해 반가격도 안 되는 가격으로 4박 5일 동남아 크루즈여행을 갈 수 있다는 것을 확인했다. 책 한 권과 하나의 유튜브 영상으로 크루즈여행에 대한 두려움과 편견이 완전히 깨어져 버렸다.

〈크루즈 Q&A〉

Q. 배가 흔들리지는 않나요?

A. NO! 비행기와 자동차보다 더 안전하다.

Q. 배 안에만 있어 심심하지 않을까요?

A. NO! 배 안에 각종 액티비티 시설과 뮤지컬이 있다.

Q. 배 안의 식당 음식이 입맛에 안 맞으면 어떡하나요?

A. NO! 크루즈는 전 세계 사람들이 타는 배이기 때문에, 전 세계 각국의 맛있는 음식이 널려 있다. 24시간 뷔페가 있고, 5성급 식당이 있다.

Q. 크루즈여행 추가비용이 있어 비싸지 않나요?

A. NO! 우리가 다른 외국여행을 간다고 쳐도 분명 그 비용보다는 저렴하다. 배 위에 떠 있는 호텔, 24시간 식사, 뮤지컬, 수영, 카페 모든 것이 무료다.

Q. 배 안에 있는 숙소라서 불편하지는 않나요?

A. NO! 여행 가서 옮겨 다니는 호텔보다 훨씬 좋다.

Q. 하루 종일 바다만 보면 허전하고 심심할 텐데요?

A. NO! 크루즈여행을 다녀온 주위 사람에게 직접 물어보라. 배 안의 모든 시설, 프로그램이 매일매일 바뀌어 시간 가는 줄 모른다.

크루즈여행은 죽기 전에 꼭 한 번 가 볼까 말까 한 여행이 아니다. 크루즈여행은 버킷리스트에 꼭 한 번 가고 싶다고 적는 소원이 아니다. 크루즈여행 전문가인 권동희 대표님의 책과 유튜브 영상을 확인한다면, 크루즈여행은 더 이상 한 번이라도 가 보고 싶다는 소원의 대상이 아니다. 매년 가족과 함께 경제적인 부담을 크게 느끼지 않고 즐겁고 유쾌하게 갈 수 있는 여행이 바로 크루즈여행이다. 이미 아내에게 크루즈여행 책과 〈권마담TV〉 유튜브를 소개했다. 배를 무서워하는 아내도 책과 유튜브 그리고 직접 권동희 대표님의 크루즈 세미나를 참관하더니, 나보다 더 크루즈여행을 기다리고 있다.

우리 가족은 이미 2020년에 김도사 스승님, 권동희 대표님과 크루즈여행을 갈 계획을 세웠다. 아내 생일인 2019년 11월 13일에 크루즈에 회원 가입을 했다. 생일에 아내에게 구찌핸드백을 선물해 주고 싶었다. 하지만 그건 내년에 선물하는 걸로 했다. 올해의 선물은 크루즈 가입이다.

아마 아내는 자신의 생일선물이 크루즈 가입이었다는 것을 이 책을 통해 알게 될 것이다. 눈에 보이는 선물을 해 주지 않자 아내는 조금 서운해했다. 하지만 이 책을 보면서 생일날에 내가 왜 그리 조용했는지 알게 될 것이다.

이제 우리 가족은 매년마다 크루즈여행을 갈 것이다. 가족뿐만이 아니라, 양가 부모님을 모시고 갈 것이다. 특히 어머니와 장모님은 비행기를 많이 타 본 적이 없어 여행을 기다리신다. 그런 만큼 이제는 비행기가 아닌 멋진 크루즈로 안락하고 즐거운 힐링 여행을 떠날 것이다. 이 글을 쓰는 지금 이 순간에도 나는 콧노래를 흥얼거리며 미래의 크루즈에 탑승 중이다. 나와 함께 이 즐거운 크루즈여행을 떠나 보지 않겠는가?

05

작가로서 〈세바시〉에 출연하기

〈세상을 바꾸는 시간, 15분(이하 세바시)〉라는 CBS 방송 프로그램이 있다. 이 프로그램의 모토는 TED(Technology, Entertainment, Design)라고 할 수 있다. TED는 미국의 비영리 재단에서 운영하는 강연회다. 정기적으로 기술, 오락, 디자인 등과 관련된 강연회를 개최한다. 최근에는 과학에서부터 국제적인 이슈까지 다양한 분야와 관련된 강연회를 개최하고 있다.

강연회에서 강연은 18분 이내에 이루어진다. 이 강연 하나하나를 'TED TALKS'라 한다. "알릴 가치가 있는 아이디어(Ideas worth spreading)"가 모토다. TED는 미국뿐만 아니라 유럽, 아시아 등에서도 개최되고 있다. TEDx란 형식으로 각 지역에서 약 20분 정도의 독자적인 강연회를 개최하기도 한다.

1984년에 TED가 창립된 이후 1990년부터 매년 개최되었다. 특히 TED 강연회와 기타의 다른 강연회 동영상 자료를 2006년부터 웹사이트에 올려 많은 인기를 끌었다. 초대되는 강연자들은 각

분야의 저명인사와 괄목할 만한 업적을 이룬 사람들이 대부분이다. 이 중에는 빌 클린턴, 앨 고어 등 유명인사와 노벨상 수상자도 많이 있다.

〈세바시〉의 슬로건은 '나로 시작해 우리로 열리는 이야기'다. 나의 경험과 생각이 '우리'라는 공동체와 세상을 더 좋게 만들 것이라는 믿음을 담고 있다. 〈세바시〉는 세상을 더 나은 곳으로 만들기 위해 교육이라는 다음 걸음을 내딛는다. 다양한 주제를 다루는 〈세바시〉 강연자들을 통해 많은 사람들에게 동기부여를 해 주고 있다. 또한 시청자들이 관심 있어 하는 주제에 대한 전문가의 강연을 통해 자세한 정보를 알려 준다. 시청자들은 현장에서 바로 적용할 수 있는 실무지식부터 풍성하게 교양을 채워 주는 인문학까지 다양한 콘텐츠를 제공받을 수 있다.

내가 직접적으로 〈세바시〉에 푹 빠지게 된 계기가 있다. 바로 2013년 11월 말에 〈세바시〉 335회에 출연했었던 김창옥 교수(서울여대 기독교학과 겸임교수)의 강연이다. '그래, 여기까지 잘 왔다'라는 제목이었다. 김창옥 교수가 한 말을 여러분과 나누고자 한다.

"삶이 언제나 즐겁고 평탄할 수는 없습니다. 때로는 거친 오르막길을, 때로는 메마른 사막 같은 곳을 지나야 할 때도 있습니다. 가족 때문에 힘들기도 하고, 친구로 인해 상처를 받을 때도 있습니다. 그런 세월의 흔적들이 켜켜이 쌓여 온 것이 우리네 인생입니다. 그래도 잘 왔습니다. 잘 견디고, 이겨 내고 잘 왔습니다. 여러분 여기까지 잘 왔습니다."

이 이야기를 듣는 중에 나의 눈에는 의도치 않은 눈물이 흐르고 있었다. 분명히 재미있게 웃으면서 이분의 강연을 듣고 있었는데. 이 대목이 나의 마음을 어루만져 주었다. 누구에게서도 들어 보지 못한 말이었다. 이 땅에 태어나서 나름 열심히 살고자 했다. 하루하루 최선을 다하며 지금까지 걸어왔다. 나에게 칭찬해 줄 여유도 없이 정신없이 바쁘게 인생을 살아온 것이다.

이것은 나뿐만 아니라, 아마 대부분의 사람들에게도 해당될 것이다. 정신없이 살다 보니, 여기까지 와 있는 것이다. 그러한 우리의 인생에 대해 스스로 말한다. "그래, 여기까지 잘 왔다." 이 강연 유튜브 영상 누적 뷰는 66만 회를 찍었다. 김창옥 교수는 이 강연 하나로 전국구로 사람들의 마음을 어루만져 주는 강사가 되었다. 일약 스타가 된 것이다. 그 후로 나는 〈세바시〉의 여러 영상을 찾아보았다. 영상들은 나에게 많은 지식을 전달해 주었다. 나는 새로운 세계에 대한 이야기를 들을 수 있었다.

그리고 이제는 내 꿈의 목록에 〈세바시〉를 집어넣었다. 베스트셀러 작가가 되어 〈세바시〉에 강연자로 출연하는 것이다. 오래전부터 생각해 왔다. 하나의 꿈으로 생각해 오다 실제 상황에서 당연히 벌어질 일이라고 스스로에게 말해 왔다. 〈세바시〉 무대를 볼 때마다 저 무대의 다음 순서는 바로 나라고 계속 확언해 왔다.

이 글을 보는 나의 지인 몇몇은 비웃거나, 가당치도 않은 일이라고 말할 수도 있겠다. 상관없다. 어찌 보면 그러한 사람들이 더 많아도 괜찮을 것 같다. 그리고 나를 직접 비웃어 줬으면 더 좋겠다. 그러할 때마다 나에게는 더 강력한 동기부여가 될 것이니까.

나의 꿈은 내가 꾸는 것이지, 다른 사람이 대신 꾸는 것이 아니다. 나의 꿈은 다른 사람이 판단하기 전에 내가 판단할 자격이 있다. 다른 사람의 말은 참고사항일 뿐 절대적인 것은 아니기 때문이다.

나의 보물지도 다섯 번째는 베스트셀러 작가로서 〈세바시〉에 출연해 청소년의 꿈을 격려하고 동기부여 하는 것이다. 그것도 단 15분 만에 말이다. '생각하고, 상상하고, 행동하라.' 이것이 보물지도의 단계다. 나는 오래전부터 〈세바시〉 무대에 서는 것을 생각해 왔고, 베스트셀러 작가로 내 사진과 이름이 소개되는 것을 상상해 왔다. 그리고 지금 그것을 이루기 위해 책을 쓰고 있다. 현재 청소년에게 들려줄, 꿈에 대한 동기부여 개인저서를 집필 중이다.

15년 전까지만 해도 나에겐 청중 앞에 설 수 있는 사람의 자격 요건은 단 한 가지도 없었다. 말더듬증이 심했고, 자신감은 제로인 상태에 열등감과 두려움은 언제나 절정인 상태였다. 그럴 때 나에게 용기를 심어 준 사람이 있었다. 미국의 오프라 윈프리였다. 아니, 정확하게 말하면 그녀의 과거였다.

그녀는 까만 피부의 흑인이다. 100킬로그램의 뚱뚱한 몸매를 가졌었다. 지독히 가난한 어린 시절을 겪었다. 결혼하지 않은 부모 사이에서 태어났고, 9세에 사촌 오빠에게 강간을 당했다. 14세가 될 때까지 친척들의 계속적인 학대를 당했다. 그러다 14세에 미혼모가 되었다. 그리고 2주 후에는 아기의 죽음까지 겪었다. 이보다 불행한 과거를 가진 사람은 찾아보기 힘들다.

그런데 지금은 어떠한가? 토크쇼의 여왕, 자산 6억 달러의 갑부, '하포 엔터테이먼트 그룹'의 대표다. 그녀는 미국 최고의 비즈니스 우먼 2위와 세계 10대 여성의 선두에 선정되기도 했다.

누구보다 어려웠던 과거를 이겨 내고 그녀가 성공할 수 있었던 비결 중의 하나는 바로 감사일기 적기와 지적 탐구다. 윈프리의 아버지는 그녀의 어린 시절 일주일에 책 한 권은 반드시 읽게 할 정도로 독서를 중요시했다. 그래서인지 그녀가 괜찮다고 추천하는 책은 순식간에 베스트셀러가 된다. 이를 두고 '오프라 현상'이라고 할 정도로 독자들에게 미치는 영향은 어마어마하다.

"독서가 내 인생을 바꿨습니다."라는 그녀의 말 한마디가 수백만 명으로 하여금 책에 관심을 갖게 한다. 팬들은 그녀가 골라 준 책에 우르르 달려든다. 세계적으로 인기가 있던 오프라 쇼의 인기 비결은 한마디로 그녀의 아픈 과거와 이에 대한 그녀의 진솔한 고백에 있다. 방송 중에 예정에도 없이 스튜디오 이곳저곳을 활보하거나 박장대소하는 그녀의 모습에 시청자들은 틀에 박힌 기존의 형식과 권위가 아닌 자유를 느낀다.

최소한 오프라 윈프리의 과거보다는 내가 낫다고 생각한다. 그렇다면 나에게도 충분히 그렇게 될 수 있는 가능성이 있다는 뜻이다. 이제 그 가능성을 실현시킬 수 있는 것은 바로 나 자신이다. 스마트폰 어플로 감사일기를 매일 쓰고 있다. 독서량은 누구에게도 뒤처지지 않는다고 생각한다. 그렇다면 나도 분명히 할 수 있는 것이다.

현재 유튜브를 통해 〈책 소개팅〉 방송을 하고 있다. 내가 읽은 책 중에 괜찮은 책을 직접 방송에서 소개하며, 사람들 사이에 독서 운동을 일으키고 있다. 유튜브에서 '열정 메신저'를 검색하면 내 이름이 제일 먼저 뜬다. 유튜브의 편집기술을 전혀 모르기 때문에 그냥 녹화만 하고 있다. 하지만 점차 하나씩 기술을 익혀 고급 영상도 선보일 것이다.

나도 개인적으로 틀에 박힌 방식이나 형식에 얽매이는 것을 굉장히 좋아하지 않는다. 〈세바시〉에 출연해 자유롭게 나의 과거를 오픈하고 어둠 속에 있는 청소년을 세상 속으로 초대할 것이다. 나의 말이 청소년의 손을 잡아 줄 것이다. 혹시 아는가? 이 책을 〈세바시〉 관련자가 보게 될지. 그러면 나에게 전화 한 통 부탁

한다. 010.4928.5271로 언제든 연락 바란다. 준비된 작가로서 담금질하고 있겠다. 두근거린다. 책에 나의 꿈을 공개적으로 썼으니, 이제는 빼도 박도 못한다. 뒷걸음질은 없다. 앞만 보고 달려간다. 〈세바시〉 출연의 다음 목표는 나의 개인저서에 공개하겠다.

이렇게 나의 보물지도 다섯 가지를 적어 보았다.

1. 말더듬 스피치를 극복한 강연가 되기
2. 청소년 열정 메신저 되기
3. 1년에 1권씩 책 출간하는 스타 작가 되기
4. 가족, 부모님 모시고 크루즈여행 가기
5. 작가로서 〈세바시〉에 출연하기

이것은 나의 희망사항이 아니다. 이렇게 이루겠다는 나의 선포다. 하나하나씩 나는 이루어 갈 것이다. 나의 심장박동이 빨라졌다. 이제는 이 책을 보는 독자 여러분의 보물지도를 적어 볼 차례다. 이 책에 여백은 얼마든지 있다. 이 여백에 여러분의 보물지도를 적어 보지 않겠는가? 쓰는 것은 돈이 들지 않는다. 생각하고 상상하는 것 역시 돈이 들지 않는다. 자! 이제 당신 차례다.

PART 10

지식과 사고 능력을 스스로 향상시키는 크리에이터이자 작가로 살기

– 임기린

임기린 프랜차이즈창업마케팅연구소 소장, K창업연구소 이사, 한국강사은행 부총재, 국제서비스협회 전임교수, 한국열린사이버대학교 특임교수, 상가분석사, 행복코칭지도사, 독서코칭 심리상담사, 스피치리더십 지도사

20번의 창업을 통해 성공과 실패를 경험하면서 겪은 스토리를 통해 사람들에게 도움을 주고 동기부여해 주는 것이 목표다. 현재 '인생 2막, 어떻게 살아갈 것인가'를 주제로 개인저서를 집필 중이다.

01

언제나 도전하며
전진하기

　일체유심조(一切唯心造)라는 말이 있다. 세상 모든 것은 내가 마음을 어떻게 먹느냐에 따라 다르게 다가온다는 것이다. 내가 긍정적인 눈으로 세상을 바라보면 세상도 긍정적으로 보이고 긍정적으로 변한다. 그러면서 나에게 많은 기회의 문이 열린다. 모든 것이 마음으로 통찰해 보이는 경계다. 마음을 통해 생명의 충만함을 깨닫는 경계다. 곧 유심은 절대 진리인 참마음과 중심의 마음을 포괄하는 것으로 일심과 같은 뜻이다. 그런 만큼 부정적인 눈으로 세상을 바라보면 세상 사람들도 나에게 부정적으로 다가온다. 그리고 모든 기회의 문도 닫히게 된다.

　그러므로 자신이 어떤 생각으로 세상을 바라보느냐, 이것이 중요하다고 생각한다. 세상일이 잘 안 풀릴수록 더 많이 고민하고 생각하고 노력해야 하는 이유다. 내 인생을 어느 방향으로 향하게 할 것인가는 자기 자신이 주인이 되어 결정할 과제이자 결과다.

어느 정해진 목적지를 향해 길을 가거나 항해할 때 내가 진정으로 원하는 목적지를 향해 전진하는 것이 아닌, 전혀 다른 목적지를 향해 가거나 중도에 포기하는 경우가 있다. 이럴 때 나는 새로운 다짐과 각오로 도전했다. 실패하면 재도전했다. 나 자신도 그런 경우가 수없이 많았다. 자신감의 결여, 뚜렷한 목표의식의 부족, 나태, 태만, 게으름으로 인해 좌절하거나 포기했다.

누구나 새로운 모험을 해야 할 경우 큰 부담을 느낀다. 이때 자신의 확고한 믿음이 없다면, 언제나 불안할 수밖에 없다. 생각으로만 가득 차 있고 행동하지 않으면 무미건조하게 시간만 흘러갈 뿐이다. 인생을 아무런 성취 없이 살아가게 된다. 그것은 곧 살아가는 이유가 불분명하기 때문이기도 하다.

진정으로 내가 충분히 가치 있는 존재라고 생각한다면 당신이 세운 꿈과 목표를 향해 믿음을 가지고 도전하고 전진하라. 당신은 지금까지 살아오면서 많은 생각들의 문을 닫아 버린 채 시도조차 해 보지 않고 사장시켜 버린 일들이 무수히 많지 않았던가.

나는 행운의 여신이 나를 향해 달려오고 있다는 믿음과 신념을 가지고 끊임없이 꿈과 목표를 향해 도전하고 행동했다. 그러다 보니 나의 삶은 한 단계 한 단계 계속해서 발전해 나가고 있었다.

나는 꿈과 목표를 향해 비상의 날개를 펼쳐 볼 시작조차 해 보지 않고 두려움과 공포에 잠겨만 있다면 언제 저 창공을 향해 날아갈 것인가, 라는 질문을 스스로에게 했다. 나는 무엇을 하든 어디에 있든 나는 누구인가, 나는 무엇을 할 것인가, 나는 무엇을 남길 것인가를 기억하고 되뇌고 행동하고 실천하며 살아왔다.

그러면서 늘 새로운 것에 호기심을 갖게 되었다. 그리고 그것을 통해 지식을 얻고 내 것으로 만들어 가려고 끊임없이 노력했다. 그동안 목구멍이 포도청이라고 먹고사는 것만이 최우선이다. 열심히 사는 것만이 인생의 최고의 목표다. 그렇게 생각하며 경쟁사회에서 뒤처지지 않고자 사랑하는 아내와 열심히 살아왔다.

아내는 자신의 사업장에서 나는 나의 사업장에서 각자가 맡은 일에 최선을 다하며 삶을 살았다. 그러다 보니 두 자녀에게 큰 사랑을 주지 못했다. 지금도 성장한 자식들을 볼 때마다 미안한 마음에 가슴이 찡하다.

그러한 환경 속에서도 단 한 번도 투정을 부리거나 말썽 피우지 않고 건강하고 씩씩하게 자라 온 자식들이 고맙고 감사하다. 지금도 그때를 생각하면 나도 모르게 웃음이 나오는 일이 있다. 아내가 지하 점포에서 만화방을 운영하던 때였다.

우리 가족은 지하 점포에 있는 작은 방에서 생활하며 지냈다. 그런데 내가 살던 지역에 삼익 씨름단 선수들이 숙식하며 훈련하는 장소가 있었다. 그중 몇 명의 선수가 아내 가게의 단골손님이었다. 하루는 가게 문을 닫으려 하는 늦은 시간에 그중 한 명의 선수가 와서 만화를 대여하려고 했다. 그러자 작은아들이 그 친구에게 "정신 차려 이 친구야."라고 말하는 것이었다. 그 말에 그 사람도 껄껄 웃으면서 "맞아, 나 정신 차려야지."라고 말했다.

그때 한창 유행하던 노래가 김수철의 〈정신 차려〉라는 노래였다. 그렇게 천진난만했던 두 자녀는 지금은 결혼해 개인사업자등록증을 가진 자영업자가 되었다. 그렇게 열심히 살아가고 있다. 열심히 살아 온 만큼 주위 사람들은 나를 두고 나름 성공했다고 한다. 그러나 아직 은행 대출금도 남아 있고 노후가 안전하게 준비되어 있는 상황은 아니다. 나이가 들어 가면서 내가 원하던 삶은 이것이 아닌데 하고 깨닫고 있다.

몇 년 전부터 새해가 되면 그해에 꼭 하고 싶은 버킷리스트를 하나하나 써서 책상 위에 붙여 놓았다. 그것을 수시로 보면서 나 자신과의 약속을 지키겠다고 굳은 다짐을 했다. 그리고 버킷리스트를 하나하나 이룰 때마다 자신감을 얻고 어느 때보다도 기쁨과 행복감이 충만했다.

가정형편이 어려워 간절히 바라던 대학을 가지 못한 것이 가슴속의 응어리가 되었다. 무엇인가 허전하고 허공을 맴도는 기분으로 살았다. 늘 대학 진학의 꿈을 마음속에만 담고 있었다. 그러다 꼭 정규대학에 가야만 하는가, 라고 나 자신에게 질문하게 되었다. 인터넷을 통해 사이버대학이 있다는 정보를 얻은 것은 그즈음이었다.

나는 그동안 스무 번 이상 창업하면서 실패와 성공을 거듭했다. 실전에 뛰어들어 부딪치면서 경험만 쌓았을 뿐 이론 지식이 부족했다. 그렇게 우리나라 최초의 사이버대학인 한국열린사이버대학 창업경영컨설팅학과에 입학하게 되었다. 실전에서 직접 부딪치면서 깨닫고 느낀 점이 많아 공부하는 과정은 재미와 흥미로 가득했다.

내가 좋아하는 글 중에 이런 글이 있다. '아는 것이 힘이 아니라 실천하고 행동하는 것이 힘이다.' 배움은 지속적으로 갈고닦는 것이라는 사실을 또 깨달았다. 그렇게 도전정신은 언제나 내 가슴속에서 꿈틀거렸다.

나 자신의 버킷리스트를 만들고 실천해 나가면서 하루하루 삶의 보람을 느꼈다. 행복감도 찾아왔다. 실패로 밑바닥까지 갔을 때는 내 인생은 마지막이구나, 한탄하며 다른 곳으로 도망치고 싶기도 했다. 수개월간 아무것도 할 수 없었을 만큼. 참담한 실패로 나는 어머니, 가족, 형제들에게서조차 도망치고 싶었다.

하지만 마음속에서는 꼭 이루고야 말겠다는 신념이 불타오르고 있었다. 그러면서 천천히 생각에 잠겨 보았다. 하지만 그 욕망을 자제하지 못했다. 실패조차 내 마음을 꺾지 못했던 것이다.

나는 여러 번 실패했다. 하지만 도전정신 하나만은 식지 않았다. 다시 시작하는 거야, 라고 다짐하고 다짐하면서 그 무엇인가를 갈망하며 끊임없이 노력했다.

그때는 몰랐지만 지금 돌이켜 보면 몇 번의 실패가 내 인생 최고의 사건이었다. 나를 변화시키는 과정이었다. 창의력을 최고로 발휘하도록 하는 발판이 되어 주었다. 지금은 비록 큰 부자는 아니지만 행복하고 하루하루가 보람되고 활력이 넘친다.

실패의 경험이 없었다면 지금 내가 존재하고 있을까. 그 경험은 내게는 큰 고통이고 아픔이었다. 하지만 나의 인생의 한 과정이었고 필요했던 부분이라 생각한다.

때로는 인생이 여러분을 배신하더라도 결코 믿음을 잃지 말길 바란다. 실패 속에서도 계속 나아갈 수 있었던 것은 내가 하는 일을 믿고 사랑했기 때문이다. 여러분도 사랑하는 일을 찾아야 한다. 자신이 하고 싶은 버킷리스트를 써 놓고 작은 것부터 하나하나 이루어 나가 보라. 그러면 여러분 삶의 많은 부분이 채워질 것이고 진정한 만족을 얻을 것이다.

'지금 하고 있는 일을 사랑하는가?'

'세상에서 가장 아름다운 것은?'

'당신에게 행복이란?'

'살면서 가장 후회되는 일은?'

숨 돌릴 틈 없이 삶을 살아 내고 있는 당신. 잠깐만 멈춰 서서 내가 누구인지 스스로 질문하고 답을 찾아보라. 지금 당장 버킷리스트를 쓰라. 여러분, 사랑합니다. 고맙습니다. 감사합니다.

02
선한 영향력을
행사하며 살기

    기독교는 네 이웃을 사랑하라고 했고 불교는 자비로운 마음을 가지고 살라고 했다. 사랑과 자비를 실천하며 사는 것이 진정 가치 있는 삶이다. 사랑과 자비를 베풀면서 사는 것은 다른 말로 표현하면 세상에 선한 영향력을 미치는 것이다. 사랑과 자비는 나와 남을 비롯해 세상에 선한 영향력을 행사하는 것이다. 선한 영향력을 미치는 인생은 행복하다. 행복에는 자기만족에서 오는 행복, 그리고 타인의 감사와 인정에서 오는 행복이 있다.

    우리에게는 타인에게 호의를 베풀 때 스스로 느끼는 만족감이 있다. 타인에게 사소한 것을 해 줄 때도. 시간 또는 물질로 다른 이들에게 선한 영향력을 미치며 느낄 수 있는 자기만족감은 실천해 본 사람만이 아는 것이다.

    다른 사람들을 통해 느끼는 행복이 있다. 나를 통해 인생이 바뀌어 내게 고맙다고 인사하는 것을 보며 느끼는 만족감이다. 자리를 양보해 주면 '감사합니다'라고 말한다. 지나가는 한마디지만 기분이 좋아진다.

나는 가끔 나의 창업 성공비법 강의를 통해 매출이 향상되었다고 하는 감사인사를 받는다. 그럴 때면 너무나 큰 감동을 받는다. 창업의 성공비법 강의를 통해 누군가의 성장을 돕는다는 사명감과 자부심을 느낀다. 누군가를 성장시키고 인생을 바꾸어 줄 수 있다는 것이 얼마나 큰 행복인지 모른다.

행복은 아주 거창하거나 대단한 것이 아니다. 인생을 살아가면서 작은 행동, 언어 등 소소한 영역에서 먼저 느낄 수 있는 부분이다. 우리들 주변의 작은 일들에 선한 영향력을 끼치겠다는 마음으로 살아가면 매일이 행복할 것이다.

선한 영향력을 행사하는 방법은 각자의 능력과 재능에 따라 다를 것이다. 누군가는 물질로, 누군가는 시간으로, 노동으로 또는 자신의 특별한 재능으로, 온기를 느끼는 따뜻한 말로써 선한 영향력을 행사할 수 있다.

나는 선한 영향력을 통해 성장하는 내 모습이 참으로 놀랍다. 하찮고 별 볼일 없을 것 같은 내 삶에서도 행복감을 느끼게 된다. 작은 것이라도 나누기 시작하니 성장하는 내가 보인다. 스스로에게 부끄럽지 않도록 동기부여가 되었다.

제대로 나누려고 스스로를 가다듬었다. 그러자 주위의 사람들이 나를 바라보는 시선도 많이 달라졌다. 시간이 흐름면서 나는 능력 있는 사람으로 인정받기 시작했다. 원해서가 아니더라도 선한 영향력은 언젠가 자신에게 돌아온다. 스스로 믿고 실천하기만 하면 된다.

선한 영향력을 미치려고 노력하는 삶은 많은 성장을 가져다준다. 그것을 깨닫게 된 것은 여러 가지 경험을 통해서였다.

아버지의 사업 실패로 가정을 힘겹게 꾸려가야 했음에도 어머니는 집에 찾아오는 걸인들에게 먹을 음식을 나누어 주었다. 뿐만 아니라 씻기고 옷을 입혀 보내 주는 선한 영향력을 행사했다. 어머니는 '나에게 남는 것을 남과 나눈다'를 넘어서서 '내가 가진 모든 것을 남과 나눈다'라는 진정한 나눔의 정신을 몸소 행동으로 옮기셨다. 그리고 그런 어머니의 모습은 내 가슴에 영원히 선한 영향력으로 남았다. 그것이 첫 번째 깨달음이었다.

성장을 목적으로 선행을 하지 않더라도 선한 영향력은 성장을 촉진한다. 성장은 선한 영향력을 행사할 때 덤으로 얻게 되는 선물이다.

누구에게나 자신이 가진 재능이 있을 것이다. 아까운 재능을 썩히지 말고 주변 사람들과 나누어 보자. 상상하지도 못한 놀라운 일들이 생길 것이다.

오랫동안 나는 나 하나 잘 살자는 목표를 가져 왔다. 그러다 많은 사람들에게 실패를 통해 얻은 지식과 성공을 통해 습득한 경험들을 나누어 주고 싶다는 새로운 목표가 생겼다. 부자가 되기 위해서 사는 삶과 남을 돕기 위해 사는 삶은 분명히 다르다. 부자가 되는 것은 남을 돕기 위한 방법이다. 축척한 부를 통해 다른 이들을 돕는 것이다. 부자 또한 다른 이들을 도우는 과정을 통해 성장하게 된다. 부를 축척하면서 남을 돕고, 남을 도우며 부를 축척하게 되는 것이다.

심리학자 빅터 프랭클이 쓴 《삶의 의미를 찾아서》에는 '인간의 주된 관심은 즐거움을 얻거나 고통을 피하는 게 아니라 삶에서 의미를 찾는 것이다'라는 말이 나온다. 내가 의미를 만들어 내고 있는지 또는 의미를 경험하고 있는지 어떻게 알 수 있을까. 최고의 답은 선한 영향력이다.

우리는 마음을 열고 솔직하게 사랑했는지, 다른 사람들에게 주었어야 마땅한 시간과 관심을 주고 포용하고 사랑했는지, 주위 사람들에게 무엇으로 기여했는지로 인생의 의미를 확인 할 수 있다.

남이 잘되게 하는 일은 자신에게도 좋은 일이다. 또한 자신이 하는 일에 의도를 가지고 가치 부여를 스스로 할 때, 나 아니면 어떤 누구도 이 일을 할 수 없다는 사명감으로 살 때 성공적인 사람이 되는 것이다. 그러면 부와 명예와 사회적 인지도는 저절로 따라오는 것이다.

남을 돕는다는 것에 거부감을 느끼는 사람도 있을 것이다. 나 또한 기부에 인색한 사람 중 한 명이었다. 돕는다는 것은 무조건적인 관용이 아니다. 돕는 것에도 다양한 방법이 있다.

나와 남을 비롯해 세상에 선한 영향력을 끼치는 것만큼 좋은 일은 없다. 다만 '나는 주변 사람들에게 나눌 것이 없어요', '나는 특별한 재능이 없어요'라고 자신을 낮추는 사람들이 많을 뿐이다. 자신감이 없는 것이다. 이는 두려움 때문이다.

누구에게나 특별한 재능이 있는 법이다. 가장 좋은 나눔은 성장이다. 누구나 성장을 원하지만 성장하는 방법을 모른다. 선한 영향력은 결국 자신의 성장을 가져온다. 다른 사람들과 함께 나누며 성장한다. 성장은 두려움을 이겨 내는 가장 강력한 도구다.

요즘은 나눔의 채널이 다양하다. 먼저 직접적으로 주변 사람들에게 나누어 줄 수 있다. 뿐만 아니라 관공서, 장애인 시설, 요양원, 노인병원, 소셜 미디어를 통해서나 유튜브를 통해서도 얼마든지 나눌 수 있다. 나누면 나눌수록 영향력이 커진다.

나는 매일 타인을 위한 배려가 나의 성장으로 되돌아오는 놀라운 일을 경험하고 있다. 선한 영향력은 많은 사람들이 행동으로 옮길 때 배가 되고 위력을 발휘할 수 있다. 그에 따라 국가와 사회가 발전되고 성장한다.

나는 선한 영향력을 행사하는 작가, 강사, 유튜버로서 의미 있고 가치 있는 삶을 살아갈 것이다.

03

베스트셀러
작가 되기

인생의 진정한 변화와 성장을 촉진시켜 주는 보물을 책을 통해 찾을 수 있다는 확신과 믿음을 가지게 된 동기가 있다. 바로 고등학교 시절 임승학 선생님의 방학 과제 때였다. 선생님은 신문의 사설란을 읽고 필사해 오라고 했다.

나는 평소 신문을 보거나 책을 읽는 것은 시간낭비라고 생각했다. 그런 나에게 신문 사설 읽기와 필사는 사회가 전하고자 하는 메시지가 무엇인지 알 수 있게 해 줬다. 또한 그날의 이슈와 화제도 알 수 있었다. 그렇게 지식도 쌓고 글도 읽고 쓰기도 하면서 나는 변화되어 갔다.

작은 변화의 씨앗에 영양분을 공급하고 사랑과 관심을 가지면서 나는 글쓰기의 매력에 푹 빠졌다. 그러곤 내 안에 숨겨진 꿈을 찾게 되었다. 나의 이야기를 책으로 써서 사람들의 마음을 얻고 싶어졌다.

나는 이제 '나'를 세상에 내놓기 위해 필요한 것이 무엇인가 고민했다. 가슴을 뜨겁게 만드는 것이 무엇인지 스스로 질문하고 답했다. 아~ 나도 작가가 되겠다. 그렇게 글을 쓰며 살아가는 삶에 의미와 가치를 부여하는 목표를 세웠다. 하지만 모든 사람이 자신이 바라는 대로 살 수는 없는 것이다. 그렇듯이 하루하루 치열하지만 의식 없이 직장인과 개인사업자로 살면서 꿈에 대한 열정과 기억은 희미해지고 말았다. 목표는 뒷전으로 미루어지고 뿌연 안개처럼 희미해져만 갔다.

그러던 어느 날 꿈이 다시 지펴지기 시작했다. 그것은 대학 동기 10명이 정부 지원 사업의 북 펀딩을 통해 공저를 출판하면서였다. 교보문고에서 북 콘서트의 강연회와 사인회를 바라보면서 나도 해낼 수 있네, 라는 자신감이 생겼다. 이는 내 꿈을 펼쳐 나가는 계기와 발판이 되었다.

세상을 살아가면서 문득 지금이다, 라고 생각한 때가 있었을 것이다. 하지만 생각에 그치고 막상 행동에 나서지 못함은 게으름이나 불안, 자신감의 부족 때문이 아닐까.

많은 사람들은 이득이 주는 기쁨을 안다. 그러면서도 당장 이루어지지 않으면 크게 와 닿아하지 않는다.

남들과 같이 나도 그렇게 생각하고 행동하며 살아왔다. 수많은 사람들이 지나쳐 버리는 소중한 시간을 값지게 생각지 않았다. 기존 습관과 타성에 젖어 안일하게 인생을 흘려보내고 있다. 과연 그런 삶이 내 장래의 꿈을 실현시키고 나를 행복하게 해 줄까.

지금 글쓰기를 하면서 나의 가슴이 떨리고 뜨겁게 욕망이 불타 오른다. 과거에는 어떤 것을 해도 경험하지 못했던 감정이다. 이것 이 진정 내가 하고 싶었고 원했던 것이기 때문이다.

나중에 지나온 인생을 돌아볼 때 지금의 결정이 나에게 최고의 선택이었다고 자부할 수 있을 것이다. 원대한 목표와 비전을 품고 가 는 길은 험난한 가시밭길일 것이다. 하지만 힘들고, 고통스러움이 와 도 내 꿈을 추구하는 가슴 뛰는 삶을 살고 나답게 살아가고 싶다.

미국의 작가 엘리카 마로프는 다음과 같은 말을 했다.

"가난은 내가 저지르지 않은 범죄로 받는 형벌과 같다."

나의 부모님은 가난에 허덕이며 살았다. 나 또한 가난을 겪고 배고프고 허기진 삶을 살았다. 그렇게 없는 자의 서러움이 무엇인 지 알면서 성장했다. 때문에 성공에 대한 갈망의 끈을 단 한 번도 놓지 않고 살아왔다. 그런 만큼 나는 베스트셀러 작가가 될 것이다. 그래서 내 사랑하는 가족과 소외되고 고통 받고 어렵게 살아가는 이들에게 선한 영향력을 끼치는 메신저로 살아갈 것이다.

지금도 두텁게 친분을 맺고 만나는 사람들에게 내 꿈과 목표를 소통하고 있다. 꿈을 향한 노력에 주변 사람들이 보내 주는 지지와 격려는 베스트셀러 작가가 되고자 하는 나에게 강력한 원동력이 되고 있다.

누구에게나 타고난 기질과 자신에 맞는 재능이 있다. 나는 무언가 하고자 하는 도전정신 하나는 강하다. 새로운 것에 도전할 때마다 호기심과 설렘으로 살았다. 우리의 삶은 수많은 이야기로 이어진다.

나의 이야기가 다른 누군가의 마음을 돌리기 위해선 스토리텔러가 되어야 한다. 우리 스스로 '마음을 움직이는' 이야기꾼이 되어야 한다.

나의 이야기를 책으로 써서 사람들의 마음을 얻고 움직이게 하고 싶다. 내 안에 숨겨진 꿈을 찾게 되어 기쁘고 행복하다. 더욱 발전되고 성장하기 위해서는 필요한 것을 배워야겠다고 결심했다. 그래서 올해 독서 코칭지도자 자격증도 취득했다. 또한 많은 사람들에게 꿈과 목표를 전달하는 명강사가 되고자 가천대학교 명강사 과정 1기도 수료했다. 그렇게 내실을 굳건히 다졌다. 나에게 남은 것은 실행으로 옮기는 것뿐이다.

많은 사람들은 늦었다고 하면서 시도조차 하지 못하는 일이다. 이것을 나는 예순이라는 나이에도 절대 늦었다고 생각하지 않고 끊임없이 노력하고 있다. 어느 때는 나 스스로에게 대견스럽고 자랑스럽다, 라고 칭찬해 준다. 머리와 가슴에 늘 간직하고 있는 보석 같은 구절이 있다. '이루어진다, 꼭 이루어진다.' 이런 명구 말이다.

'가난은 돈이 아니라 희망이 없는 것이다'라는 말이 있다. 꿈, 희망이 없다는 것은 곧 죽은 생명체와도 같은 것이다. 희망을 가지고 도전하는 자에게만 기회는 찾아오고 주어지는 것이다. 현재의 고통은 잠깐 스쳐 지나고 나면 아름다운 기억으로 영원히 남겨진다. 가난과 배고픔, 서러움, 사업의 실패가 함께한 그때는 마음이 쓰리고 아팠다. 하지만 그 과정이 있었기 때문에 지금의 내가 있다고 생각했고, 나는 그만큼 성장하고 발전했다.

성공한 사람들을 보면 수많은 어려움을 극복하고 꿈을 이룬다. 그들의 성공이 더욱 값지고 아름다운 이유다. 현재의 나를 이끌어준 구심점은 책이다. 책을 읽고 나름대로의 방식을 생활과 사업에 적용해 실천해 왔다.

성공한 사람들의 공통점은 책을 읽고, 책을 쓰면서 아이디어를 찾고 실행에 옮긴 것이다. 간절히 원하고 바라는 사람에게는 끌어당김의 법칙이 적용되어 그 소망이 이루어진다고 했다. 가난에 시달리던 무명의 작가 지망생에서 《해리 포터》 시리즈로 세계적인 명성을 얻은 조앤 롤링. 그녀의 정신세계에 관한 이야기를 듣고, 나는 《해리 포터》 속에 그녀만의 철학이 깔려 있음을 느꼈다. 그리고 왜 이 소설이 그토록 강렬하게 전 세계 어린이들의 마음을 사로잡는지도 깨달을 수 있었다. 작가가 아이들에게 좋은 메시지를 던지고 있기 때문이다.

오지 않을 구원자를 기다리는 대신 스스로를 구원하는 해리 포터. 자신을 구원해 줄 아주 멋진 사람은 바로 내 옆에서 늘 자신과 함께 지내고 있다고 믿는다. 스스로가 자신을 구원하려고 열심히 노력할 때 주위 사람들이 나에게 도움의 손길을 내미는 것이다. 내 인생의 주인은 바로 '나'이기 때문이다.

나를 보호하고 지켜 주는 힘, 그 강력한 힘을 나는 믿는다. 나는 인정받는 성공한 베스트셀러 작가가 될 것이다. 그래서 힘과 활력이 넘치는 에너지를 불어넣어 주는 인생의 도전들을 즐기며 살아가는 행복한 삶을 증명해 보일 것이다.

나의 노력과 투쟁, 그 과정에서 얻은 것은 보람되고 가치 있다. 나는 성공한 베스트셀러 작가가 되어 선한 영향력을 실천하는 삶을 살기 위해 오늘도 책을 쓴다.

04

사랑하는 가족과
크루즈여행 하기

    자신 주위의 소중한 사람들과 아름다운 추억을 만드는 것이 자신의 삶을 아름답게 만드는 것이다. 누구나 가슴에 하나쯤 아름답고 소중한 추억을 간직하고 있을 것이다. 그것이 삶을 윤택하게 하고 살아가는 데 힘과 용기를 주고 희망을 갖게 하는 것이 아닐까. 그런 의미에서 여행은 자신과 소중한 사람들과의 따뜻한 추억이며 사랑이다.

    내 어머니의 고향은 북녘 장단이시다. 금강산 여행을 여동생과 다녀오셨다. 그러곤 6·25전쟁의 결과 찾아가지 못하는 북녘 고향에 대한 향수에 젖어 기뻐하셨다. 하루빨리 통일이 되길 염원하셨다. 그 순간이 지금도 잊히지 않는다.

    아버지는 사업의 실패로 가세가 기울고 빚더미에 잠기면서 술로 자신의 죄책감을 잊으려고 하시다 환갑을 앞두고 돌아가셨다. 영결식이 끝난 후 불효한 나 자신이 부끄러워 많은 눈물을 흘렸다. 아버지와 함께 여행 한번 가지 못한 것이 늘 내 마음속에 미안함으로 남아 있다.

몇 년 전 따스한 봄날 아내, 어머니, 장모님과 함께 동해안을 따라 남해안으로 여행을 다녀왔다. 여행하면서 아름다운 자연과 더불어 맛있는 음식도 먹고 행복해하며 즐거워했던 모습이 지금도 눈앞에 선하게 그려진다.

삶이라는 틀 안에서 허덕이며 생활에 쫓겨 늘 무언가 이유를 대며 세상의 시계는 흘러만 갔다. 생업에 속박된 채 소중한 가족과 함께하는 시간은 점점 적어져만 갔다. 나는 오랫동안 가장이라는 무거운 짐에 억눌려 자녀와 함께하고 싶은 여행조차 다녀오지 못했다.

진정 내가 하고 싶은 일을 차일피일 미루다 어느덧 너무 늦은 나이가 되어 버렸다. 그렇게 생각하며 기쁘게 늙어 가는 행복을 느끼지 못할 것임을 본능적으로 직감했다. 서글픈 예감으로 마음이 아팠다. 쓰라린 상실감에서 해방되고자 나의 버킷리스트에 '사랑하는 가족과 함께하는 크루즈여행'을 적었다. 인생의 기쁨을 두 단어로 요약하라면 끝없는 '여행'이라 말하겠다.

우리가 아픔을 견디고 기다림에 절망하지만 않는다면 행복한 순간은 찾아온다. 사랑하는 가족과의 여행은 살아 있는 생명체에게 주어진 최고의 축복처럼 느껴진다. 포기하려고 했던 꿈도 언젠가는 새로운 모습으로, 또 다른 기회나 행운으로 변신해 다시 찾아오기도 한다.

잠시 묻어 두었던 꿈을 시간 속에서 건져 올린다. 사랑으로 가슴앓이 하던 시절에 그를 사랑하는 이유는 '그냥 좋아서'였다. 그런 것처럼 가슴이 설레고 마음의 구멍이 메어지고 있다는 느낌에 행복감을 갖는다. 그냥 숨차게 걸어가는 예순의 고개가 될 수도 있었지만 꿈이 생겨나니 희망이고 사랑이다.

사람이 혼자서 행복할 수 있는 방법은 없다. 수많은 학자들의 공통된 연구에 따르면 행복은 관계 속에 존재한다고 한다. 아주 행복한 것으로 평가되는 상위 10%의 사람들을 살펴보면 하나같이 가족, 친구, 연인 등과 끈끈한 사회적 관계를 맺고 있다는 것이다. 돈의 많고 적음이나 신앙의 유무, 직업의 관계, 규칙적인 운동 여부 등 다른 조건들은 생각보다 큰 영향을 미치지 않는다고 했다.

현 사회를 초연결 시대라고들 한다. 인터넷과 소셜 미디어를 통해 수백, 수천, 수만 명과 연결되어 소통하는 세상이다. 하지만 실제로 얼굴을 마주하고 마음을 나눌 진짜 친구는 갈수록 줄어만 간다. 풍요 속의 빈곤이랄까. 알고 지내는 내 주위 사람이 늘수록 되레 외로움은 커져 가는 역설의 시대다. 혹시 상처받을지도 모른다는 두려움 때문에 관계 맺기를 꺼리는 이들이 많아진 탓이다. 그렇게 세상을 살아가다가 언제 연락이 끊겨도 섭섭해하지 않고 얕고 넓은 인맥 쌓기에 연연할 뿐이다.

요즈음 남녀 사이에 연애는 안 하고 '썸'만 타는 풍조가 만연해 가는 것도 아마 그래서가 아닐까. 나의 감정이 상대방의 감정보다 커지면 다칠까 봐 조심조심 밀당만 하다 마는 것이다.

꼭 채우는 것만이 능사는 아닌 것 같다. 그저 그대로 서로 알고 있기만 해도 고맙고 감사할 일이다. 고귀하게 살아도 인생은 짧은 것이다. 물론 그 바람이 이루어지려면 너나없이 상처받을 용기가 필요하다. 설사 어떠한 관계로 인해 아픔을 겪더라도 훌훌 털고 일어나 새로운 관계를 찾아 나설 수 있는 단단한 마음가짐을 가져야 한다. 그것이 결코 쉽지 않다는 것을 잘 안다. 하지만 인생에서 쉽게 얻어지는 게 무엇 하나 있던가.

산다는 것은 누군가를 만난다는 것이다. 부모와의 만남, 스승과의 만남, 연인과의 만남, 친구와의 만남 등. 인간은 만남 속에서 희로애락을 함께 나누며 살아간다. 행복과 불행도 만남을 통해 결정된다.

기쁨과 행복은 주위 사람과의 공유, 추억 만들기, 자축하기, 자기자랑, 자신의 일을 성취하며 음미해 가는 것이다. 세상을 다 산 사람처럼 멍하니 앉아 시간을 보내는 사람은 거의 없다. 대부분의 사람들이 항상 웃음 띤 얼굴로 표정이 밝았으면 좋겠다.

아무리 능력이 뛰어나도, 모든 것을 혼자 하는 것은 어렵다. 사람이 가진 힘 중 가장 큰 힘이 바로 네트워크의 힘이다. "선과 악은 따로 없다. 모두 제 마음이 만들어 낼 뿐이다."라고 셰익스피어가

햄릿을 통해 말했다.

오늘도 나는 가족과 내 주위 사람들에게 자비와 연민, 친절과 사랑, 신뢰, 격려와 배려 같은 긍정적 정서를 나눠 주며 살아가려고 노력한다.

우리 앞에는 많은 길이 열려 있고 무한한 가능성이 있다. 그런 것들을 사랑하는 사람과 함께하면 보다 밝고 희망에 찬 앞날이 다가올 것이다.

나는 가족과 함께할 크루즈여행에 대한 영상과 사진을 보았다. 실제 가 보지 않고는 느낌의 한계가 있겠지만 크루즈선은 움직이는 호텔 내지는 움직이는 리조트 같았다. 그럴 정도로 그 규모와 시설이 대단하다는 느낌이었다.

주요 행사들을 살펴보니 브로드웨이 못지않은 공연장에서 이루어지는 공연들이 있었다. 클래스가 달랐다. 굵직굵직한 이벤트를 매일매일 다른 모습으로 공연하기도 한다. 공항 못지않은 면세점이 있는가 하면 탑승객과 승무원을 합해 6,000명이 승선할 수 있다고 한다. 객실도 무려 2,000여 개에 이른다. 객실의 발코니 룸에서 확 트인 바다를 보며 여행하는 기분은 환상 그 자체라고 한다.

그 외에도 분위기 있는 레스토랑이 있는가 하며 '바이오닉 바'라는 곳도 있다. 그곳에서는 로봇이 칵테일을 만들어 준다. 갑판 위에는 수백 명 단위를 수용할 수 있는 선 베드가 갖추어져 있어 온 가족이 이용할 수 있다. 실내 수영장도 구비되어 있다고 한다.

15층 갑판 위에는 조깅트랙까지 갖추어져 있을 정도다. 바다를 360도 조망할 수 있는 북극성이란 시설에서는 바람을 이용한 선상 스카이다이빙 체험이 가능하다. 그리고 인공 파도타기 시설 등을 이용하면 여행기간 내내 지루할 틈이 없을 정도라 한다. 뿐만 아니라 청소년과 가족 단위의 엔터테인먼트 시설도 있고 키즈 카페, 탁구장, 농구장 같은 운동 시설도 있다고 한다.

가족과 함께하는 크루즈여행을 준비하면서 가슴이 설렌다. 추억이나 향수는 언제부터인지 모르지만 나이 지긋한 특정 세대의 전유물 같은 단어 같다. 살아온 날이 어느 순간 뒤돌아봐질 때나 그즈음의 나이에서 어린 시절, 혹은 젊은 시절의 기억이 떠오르면서 아련해지고 그리운 감정이 마구 피어오르기 때문이다.

추억을 되살리는 일이 즐거움이 되고 힘이 될 수 있다면, 더 많이 만들어 가고 싶다. 행복했던 시절의 기억을 되살리다 보면 잠시 그때의 나로 돌아간 기분이 되기 때문이다. 위로가 되고 힘이 되기 때문이다.

선풍적인 인기를 끌었던 드라마 〈응답하라〉 시리즈도 부모세대는 부모세대대로 자식세대는 자식세대대로 같은 시대라는 공감의 교집합을 찾아내어 더 큰 인기를 끌 수 있었다고 본다. 나도 이제는 가족에게 눈과 귀를 열어 더 소통하고 공감하는 교집합을 찾아내도록 할 것이다.

　나의 사랑하는 가족과 함께 크루즈선에 승선하는 날이 꽃과 별과 빛이 되는 날이 될 것이다. 나는 크루즈의 갑판 위에 올라 창공을 보며, 밤하늘의 쏟아지는 별을 보며, 은빛물결 치는 파도를 보며 세상의 아름다움을 만끽할 것이다. 그리고 행복의 세상을 펼치겠노라고 경이로움을 담아 소리칠 것이다.

1인
크리에이터 되기

나는 34년 차 창업가다. 다양한 분야의 창업을 통해 늘 새로운 경험을 했다. 다양한 사람들과 소통하며 한 계단 한 계단 몸과 마음의 근력을 채워 왔다. 그렇게 스스로 성장해 왔다.

《인간이란 무엇이냐?》의 저자 마크 트웨인은 "모든 인간에게는 개인의 꿈과 목표를 실현시키기 위한 능력이 내재되어 있다. 단지 지닌 바 능력을 활용하기 위한 교육, 훈련, 지식, 통찰력이 부족할 따름이다."라고 말했다.

창업을 통해 생업에만 종사하던 나에게 마법 같은 꿈이 생기며 기회라는 선물을 받았다. 내가 정말 하고 싶은 일은 무엇인가? 내가 가장 잘할 수 있는 일은 무엇인가? 무엇을 해야 할까? 고민하며 지내던 어느 날 '단희샘'의 유튜브를 보면서 번개 맞은 듯 온몸에 전율이 느껴졌다. 아이디어가 떠올랐다. 1인 크리에이터로 살자는 결심을 하게 되었다. 1인 크리에이터로 살면 생동감이 넘쳐 살아 있구나 하는 느낌으로 살게 될 것이란 신념이 섰다.

나는 사람들을 만나 이야기 나누는 것을 무척 좋아한다. 다양한 사람들을 온라인으로 만나고 그곳에서 만난 사람들을 오프라인으로 만나 관계를 만들어 가는 것. 인간이 행복하기 위해서 가장 중요한 게 사람들과의 관계다.

1인 크리에이터는 사람들과의 관계를 폭넓게 만들어 준다. 나이가 들면서 인간관계가 점차 축소되는 만큼 나에게 맞는 것이고 내가 정말 하고 싶은 일이었다.

우리는 아침에 일어나면서부터 스마트폰을 보면서 하루를 시작한다. 그리고 잠자리에 들기 전까지 스마트폰과 함께한다. 그런 일상이 점차 일반화되고 있다. 모바일을 통한 동영상 콘텐츠 소비도 자연스러워졌다. 그 결과, 모바일 사용 시간 중에서 동영상이 차지하는 비중도 급증했다. 스마트폰으로 언제 어디서나 동영상을 찍고, 그것을 바로 인터넷에 올리는 것이 전혀 낯설지 않게 되었다. 모바일을 통해서 1인 방송을 보는 것도 자연스럽다.

개인이 자신의 사진, 영상, 글 등을 대중을 대상으로 내보내는 영상을 올리면서 1인 크리에이터의 활동이 확산되고 있다. 자신의 재능과 끼를 유튜브 방송을 통해 시청자에게 직접 펼쳐 보이고 있는 것이다.

크리에이터의 1인 방송 내용은 다양하다. 무엇이든 콘텐츠가 될 수 있다. 게임, 먹방, 뷰티, 패션, 영화, 스포츠, 개그, 음악 등등. 자신의 관심사를 방송하는 사람들도 있고, 남이 시도하지 않은 새로운 분야에 나서는 사람들도 있다. 누구나 마음만 먹으면 1인 미디어를 만들어 방송할 수 있는 시대다.

이제 동영상을 기반으로 하는 1인 방송 시대가 열렸다. 유튜브는 개인이 제작한 동영상을 올려 다른 사람과 공유할 수 있는 공간이다. 이러한 매력 때문에 자신의 재능이나 창의성을 보여 주는 기회의 장으로 사용되고 있다. 스마트폰만 있으면 누구나 쉽게 영상을 촬영할 수 있고, 인터넷만 있으면 유튜브에 빠르게 올릴 수 있기 때문이다.

1인 방송은 누구나 연예인 못지않게 높은 인기를 누리며 영향력을 발휘하는 창작자들이 되게 했다. 그 가능성을 열어 주었다. 생생한 현장성을 바탕으로 사용자들의 세분된 요구를 콘텐츠에 반영하는 크리에이터들은 좀 더 참여적이고 개방적이다. 개인 혼자서 콘텐츠를 기획해 제작하고 유통시키며 인터넷을 통해 누구나 스타가 될 수 있다. 기자와 PD가 될 수 있다. 나아가 방송국을 운영할 수 있는 가능성이 주어진다.

크리에이터 1인 방송은 인간의 소통 욕구와 표현 욕구를 나름의 방식으로 충족시키고 반영하는 문화적 표현 양식이다. 현재 크리에이터 방송의 대세는 동영상 콘텐츠다. 동영상 콘텐츠의 파급력과 영향력은 대단하다. 기존 방송사만 할 수 있다는 통념이 해체되고, 누구나 방송 콘텐츠를 제작해 유통할 수 있게 되었다.

크리에이터 1인 방송의 장점은 개인이 인터넷상에서 네트워크의 주체적 구성원으로서 콘텐츠를 생산하고 유통할 수 있다는 것이다. 단순 소비자가 아니라 생산자로 혹은 생산적으로 콘텐츠를 제작해 유통할 수 있다는 것이다.

현재 우리가 살고 있는 정보화 시대는 유사 이래 가장 흥미로운 시대다. 전례 없는 변화와 불확실성의 시대이기도 하다. 이 시대는 공상과학 소설에나 나올 법한 혁신적인 신기술 개발과 상상의 폭을 넘어서는 무한한 기회의 시대다. 반면 대량 정리해고, 세계적인 경쟁, 잦은 직장 변동의 시대이기도 하다. 이 때문에 우리는 과거 어느 때보다도 치열한 경쟁사회에서 살아가고 있다.

새로운 세상에 발을 내딛기란 결코 쉬운 일은 아니다. 내가 1인 크리에이터를 시작해야겠다고 결심한 것은 내가 알고 있는 지식과 경험을 사람들과 나누기 위해서다. 나도 누군가의 멘토가 될 수 있다.

인생의 가치는 사는 방법에 달려 있다. 길든 짧든 우리 인생을 어떻게 채우느냐에 따라 인생의 가치가 결정되는 것이다. 나는 지금까지 살아오면서 많은 실패를 겪었다. 어머니께서 한 우물만 파야지 성공한다고 했을 때도 시대의 흐름을 따라가야 한다는 생각으로 일관했다. 현대는 정보혁명의 발달로 진화되어 가면서 1인 미디어 혁명으로 변화해 가고 있다.

유튜브에서는 동영상을 생산하고 업로드하는 창작자를 일반적으로 '크리에이터'라고 한다. 하지만 크리에이터는 단순히 동영상의 창작자일 뿐이 아니다. 자신이 만든 동영상을 매개체로 시청자와 커뮤니티의 창조자 역할도 동시에 감당한다.

크리에이터 가운데 연예인 못지않게 높은 인기를 누리며 영향력을 발휘하는 창작자들이 나타나게 되었다. 이들은 수많은 시청소비자들을 충성 고객으로 두고 있다. 충성 고객들은 유튜브와 같은 동영상 플랫폼에서 자신이 좋아하는 크리에이터의 콘텐츠를 구독하는 형태로 소비한다.

크리에이터의 새로운 콘텐츠가 업로드될 때마다 사용자들은 알림을 받고 그 콘텐츠를 시청한다. 크리에이터들이 만든 콘텐츠를 많은 사람들이 구독 시청하면서 이들이 만든 동영상 콘텐츠의 가치가 상승해 수익이 발생하게 된다. 그 결과 크리에이터는 어엿한 하나의 직업으로 자리 잡게 되었다.

유튜브의 크리에이터들 중에서 국내에서도 게임 방송으로 유명한 대도서관이나 초등학생 사이에 인기 있는 도티, 양띵 외에도 김이브, 양팡, 옥박이 등 유명 크리에이터들은 많은 수입을 올리고 있다고 한다. 크리에이터들은 콘텐츠 제작뿐만 아니라 디지털 네트워크를 이용해 제작한 콘텐츠를 업로드해 유통하는 일까지 하고 있다. 그들은 소소한 일상의 친근한 소재를 가공해 다채로운 서비스를 제공한다. 소비자의 취향에 맞추어 차별화된 콘텐츠를 제작하는 것이다. 크리에이터들은 자신들의 콘텐츠를 특화해 스스로가 브랜드가 됨으로써 전문 방송을 자처한다.

크리에이터들은 그들의 충성스런 소비자를 기반으로 유지된다. 개인의 브랜드 가치로 소비자들을 확보하고 있다. 크리에이터가 만든 콘텐츠와 미디어의 영향력으로 새로운 비즈니스가 탄생하고 있다. 강연가, 저자, 컨설팅, 1인 창업가 등의 모델이 창조되고 있는 것이다.

크리에이터 방송의 장점은 기존 방송에 비해 다양하고 혁신적인 콘텐츠 제작이 용이하다는 것이다. 그럼으로써 시청소비자에게 폭넓은 선택의 기회를 제공할 수 있다는 것이다. 크리에이터들은 친근한 소재를 재미있게 가공해 보여 준다.

1인 방송은 제작 공정이 상대적으로 단순하다. 때문에 기존 미디어에 비해 적은 비용으로 콘텐츠를 제작할 수 있다. 누구나 아이디어만 있다면 단기간에 순발력 있게 제작할 수 있는 것도 장점이다.

1인 방송에서는 크리에이터와 시청소비자가 실시간으로 소통한다. 방송 시간 내내 채팅방이 열려 있고 댓글로 시청자의 의견이 바로 반영되는 것을 확인할 수 있다. 그러므로 사용자의 입장에서는 방송에 직접 참여하고 있다는 몰입감과 현장감을 느낄 수 있다. 이러한 느낌의 매력 포인트는 사용자와의 자유로운 소통이다.

또한 소셜 미디어 플랫폼에서는 업로드하는 것이 콘텐츠를 유통하는 것이 되므로 유통비용 또한 거의 들지 않는다. 시장 진입 장벽이 없다는 점이 기존의 미디어 플랫폼과 차별화가 시작되는 지점이다.

크리에이터의 방송이 일회적이 아니라 지속 가능한 방송이 되려면 수익 모델이 필요하다. 이런 크리에이터의 방송이 인기를 끌자 이를 마케팅에 활용하려는 수요도 많아지고 있다. 크리에이터를 마케팅에 활용하는 이유는 이들이 가진 소비자와의 친숙도를 이용해 상품의 신뢰도를 끌어올려 광고 효과를 얻기 위해서다. 크리에이터를 이용한 마케팅의 경쟁력은 비용대비 효과가 매우 좋다는 것이다.

콘텐츠는 더 많은 사람들이, 더 다양한 방식으로 소비하고 있다. 경쟁력 면에서 온라인으로 동영상을 소비하는 시대에 콘텐츠의 위력은 갈수록 증가하고 있다. 새로운 산업 모델이지만 핵심 가치는 양질의 콘텐츠를 제작할 수 있느냐다.

나는 지식과 사고 능력을 스스로 향상시켜 크리에이터로서 남은 인생을 가치 있고 멋지게 만들어 갈 것이다.

PART 11

부동산 투자로
성공하고
청년들을 위한
동기부여가로
활동하기

– 정동주

정동주 유럽계 제조사 세일즈 엔지니어 팀장, 자기계발 작가, 동기부여가

기계공학전공 후 북유럽을 본사로 둔 제조사 세일즈 엔지니어 팀장으로 재직 중이다. 개인의 꿈을 잃은 평범한 직장인들에게 힘을 실어 주고자 개인저서를 집필 중이며 정차장TV 유튜브와 블로그를 함께 운영 중이다. 앞으로 꿈과 희망을 잃어버린 청년들과 직장인들을 위한 동기부여가로의 활동을 꿈꾸고 있다.

01

내 아이들에게 들려주는
책 한 권 쓰기

유난히도 뜨거웠던 2004년 7월 27일 여름날, 약 1년 반의 투병 끝에 아버지께서는 서울대병원 중환자실에서 생을 마감하셨다. 상상도 못할 일이었다. 2002년 초 막내아들이 대학 졸업도 하기 전에 독일계 회사에 취직했을 때 동네 빵집에서 빵을 한 꾸러미 사들고 오시며 진하게 악수해 주시던 아버지였다. 아버지는 기분 좋은 일이 있으실 때면 그렇게 항상 빵을 봉지 가득 사 오셨다. 정작 당신은 드시지도 않으면서.

회사 취직 후 신입사원 OJT가 모두 끝난 약 4개월 뒤 나는 나홀로 독립을 해 보겠다며 창원사무소에 직접 지원해서 발령을 받았던 터다. 그렇게 나의 새로운 외지생활에 익숙해진 지 약 1년이 흐를 무렵 청천벽력 같은 소식을 작은 매형을 통해 접했다. 아버지가 간암 말기라는 것이었다.

그렇게 허겁지겁 회사에 사직서를 제출하고 다시 서울로 올라왔다. 아버지를 병간호한다는 명목이었다. 나에게는 아버지를 하늘

나라로 보내 드리기까지 약 1년이란 소중한 시간이 있었다. 그럼에도 불구하고 나는 아버지의 속정을 그리고 그분의 속내를 공유하지 못한 채 보내 드려야 했다.

밖에선 호인이었으나 집안에서는 무뚝뚝하셨던 분. 그래서 아들과 아버지, 부자 사이에는 어려운 침묵이 대부분이었다. 어릴 때부터 아버지와의 관계는 비슷했다. 위로 누나가 셋이었던 터라 행여 막돼먹은 놈이 될까 싶어 유독 아들인 나에게 엄하셨던 분이다. 우리네 아버지들이 다 비슷하지 생각하면서도 서운한 마음은 어쩔 수 없었던 듯하다.

사업하시는 아버지가 정확히 어떤 사업을 하시는지, 아버지는 어떤 유년시절을 보내셨고, 어떤 꿈을 꾸셨고, 형제, 부모들과는 어떠하셨는지. 본인의 삶에 대한 가치관과 가족에 대한 생각은 어떠하셨는지. 나는 기억나는 것이 별로 없다. 그저 어릴 때 잡았던 아버지의 큰 손, 약주 한 잔 하실 때면 기분 좋게 웃으시던 아버지의 얼굴, 아버지 회사에 가끔 가노라면 사장실에 앉아 계셨던 아버지의 커 보이던 자태가 뇌리에 남아 있을 뿐.

그런데 돌아가시고 나서야 알았다. 아버지의 장례를 치르고 며칠 뒤 어머니께서 줄이 쳐져 있는 종이 몇 장을 건네셨다. 몇 장에 걸쳐 빼곡히 꾹꾹 눌러쓰신 아버지의 친필 편지였다. "아들아 너는 이렇게 살아라." 살아생전 평소에 잘 하시지 않던 말씀을 유서처럼 편지지에 빼곡히 채워 놓으셨다.

투병기간 폐까지 전이되어 말씀을 전혀 못하시고 돌아가셨던 분이다. 병환이 위독해 갑자기 입원하시고 돌아가시기까지 몇 개월을 가족들에게 어떠한 말씀조차 못 하신 아쉬움을 편지에 눌러 담으셨던 게다. 그것도 전쟁 중 잃으신 오른팔 대신 왼팔로 힘겹게.

나는 글을 쓰기로 각오했다. 아니 책을 쓰기로 각오했다. 나는 이제 초등학교 5학년 그리고 2학년인 아들과 딸아이와 나의 아버지와 달리 많은 대화를 하려고 노력한다. 하지만 아이들의 학업과 나의 생업이 맞물려 그럴 시간이 많지 않다. 설령 대화를 한다고 해도 어느 순간 그것은 잔소리가 되어 버리기 일쑤다.

특히, 나는 우리 아이들에게 2018년 부모로서 씻을 수 없는 큰 죄를 지었다. 그것이 아이들을 위한 길이라 여전히 확신하고 있지만 아이들은 어른의 말들을 온전히 받아들이기 어려운 어린 나이다. 그래서 아버지로서 나의 생각, 나의 가치관 그리고 아이들에게 꼭 해 주고 싶었던 많은 얘기를 책에 담기로 결심했다. 그 책은 아이들이 초등학생, 중학생 그리고 사춘기를 지나 성인이 되어서도 변하지 않는 가치로 아이들이 성장하는 데 중요한 방향성을 제시해 줄 것이라고 믿어 의심치 않는다.

잠깐의 망설임도 있었다. 할 수 있을까에 대한 나에 대한 의심. 그리고 생업과 함께 책을 준비한다는 것. 동시에 적지 않은 수강료.

그 고민은 나의 관점을 달리하며 말끔히 사라졌다. 내가 우리 아이들에게 남기는 유산으로서의 책의 가치다. 그것은 수강료의 그것과 견줄 것이 못 된다.

회사가 아닌 오롯이 나와 나의 가족으로 나의 관점을 돌릴 때 비로소 내가 주인이 되었다. 비록 부족한 시간에 잠을 줄일지언정. 그래도 그것은 피곤함보다는 가슴 설렘과 벅참으로 다가왔다. 나의 책이 나온다는 상상 그리고 그 책이 나의 아이들에게 전해지는 가장 소중한 유산이라고 생각하면 더없는 행복이 느껴진다.

그리고 내가 선택한 한책협과 존경하는 김도사님(김태광 대표 코치님)의 가르침을 받아 내가 준비한 원고가 무탈하게 출판사와 계약되고 출간까지 이어질 것이라는 데 의심의 여지가 없다. 그런 의미에서 한책협은 나의 드림 메이커다.

내가 써 내려가는, 내 아이들에게 들려주는 책 한 권.

TV에 나오는 유명한 맛집의 인터뷰를 보면 단골대사처럼 등장하는 얘기가 있다. '우리 아이들, 우리 가족을 먹인다는 생각으로 만들었어요.' 내가 사랑하는 가족을 위해 정성을 다하는 마음. 그것은 결국 다른 이들에게도 감동을 주기에 충분한 것이다. 내 바람도 그와 같다. 나의 아이들 그리고 내 가족에게 꼭 들려주고 싶은 소중한 이야기를 엮어 가다 보면 그것이 자연스레 다른 독자들에게도 교감이 되고 감동이 되는 선한 영향력을 끼칠 수 있으리라.

02

그림 같은
이층집 지어서 살기

　'나의 살던 고향은 꽃피는 산골~'이라고 시작되는 이원수 작사가의 〈고향의 봄〉. 이 노래는 어릴 때 학교에서 그리고 친구들과 참많이도 불렀던 노래 중의 하나다.

　내가 태어난 곳은 당시 주소로 서울시 도봉구 미아3동 133-20의 소재지였다. 그곳에서 할아버지와 부모님 그리고 누나 셋과 함께 살았다. 우리 가족은 당시 살던 그 집을 '미니 이층집'이라고 불렀다. 이층집이지만 정작 2층에는 조그마한 다락방과 옥상이 전부였다. 당시의 기억을 떠올리면 거실 중간에 2층으로 올라가는 나무계단이 있었다. 나는 어릴 때 항상 망토를 목에 휘감고 슈퍼맨을 외치며 마치 지붕을 뚫고 날아가 버릴 것처럼 그곳에서 뛰어내렸었다. 어찌나 열심이었으면 꿈속에서도 뛰어내리다가 소스라치게 놀라 잠에서 깼던 적이 여러번이다.

　방 3개에 거실 하나. 우리는 할아버지와 함께 살았기 때문에 누나들과 나 넷이서 방 하나에서 생활했다. 딴에는 남자라고 누나들과 잠을 자다가도 때로는 할아버지 방에서 자는 등 메뚜기 생활을 하며 지냈던 기억이 새롭다. 가끔 혼자 거실에서 잔다고 우기기도 했다. 그러다가 늦은 밤 괜한 무서움에 안방으로 조용히 들어가 엄마 옆에 나란히 누워 자기도 참 여러 번이었다.

우리 집은 집들이 나란한 작은 골목의 한적한 곳에 위치해 있었다. 그래서인지 골목에서 아이들이 뛰노는 소리, 야구하고 구슬치기 하는 소리들이 참 정겨운 메아리가 되었다. 특히 거실에 있던 피아노를 누나들이 연주하노라면 골목에서 집으로 걸어 들어올 때 아름다운 길 안내자가 되어 주었다. 골목을 울리는 피아노 소리에도 이웃 어느 누구 하나 항의하는 사람들이 없었다. 정말 이웃사촌이라는 말을 실감케 하는 모습이었다.

우리 집에는 반지하 공간이 있었다. 그곳엔 연탄보일러실과 잡곡들을 보관하던 작은 창고가 있었다. 그리고 당시 택시 일을 하는 가족이 세 들어 살던 작은 방과 화장실이 함께 있었다. 한번은 곡식을 보관하던 작은 창고에 쥐가 생겼다며 쥐덫을 놓고 양쪽에서 쥐를 몰았다. 그런데 그 쥐가 도망간 곳이 하필이면 누나의 머리 위였다. 정말이지 소스라치게 놀랐던 기억이 새롭다. 재미있는 추억이 많이 묻어 있는 곳이었다.

내가 제일 좋아했던 공간은 뭐니 뭐니 해도 마당이었다. 넓지는 않지만 화단이 있었고 대문에서 지하방으로 연결되는 통로가 있었다. 아버지와 나는 주말이면 그 통로에서 지하방이 위치해 있던 벽으로 축구공을 번갈아 차 댔다. 그런데 공이 벽에 부딪칠 때마다 쩌렁쩌렁 소리가 울렸다. 당시에는 헤아리지 못했지만 세입자분들께 이제 와서 새삼 죄송한 마음이 든다. 그래도 지금은 돌아가신 아버지와 함께 교감했던 그 당시의 시간을 생각하면 작은 미소가 지어진다.

다소 개구쟁이였던 나는 어머니께 집에서 쫓겨나기도 여러 차례였다. 기르던 개가 집 밖으로 도망쳐서 개를 잡겠다고 온 동네를 헤집고 다니기도 여러 번이었다. 한번은 등굣길에 잽싸게 도망친 개가 슬금슬금 눈치를 보며 학교 교실까지 쫓아왔던 기억도 있다. 결국 수업이 다 끝나고 나서야 나와 함께 집으로 돌아올 수 있었다. 웃어야 할지 울어야 할지.

그 이후 다른 곳으로 몇 차례 이사했지만 어린 시절을 보낸 그 당시의 '미니 이층집'은 여전히도 엄마 그리고 누나들과 나에게 즐거운 추억거리로 회자되고 있다.

집이란 그런 공간인 듯하다. 단순한 건축물 그 이상의 의미를 지니고 있는 곳. 노래 제목처럼 '즐거운 나의 집(Home sweet home)'은 그 집이 아무리 남들에겐 허름하게 보일지언정 우리들 각자에겐 따뜻함과 포근함 그 자체다.

나의 첫아이가 막 태어날 무렵 나는 내 생애 첫 집을 장만했다. 많은 사람들이 투자의 대상으로 바라보는 집의 기준에서 볼 때 내가 장만한 집은 그다지 높지 않은 가치를 가지고 있었다. 그랬음에도 동네의 정겨움과 어머니 댁에서 가깝단 이유로 큰 고민 없이 그렇게 내 집을 장만했던 터다. 그곳에서 지금은 열두 살인 첫째 아들아이가 태어나 자랐다. 그리고 아홉 살인 딸아이와 오롯이 그 성장의 시간을 함께했다.

아이들이 갓난아기 때 작은방과 건넌방을 두고 안방에서 네 식구가 침대와 바닥에서 나란히 누워 자기도 했다. 또한 걸음마를 뗀 첫째 아이와 둘째 아이가 거실을 활보하며 뛰놀던 모습이 눈에 선하다. 한번은 서로 웃고 떠들며 뛰다가 둘째 아이가 가구 모서리에 이마를 찧어 부리나케 응급실에 가서 몇 바늘을 꿰맸던 가슴 철렁한 기억도 있다. 그 흉터는 아직도 아이와 함께하고 있다.

같이 밥 먹고 얘기 나누고 웃음이 함께하던 공간. 그런 행복한 집에 대한 추억은 마치 내가 기억하는 예전의 '미니 이층집'의 그것과 같을 것이다. 누군가 그 아이들에게 그들의 고향을 물을 때 제일 먼저 떠올릴 공간이 될 것이다.

언젠가 이제는 제법 큰 첫째 아이의 일기장에서 "딱 한 번만이라도"라는 제목의 일기를 보고 가슴이 먹먹했다. 마치 쫓겨나오듯 추억이 가득한 그곳에 작별인사 한번 못하고 어머니 댁으로 거처를 옮기게 되었다. 우리가 살아온 집에 새로운 사람들이 이사를 들어오게 되었다. 그 이후 감수성이 예민한 첫째 아이는 한동안 그 앞을 지날 때면 우리가 봄이면 벚꽃을 내다보던 거실의 그 창문을 물끄러미 쳐다보곤 했다. 그 마음을 "딱 한 번만이라도"라는 제목의 일기에 담아 써 내려갔음에도 지금의 나는 아빠로서 해 줄 수 있는 게 없었다.

얼마 전 아이들과 한데 모여 버킷리스트를 작성했다. 아직은 그것이 무엇을 의미하는지도 잘 모르는 아홉 살짜리 딸아이에게도 네가 하고 싶은 거를 적어 보라며 빈 종이를 건네주었다. 잠시 후, 두 아이가 나름대로 또박또박 희망을 써 내려갔다. 내용 하나하나를 따라 읽다 보니 상단부에 적혀 있는 바라는 소망 중 눈에 띄는 것이 있었다. '내 방이 있는 이층집에서 살기.' 그저 편리한 아파트가 최고라고 생각하는 요즈음 신기하게도 아이들이 내가 어린 시절을 보냈던 '미니 이층집'처럼 이쁜 이층집에서의 생활을 꿈꾸다니. 그동안 아이들에게 내가 살았던 그때 그 집을 얘기한 적도 없었는데 말이다.

그래, 나의 버킷에도 넣자.

아이들의 추억이 오롯이 남아 있던 우리의 집을 그렇게 작별인사도 없이 헐레벌떡 떠나왔으니. 아이들은 영문도 모른 채 그렇게 잃어버린 우리의 추억을 새로이 아름다운 우리만의 이층집에 새겨

넣자. 그래야 아빠로서 아이들에 대한 미안함도 조금은 덜어지리라. 그 집엔 나와 아이들의 방이 있고 거실엔 피아노가 있어 아름다운 선율이 울려 퍼지리라. 마당 화단엔 계절 꽃이 만발하고 한편에선 함께 공차기를 할 수 있으리라. 그곳에선 내가 그러했듯 아이들이 또 그 아이들의 아이들이 어제를 얘기 나누며 내일을 꿈꾸겠지.

03

성공한
부동산 투자자 되기

　나는 월급쟁이다. 나는 15년 차 월급쟁이다. 나는 착. 실. 하고 성. 실. 한 15년 차 월급쟁이다. 15년을 그렇게 월급 하나로 가정도 꾸리고 내 집 장만도 하고, 차도 사고, 아이들과 여행도 다니고 외식도 해 왔다. 그렇게 매달 꼬박꼬박 받는 월급에 중독되어 큰 불만 없이 그렇게 살아왔다. 회사에서 주는 월급의 범위 안에서 착. 실. 하. 게. 그러다 어느 날 문득 이런 생각이 들었다.

　월급을 받는 직원이 아닌 회사 고용주 입장에서의 좋은 회사란 어떤 회사일까. 2010년도 MBA를 공부하면서도 경영학에 대한 생각만을 했다. 과연 경영자가 생각하는 좋은 회사에 대해선 미처 생각하지 못했었다. 나는 경영자에게 좋은 회사를 이렇게 정의 내렸다. 직원들이 다른 생각 없이 오롯이 회사의 실적과 성과를 위해 회사와 약속한 시간 안에서 주어진 능력을 최대한 발휘할 수 있는 환경을 만들어 주는 회사. 퇴근 후의 저녁시간과 주말시간은 평일 근무시간에 최고의 컨디션을 유지하기 위한 자기 휴식시간쯤 되겠다.

부수입을 위한 '투잡'은 직원들의 집중력과 컨디션이 오롯이 회사의 그것이 안 되기 때문에 강력히 규제한다. 월급은 직원들이 적당 수준의 품위를 유지할 수 있을 만큼 준다.

그래. 나는 경영자 입장에서 회사의 비전을 위해 매우 좋은 회사를 다니고 있었다. 그렇다면 반대로 회사의 월급은 나의 비전을 책임질 만한가. 고용안정성 면에서는 일정 부분 동의할 수 있으나 그 이상은 아니었다. 문득 회사가 아닌 나를 보았다. 내가 바라는 내일의 나 그리고 내일의 내 가정. 그저 회사만 바라본 그간의 내 모습에 나 자신이 한심스럽게 느껴졌다. 물론 그전에도 주변에서의 조언은 있었지만 귀에 들리지 않았었다.

스스로 정신을 차리기 시작한 건 2018년 말쯤이었다. 이미 부동산 투자로 수익을 벌어들인 동기, 어느덧 아파트 투자를 시작한 후배 사원, 새로 이사한 집이 몇 년 사이 거의 2배로 오른 나의 가장 친한 친구, 심지어는 지난 연말 송년회에서 본인이 결혼 때 사 두었던 땅이 몇 배가 올랐다며 그날 저녁 값을 계산했던 친구까지. 돌아보니 나는 정말 착실하고 성실하게 회사생활만 했구나, 라는 생각에 심지어 자괴감까지 들었다.

그렇게 부동산 투자를 위한 공부를 시작했다. 재테크와 관련된 책들을 찾아 읽었다. 투자에 필요한 종잣돈을 모으기 위해 필수 고정 지출을 제외한 월급의 대부분을 저금했다. 신혼 때나 가능했었던, 내 월급의 70%가량이 급여통장에 입금됨과 동시에 오롯이 투자통장으로 들어갔다. 정부에서는 특히 현 정권에서는 부동산 투자라면 무슨 대단한 범죄인 양 규제에 또 규제를 더하고 있다. 하지만 실상 대부분의 자산가들이 이뤄 낸 부의 원천은 부동산이지 않은가. 사업으로 돈 좀 벌었다는 사람들의 속내를 들여다보면 결국 그들의 실수익은 부동산을 통한 것이었다. 그래서 나는 적극적으로 부동산을 알아보기로 했다.

다만 염려되었던 건 내 수중의 자금이 아직은 부동산에 투자하기에는 턱없이 부족하다는 것이었다. 그저 회사와 집만 아는 다소 어리석은 생활을 하면서 나는 부동산이 좋겠다는 막연한 생각뿐이었다. 실상은 부동산을 어떻게 시작해야 하는지조차 모르는, 그저 부동산에 대한 환상에만 사로잡혀 있었다.

정작 투자할 돈이 없다는 생각에 다다랐을 때는 나의 자존감마저 바닥에 떨어져 버린 무렵이었다. 나는 하루하루를 그저 무의미한 부동산 관련 서적 보기에만 몰두하고 있었다. 그날도 집 근처 구립도서관의 부동산 관련 서적코너에서 서성이고 있었다. 그러다가 도서관 신간코너에서 눈에 들어오는 책을 발견했다. 바로《대한민국 경매투자》라는 책이었다.

눈이 번쩍 뜨였다. 그래, 이거다! 무언가 한줄기 희망의 빛이 보이는 느낌이었다. 어렴풋이 경매라면 수중에 돈이 많지 않더라도 할 수 있을 것만 같았다. 그래서 서둘러 책을 빌려 읽기 시작했다.

그리고 무엇에 이끌리듯 그 책에 명기되어 있는 카페에 가입하기에 이르렀다.

그리고 그다음 날 오후쯤 책의 저자이신 김서진 대표님께서 직접 전화를 주셨다. 그동안 나는 책의 저자들을 마치 TV 속의 연예인들처럼 내가 범접하기 어려운, 대단히 높은 위치에 있는 사람들이라고 생각했었다. 때문에 책의 저자가 직접 전화를 주고 대화를 나누게 되니 심장이 두근거렸다. 그리고 그 주 토요일 분당에 있는 한경협을 찾아가 김서진 대표님과 매우 진솔한 상담을 나눴다. 그런 끝에 경매 강의를 신청했다. 나는 내가 갈망하던 분야의 교육을 받으며 누구보다 열과 성을 다해 수업과 과제에 집중했다.

과정을 수료한 지금 나에게는 추가로 6억여 원의 자산이 생겼다. 한경협 김서진 대표님을 만나고 난 지 불과 3개월 만이다. 서울 근교 경기권의 32평과 39평의 아파트를 높은 차액으로 낙찰 받은 결과다.

첫 번째 아파트는 지하철역이 바로 앞이고 초등학교를 품고 있으며, 중학교와 고등학교가 지척이다. 심지어 추가 지하철 노선이 곧 개통됨에 따라 더블 역세권이 될 것이다. 또한 바로 앞단지가 곧 재건축의 신호탄인 안전진단에 들어간다. 그에 따라 집값이 상승할 것이므로 비슷한 연식의 대단지인 내 아파트도 시세가 오를 것으로 예상된다.

두 번째 아파트는 GTX 역사에서 도보로 불과 5분 거리로 지금 공사가 한창이다. 그 덕에 명도가 채 완료되기도 전에 임차인과 가계약이 완료된 상태다. 이 집 역시 향후 집값 상승을 기대하고 있다.

2019년 올해를 시작하면서는 생각지도 못했던 결실이다. 경매를 통한 차액도 물론 크지만 할 수 있다는 자신감과 더불어 앞으로 내가 나아가야 할 방향을 수립하는 데 있어 크나큰 분기점이 되었다. 뿐만 아니라 침체되어 있던 집안에 활기가 차고 즐거운 대화와 웃음이 넘쳐 나기 시작했다. 그것도 내가 김서진 대표님의 한경협에서 공부를 시작하고 난 이후쯤 이다.

경매를 통한 부동산 투자. 더 나아가서는 부의 증식을 위한 수단 중의 하나인 경매. 첫 시작 당시에는 막연하게 이것을 내 주업으로 삼을 수도 있지 않을까 생각했었다. 하지만 그것은 어리석은 생각이었다. 내게는 15년 이상 몸담고 있는 사랑하는 직장이 있다. 그 직장은 나의 가장 중요한 일터이고 지금의 내가 그리고 우리 가족이 있게끔 만들어 준 터전이다.

앞으로도 지금의 직장 일에 매진해 나갈 것이다. 회사 월급은 나의 새로운 부동산 투자를 위한 종잣돈이 되어 줄 것이다. 그것으로 꾸준히 부동산 투자를 이어 가려고 한다.

더욱이 내 소유의 아파트가 한 채가 아닌 두 채가 되면서부터는 부동산 중개업자가 나를 대하는 태도가 달라졌다. 한경협에서 알려 준 인테리어 비법은 그들에게 나를 부동산 전문가로 보이게 끔 했다. 그러다 보니 내가 말하기에 앞서 그들이 먼저 다가와서 그들이 가지고 있는 좋은 물건들을 소개해 주기에 이르렀다.

나는 경매와 더불어 부동산 투자를 꾸준히 이어 나갈 것이다. 이를 통해 매 분기별 나의 부동산이 증식될 것이다. 그러므로 5년 내에 열 채 이상의 집과 더불어 나만의 빌딩을 소유할 것임은 의심의 여지가 없다. 나는 한경협의 김서진 대표님께 제대로 배웠고 그 덕분에 나 스스로 제대로 해 나가고 있기 때문이다.

04

아들과
미국 66번국도 횡단하기

누군가 나에게 가장 좋아하는 영화 두 편을 꼽으라고 한다면 망설임 없이 〈쇼생크 탈출(The Shawshank Redemption)〉과 〈굿 윌 헌팅(Good Will Hunting)〉을 말하겠다. 두 영화 모두 미국을 배경으로 하는 할리우드 영화라는 것. 그리고 어려운 환경을 극복해 내는 일련의 과정을 사실적으로 묘사했다는 것이 매우 인상 깊었다. 또 하나 영화의 공통점은 어려운 환경을 극복해 내고 꿈을 찾아가는 과정을 미국 특유의 길게 뻗은 도로를 달려 나가는 장면으로 표현했다는 것이다.

〈굿 윌 헌팅〉의 주인공인 '윌'은 천재다. 그러한 자기 재능을 본인도 잘 알면서도 하루 벌어 하루 사는 별 볼일 없는 친구들과 어울린다. 윌의 천재성을 알면서도 차별화된 시선이 아닌 그저 평범한 친구로서만 바라보는 그들이 윌에게는 부담이 없었던 듯하다. 그런 윌이 진심을 다하는 심리치료사를 통해 자기방어적인 모습을 바꾸어 간다.

상담 중 월이 마음을 열기 시작한 명장면이 있다. 지금은 고인이 된 로빈 윌리엄스가 "It not your fault(그건 네 잘못이 아니야)."를 반복하는 부분. 월은 비로소 과거의 아픈 경험으로 인해 굳게 응어리진 부분을 토해 내게 된다.

그리고 월은 자신 본연의 가치를 찾게 된다. 또한 본인의 재능에 맞는 직업을 갖게 된다. 그럼에도 불구하고 무언가 허전함을 느끼는 월. 그는 그것이 과거에 자기방어를 하느라 스스로 헤어진 옛사랑 때문이란 걸 깨닫는다. 월은 결국 직장을 포기한다. 그러곤 자신의 사랑을 찾아 낡은 차를 몰고 사랑하는 사람이 있는 그곳을 향한다. 그렇게 영화는 끝난다. 영화는 끝없이 곧게 뻗어 있는 미국의 도로를 비추며 엔딩 송으로 끝을 맺는다. 마지막 장면을 보며 마음에 감돌던 그 잔잔한 여운이란.

그때부터였던 것 같다. 그 도로를 끝없이 달리다 보면 왠지 나도 모르게 내면 속의 나를 만날 것만 같았다. 한번은 드디어 그 꿈에 그리던 미국으로 나 홀로 출장을 갈 일이 생겼다. 항공편과 렌터카를 예약하고 인근 경찰서에 가서 국제면허증도 발급받았다. 내가 출장을 갔던 곳은 코카콜라의 본사가 있는 곳으로 유명한 애틀랜타였다. 공항에 내려 설레는 마음으로 렌터카를 인도받아 목적지로 출발했는데, 이상했다. 영화에서 본 건 이 느낌이 아니었는데.

그렇다. 공항에서 내 출장지까지는 그리 멀지 않았던 터라 내가 상상하던 그런 풍경과 느낌을 찾을 수 없었다. 일주일 출장 동안 적잖은 실망감이 함께했다.

상상 속의 도로를 만나게 된 건 그로부터 시간이 조금 더 지난 프랑스의 출장길에서였다. 나는 프랑스로 출장을 가기 위해 짐을 싸 들고 부랴부랴 인천공항에 도착했다. 나는 보통 10시간의 비행에 꼭 책 2권 정도는 챙겨 간다. 그런데 그날따라 늦잠을 자 버린 탓에 헐레벌떡 짐을 챙겨서 나왔던 터다. 나는 면세구역을 서성이다가 공항 내에 있는 작은 서점에 들어갔다.

그곳에서 뭔가 읽을거리를 찾아 두리번거리다가 눈에 들어오는 책 한 권을 발견했다. 김동영 작가의 《너도 떠나 보면 나를 알게 될 거야》라는 책이었다. 왠지 책 제목에 이끌려 후다닥 계산을 마치고 항공기에 탑승했다. 앞으로 10시간, 나는 좌석을 최적으로 배치하고 최대한 편안한 자세를 취했다. 그러곤 조금 전에 샀던 책을 펴 들었다.

앗! 나는 외마디 비명을 질렀다. 그 책은 내가 꿈에 그리던 미국 횡단기였다. 새로운 도로가 개통됨에 따라 이제는 이용자가 거의 없는 미국의 66번국도를 따라가는 여행. 현재와 과거를 오가며 자신의 얘기를 촉촉하게 표현한 그 책은 어느새 내 꿈의 가이드가 되어 버렸다.

김동영 작가는 66번국도에 대해 이렇게 설명한다. "66번도로는 고속도로라는 개념이 없었던 시대에 만들어진, 아메리카 대륙을 동서로 가로지르는 미국의 척추와도 같은 중심도로. 하지만 40번 도로가 생긴 후로는 전설로만 남아 있다. 언젠가 가지 않으면 안 될 곳. 단순한 도로 이상의 의미를 지닌 곳이다."

비행 10시간 동안 그리고 그 후 집에 돌아와서도 이 책을 여러 번 읽었다. 친한 지인들에게는 이 책을 선물로 주기까지 했다. 그렇게 나의 꿈은 두루뭉술한 미국 횡단하기가 아니라 미국 66번국도 횡단하기로 조금 더 구체화되었다.

그러면 누구와 같이 갈 것인가? 5학년인 아들과 나는 많은 취미를 공유한다. 아들과 아빠라는 이유 덕분인지는 몰라도 아들과 어릴 때부터 많은 것을 함께했다. 특히 바깥활동을 좋아하는 우리는 북한산 정상을 함께 오르기도 하고 수영을 함께 배우기도 했다. 주말 오전에 볼링을 같이 치기도 하고 겨울이면 주말 새벽마다 스키장으로 향하기도 했다. 같이 자전거를 즐기면서 얼마 전에는 1박 2일로 춘천을 다녀오기도 했다. 아들이 아빠를 이해해 주고 아빠가 아들을 이해하게 되는 것은 결국 이런 시간을 함께해 온 덕분이리라.

언젠가 이런 아들에게 미국의 66번국도에 대한 이야기를 해 주었다. 내가 좋아하는 김동영 작가의 책에 나와 있는 사진들과 함께. 그리고 언젠가 그곳을 달리고 싶은 아빠의 꿈을 이야기했다. 처음 미국 횡단을 꿈꿨을 때는 혼자이고 싶었다. 그 긴 시간을 오롯이 홀로 사색하며 나를 돌아보고 또 여행하면서 새로운 사람들을 만나는 그런 꿈을 꾸기도 했다. 그러나 어느새 커 가는 아들과 대화가 통하면서 친구처럼 그 공간과 시간을 함께해 보고 싶었다.

그러던 어느 날, 아이들과 버킷리스트를 써 내려가는데 아들의 희망 목록 중에 66번국도가 들어 있지 않은가. 아, 우리는 서로 같은 꿈을 꾸고 있었다.

많은 사람들이 세계여행을 꿈꾼다. 세계여행을 하고 나면 마치 무언가를 얻고 깨달을 것만 같은 그런 막연한 생각이 나 역시도 있었다. 근데 66번국도를 꿈꾸면서는 그 세계여행의 꿈이 66번국도로 바뀌었다. 이미 나는 아프리카 대륙을 제외하고는 모든 대륙을 다녀 봤다. 새삼 세어 보니 아시아, 북남미, 유럽대륙 모두 합해 15개 국가 이상은 족히 다녀온 것 같다. 그럼에도 불구하고 나는 66번도로만을 꿈꾼다. 그 도로를 횡단하는 길에 온 세계가 있을 것만 같다. 미국이 있고, 아시아가 있고 유럽과 아프리카가 있다. 게다가 내가 가장 사랑하는 아들이 함께한다.

언제인가 어둠만이 있는 텍사스 길을 달릴 때 아들은 옆에서 곤히 잠들어 있겠지. 하늘에서는 은하수가 우리를 비춰 주겠지. 어느덧 아들은 존 덴버의 〈Country road, Take me home〉을 따라 부를 줄 알고 빌리 조엘의 〈Piano man〉을 즐길 줄 안다. 어느 날, 그 노래들이 66번국도에 가득하겠지. 아, 행복하다.

05

방황하는 청년들을 위한
희망 강연가 되기

"잊지 말자, 나는 부모님의 자부심이다!"

퇴근길 문득 유튜브를 켜는데 예전에 즐겨 보았던 〈미생〉의 한 부분이 추천 동영상으로 떴다. 직장인이라면 이 드라마를 보며 공감했을 법하다. 직장인들의 치열한 삶을 깊이 있게 잘 묘사했기 때문이다. 한번은 신혼이었던 친구 집에 집들이를 갔다. 그때 〈미생〉 시리즈가 책장 한편을 지키고 있던 모습이 아직도 생생히 기억난다.

내가 그 〈미생〉에서 좋아하는 문구가 몇 가지 있다. '잊지 말자, 나는 어머니의 자부심이다', '더할 나위 없다. Y~es', '취해 있지 말아요', '애는 쓰는데 자연스럽고, 열정적인데 무리가 없는' 등이다.

그런데 퇴근길에 〈미생〉의 한 장면이 추천영상에 뜬 것이다. 나는 반가운 마음에 아무 망설임 없이 재생 버튼을 눌렀다. "이누마, 계약직은 아무나 하는 거여? 우리 '그래'가 갖은 고초 겪어 가면서… 이놈 바둑 안 되고 눈치 볼까 봐 웃는 낯으로만 대했는데…. 이놈이 또 우릴 보고 웃어. 속이 썩어 가는 놈이 웃어~! 그런 놈

이야 우리 '그래'가!" 그래 어머니의 울음 섞인 내뱉음이 퇴근 중인 내 가슴을 적셔 버렸다. 그래, 나는 부모님의 자부심이다.

2019년 11월 14일은 수학능력시험 날이었다. 나도 조카 2명이 시험을 보는 터라 준비한 만큼 잘 보기를 마음속으로 빌고 또 빌었었다. 성격이 참 순수한 작은누나 덕에 수능시험의 진행 시간을 거의 중계방송 식으로 전해 받았다. 그러다가 오후 5시가 되어서야 시험이 끝나고 나오고 있다는 실시간 중계를 현장 사진과 함께 받았다.

매우 적극적이고 낙천적인 작은누나네 조카와 달리 큰누나네 조카는 매우 섬세하다. 한배에서 나온 자식들이더라도 그 세대를 거듭함에 따라 그리고 삶의 환경에 따라 달라지는 것은 당연한 이치겠지. 내심 큰누나네 조카가 신경 쓰임은 당연한 것이다. 섣불리 물어볼 수 없음에 마음만 쓰이고 있었다. 그러던 중 저녁식사가 끝날 무렵쯤 큰누나가 연락해 왔다. 너무나 긴장했던 나머지 큰조카가 매 쉬는 시간마다 화장실에서 배 속의 내용물들을 반복해서 게워 냈다고.

나를 포함해 일반인들은 그저 평범하게 보냈을 그 시간. 그런데 조카아이는 매분, 매초를 자기 자신과 힘겹게 싸워 가며, 외롭게 버티며 남몰래 화장실에서 본인의 모든 것을 끄집어냈던 거다. 나도 한 명의 부모로서 그 소식을 접하자 가슴이 찢어지는 듯 아팠다.

무엇이 정답일까? 아이들을 키우면서 참 많은 생각들을 한다. 아이들은 부모의 거울이다. 결국 아이들을 바라보면서 나를 돌아본다. 나는 어떤 꿈을 꾸고 있는가. 나는 어떤 목적을 가지고 살아가고 있는가. 나에게 참된 삶이란 무엇인가.

불현듯 어떤 내용을 써야 할지 어떻게 써야 할지 무엇 하나 알지도 못하면서 무턱대고 책을 써 보고 싶다는 생각이 들었다. 그것은 마치 신의 계시처럼 어느 찰나에 뇌리에 박혔다. 비용은 생각지도 않고 세계 최고 책 쓰기 코칭이라고 자부하신다는 김태광 대표 코치님의 한책협에서 책 쓰기 1일 특강을 들었다. 그러곤 겁도 없이 덜컥 책 쓰기 과정에 등록했다.

특강을 듣고 집에 돌아오는 길에 한책협으로부터 메일이 한 통 들어왔다. 일명 '자소서'를 보내 달라는 거였다. 그러곤 어떠한 주제를 가지고 써야 할지 나의 살아온 발자취를 자기소개서에 맞추어 작성해 달라고 양식 하나를 보내 주었다. 겁이 났다. 내 나이 어느덧 마흔 셋. 자소서는 대학 4학년 졸업을 앞두고 취업을 위해 썼던 그것이 마지막이었다. 그리고 20년이 지나 나 스스로 나를 돌아보는 시간을 가져야 한다니. 집에 돌아오는 약 한 시간가량 머리가 멍했다.

나 정동주, 잘 살아왔나. 무엇을 하며 살았나. 어떤 걸 좋아하고 무엇을 잘하고 내 성격은 어떠한지. 앞으로의 나는 어떻게 살아가고 싶은지. 내가 살아온 길을 그리고 살아가야 할 길을 그 자소서란 형식으로 돌아보면서 수많은 고민과 생각이 들었음은 비단 나뿐이었을까.

나의 아이들에게 부모로서 길을 제시하기에 앞서 그 길을 내가 먼저 바로 세우는 과정이 필요했다. 자소서를 통해 새삼 그리고 새로이 나를 보게 되었다. 그리고 부모로서 아이들의 의식의 성장을 강요하는 입장이 아닌, 아이들과 부모가 같은 시간, 같은 공간에서 함께 성장해 나가는 동반자라는 생각이 들게 된 건 그리 오래되지 않았다.

아이들과 의식에 대한 책을 공유하며 그 책의 내용에 대해 대화를 나누기 시작했다. 또한 그것들을 함께 실천하고 아이들이 어려워 머뭇거릴 때 아이들의 눈높이에서 설명해 주었다.

당장은 아니지만 부모인 나 그리고 아이들의 의식과 지혜는 식물이 서서히 뿌리내리듯 자연스레 뿌리를 내리고 견고히 다듬어져 나갈 것이라 믿는다. 그리고 그것은 어느 순간 아름드리나무가 되어 또 다른 힘들어하고 지친 자들에게 그늘이 되어 주고 휴식처가 되어 주겠지.

선한 영향력이란? 내가 아이들과 함께 이루어 나가고 있는 의식의 성장을 많은 이들과 공유하고 싶다는 생각이 들었다.

목적도 모른 채 엄마아빠가 시키는 대로 학교와 학원을 반복해 다니는 학생들. 수능에 목숨을 거는, 그래서 결과가 마음 같지 않으면 목숨조차 포기해 버리는 청소년들. 남들이 선망하는 좋은 회사에 취직하고자 소중한 젊음을 포기하는 청년들. 등 떠밀리듯 때가 되면 의무인 양 결혼하고 후회하는 절망의 부부들. 인생의 목적 없이 회사의 수단이 되어 버린 회사원들.

나 스스로에 대한 진솔한 고민이 부족한 이들. 그리고 의식의 준비, 아니 의식이 무엇인지조차 모르는 그들과 함께 서고 싶다. 내가 나의 아이들과 동반자로서 함께 성장해 나가고 있듯이 그 동반자들의 대열에 더 많은 사람들을 참여시키고 함께 성장해 나가고 싶다는 생각.

존경하는 김서진 대표님의 한경협과 김태광 대표 코치님의 한책협에서 추천해 준 여러 책 중에는 선한 영향력이란 표현이 많다. 그리고 그 영향력의 범위를 넓힐 수 있는 방법에 대해 소개한다. 책을 통해, SNS나 블로그를 통해 그리고 강연을 통해 더 많은 영향력을 전파할 수 있다고 얘기한다. 그 수단들을 통해 인생에서 가장 소중한 젊음을 의미 없이 허비해 버리는 청년들과 학생들에게 의식의 문을 열어 주고 싶다.

다시금 생각한다. 이 세상의 모든 자식들은 부모님들의 강한 자부심이다. 그리고 부모에게 우리는 감동이다. 그것의 깊이와 넓이를 우리는 헤아릴 수 없다. 이는 이 세상 모든 이들에게 해당한다. 그

것을 모두 알면서도 또 한편으로는 알지 못한다. 나는 우리가 모두 그 자부심으로 살아간다는 것을 다시 한 번 일깨워 주는 그런 사람이 되고 싶다.

PART 12

수많은
가정을 세우는
일에 쓰임받는
코칭 전문가 되기

- 정면채

정면채 (사)두란노 아버지학교 진행자, (사)두란노 청소년 감동캠프 진행자,
화성 은혜의 동산교회 시무장로, 청소년 상담가, 자기계발 작가, 동기부여가

(사)두란노 아버지학교 안산15기를 수료하고 현재까지 아버지학교와 청소년 감동캠프 진행자로 활동하면서
쓰러져 가는 가정의 아버지들과 자녀들을 살리고 행복한 가정으로 다시 세우는 일을 하고 있다. 화성 은혜의
동산교회 장로로 시무하고 있으며 20년간의 유통업계에서의 현장 경험과 인생 2막을 준비하는 사람들을 위
한 희망의 메신저로도 역할을 감당하고 있다. 현재 '인생 2막'을 주제로 한 개인저서를 집필 중이다.

01

쓰러진 가정을 세우는
코칭 전문가 되기

　이 땅에는 쓰러진 가정들, 그리고 쓰러져 가는 가정들이 너무나 많다. 나는 16년 동안 사)두란노아버지학교라는 곳에서 가정을 살리는 사역을 해 왔다. 16년 동안 너무나 많은 아버지들이 아버지로서, 남편으로서, 가장으로서 준비가 안 되어 있음을 경험했다. 16년 전 아버지학교를 경험하기 전 나 자신이나 우리 가정 또한 하루하루 곡예 하듯이 아슬아슬하게 가정이라는 모양새만 갖춘 채 살아왔다.

　나는 처형의 권유로 이 아버지학교에 참여하게 되었다. 그러곤 내 인생의 놀라운 전환점을 경험하게 되었다. 내 나이 마흔에 아버지학교라는 하프타임의 시간을 통해서 나의 실체를 볼 수 있는 계기를 맞이한 것이다.

　이 아버지학교는 매주 토요일 5주 동안 5시간 정도의 프로그램 일정으로 진행된다. 한 기수를 수료하기까지 적어도 8주 동안 열세 번 이상의 준비모임과 진행과정을 거친다. 한 기수를 수료시키기까지 스태프로서 섬기는 봉사자는 60시간 이상을 투자해야 한다. 물론 봉사자는 강사 이외에는 모두 자비량으로 봉사한다는 것이 특징이다.

나는 16년 동안 아버지학교 사역을 섬기면서 기적같이 아버지들이 자신의 삶을 회개하는 것을 봐 왔다. 그러면 자녀와 아버지와의 관계가 회복될 뿐 아니라 이혼 직전의 아내와의 관계가 회복되는 것을 봐 왔다. 그들에게 화해와 용서, 치유와 회복이 일어나는 것을 눈앞 현장에서 수도 없이 지켜봐 왔다. 나 또한 16년 전에 나를 변화시켰던 그 현장에 있었다. 그럼으로써 나는 가정을 살리고 세워 가는 사역의 중요함을 인식했다. 그렇게 지금까지 16년 동안 이 섬김의 현장을 지키고 있다.

이 글을 쓰는 지금도 오산에서 진행자로서 아버지학교를 섬기고 있다. 육신의 아버지와의 관계, 아내와의 관계 그리고 자녀들의 문제들로 신음하는 수많은 아버지들이 있다. 쓰러져 가는 그런 가정들을 세우고 새롭게 하는 일에 더 전문가적 자질을 갖추어서 섬기고 싶은 마음이 크다.

지금 내 나이 쉰다섯 살. 16년 동안 다니던 직장에서도 대책 없이 명퇴하게 되었다. 새로운 길을 가야 하는 이 시점에 어떠한 삶을 살아가야 할지 고민하고 번민하게 되었다. 그러던 차에 한책협을 알게 되어 인생 2막을 열어 가는 준비를 하게 되었다.

어떻게 보면 이곳 한책협에 오리라고는 꿈에도 생각하지 못했다. 무엇에 홀린 듯이 순식간에 이렇게 한책협에 합류하게 되었다. 아직도 얼떨떨하지만 하나님의 또 다른 계획하심이 있을 거라고 확신한다. 이제는 앞만 바라보고 김도사님의 가르침만을 따르며 꿈과 비전을 품고 달려가고자 한다.

아직은 가정을 세우는 코칭 전문가로서 턱없이 부족함을 느낀다. 그럼에도 불구하고 그 누구와도 비교할 수 없는 김도사님의 지도와 가르침 속에서 더 숙련하고 배울 것이다. 그래서 이 땅의 쓰러져 가는 수많은 가정들을 세우는 일에 쓰임받는 코칭 전문가로 우뚝 설 날을 기대해 본다.

직장을 그만두게 되고 아직은 내가 책 쓰기 하는 것을 모르고 있는 가족들과 주변의 많은 지인들이 나의 미래를 걱정하고 염려한다. 하지만 내 마음속은 멈출 수 없는 환희와 열정으로 가득 차 있다. 내 아내에겐 1년만 기다려 달라고 말했다. 이제 9개월 동안 실업급여를 받으면서 나는 배수진을 치고 나아가야 한다. 다음 주면 직장을 나오게 되지만 나는 더욱 성장하고 비상할 것이다. 내 인생의 봄날이 시작되었기 때문이다.

나로 인해 내 주위의 가족, 친구, 친척, 이웃들이 덕을 보게 될 것이다. 백팔십도로 달라진 나의 삶의 방식을 보고, 또 나의 표정과 말과 행동을 보고 그들은 놀라게 될 것이다. 이 글을 쓰는 지금 나는 이미 정상에 서 있는 것을 느낀다. 너무나 벅찬 감격이 나를 감싼다. 그것은 하나님의 사랑일 것이다.

지금까지 나를 지지해 주고 격려해 준 사랑하는 아내와 스물일곱 살 아들 그리고 대학교 3학년인 스물두 살 딸에게 사랑한다고 고백하고 싶다. 인생 2막에 좌절과 절망이 아닌, 다른 어떤 사람보다도 더 비상하는 비전의 사람으로, 하나님의 사람으로 우뚝 서기를 원한다. 그러면 하나님의 부귀와 영화는 내 것이 될 것이다.

끝에서 시작한다. 내 꿈은 반드시 이루어진다. 사랑하고 축복한다.

02

10만 평의
땅끝세계선교센터 건립하기

지금으로부터 10여 년 전쯤의 일이다. 그때도 여느 때와 마찬가지로 회사 1톤 트럭으로 열심히 납품을 하고 있었다. 지금도 그 장소를 기억하고 있다. 수원과기대 앞을 지나고 보통리 저수지를 지나갈 때쯤 내 머리를 스치고 지나가는 생각이 있었다. 대부분은 이것저것 많은 생각들을 하면서 지나치기 마련인데 그날은 너무 생생했다. 당장 기록해야겠다는 강력한 마음이 들어서 갓길에 차를 세웠다. 그러곤 조금 전 영감을 받았던 생각을 차에 가지고 다니던 노트에 그림으로 남겨 놓았다.

그때 이후로 지금까지 세밀하고 디테일한 것은 아니었지만 이것은 하나님께서 나에게만 주신 특별한 꿈이라고 생각하면서 늘 마음에 담고 있었다.

소망하는 버킷리스트들이 많이 있지만 그것들 중에 항상 첫 번째는 〈10만 평 땅끝세계선교센터〉 건립하기였다. 그런 나에게 가장 큰 문제는 아무리 생각해 봐도 이 꿈이 현실적으로 얼토당토않다는 것이다. 지금 나에게는 땅이 한 평도 없기 때문이다. 내 개인 소유의 땅을 사 본 적이 한 번도 없기 때문이다.

그런데 도대체 어쩌자고 이런 생각이 나한테 들어와서 자리 잡았단 말인가? 지금까지 내 생각의 1번을 차지하고 있단 말인가?

나는 3일 전에 16년 동안 다니던 회사를 퇴사했다. 쉰다섯에 인생 2막을 새롭게 열어 가면서 다시금 〈10만 평 땅끝세계선교센터〉 건립하기가 내 인생 화두로 떠오르고 있다. 아직은 선명하거나 구체적인 아무런 계획도 없다. 그런데 왜 쪼잔하게 살아왔던 나에게 이렇게 어마무시한 꿈이 자리 잡고 있는지 모르겠다. 뒤로 내던져 버리고 아예 생각이 안 나면 편하고 좋을 텐데 왜 지금까지 떠나지 않고 있을까?

내 나이대의 대부분의 사람들은 연금 이야기와 노년을 대비하라는 이야기들을 한다. 그런데 나는 지금 그런 것에 전혀 관심이 없다. 지금 나의 가슴에는 고등학교를 갓 졸업하고 사회로 나가는 초년병 같은 그런 가슴 뛰는 열정만 가득할 뿐이다.

이제, 나의 인생 2막을 새로 계획해야 한다. 가장 먼저 의식을 바꿔야 한다. 의식을 바꾸지 않고 환경을 바꿀 수 있는 방법은 없다. 내가 스스로 노력해서 할 수 있는 성질의 것이 아니다. 때문에 하나님께 맡기고 달려간다.

회사를 나와 쉴 틈도 없이 한책협에 들어와서 책 쓰기에 몰입하고 있다. 오히려 회사에 있을 때보다 몇 배는 더 바쁘고 분주하고 집중하지 않으면 안 되는 상황에 처해 있다.

앞으로 두 달쯤 후에 첫 번째 책 쓰기를 마치고 나면, 나는 대학교 3학년인 딸과 함께 20일간 미국 동부를 자유여행 할 것이다. 세계에서 가장 문명이 발달한 뉴욕과 시카고, 보스턴, 필라델피아, 워싱턴 등을 돌아볼 계획이다. 이번 미국여행이 〈10만 평 땅끝세계 선교센터〉 건립과 어떻게 연관이 될지는 모르겠다.

지금 이 글을 쓰면서 이번 여행이 앞으로 센터를 건립하는 데 기본 자료의 토대가 될 것 같다는 생각이 든다.

내가 의도한 것은 아닌데 요즘 하루하루의 일상을 보면 지금까지 내가 살아왔던 방식과는 사뭇 다르게 움직이고 있다. 이전까지는 내가 생각한 대로 생활해 왔다면 한책협에서 책 쓰기를 한 후로는 누군가의 손길이 나를 움직여 가는 것을 느낀다. 하루하루 기적의 일상을 경험하고 있기 때문이다.

얼마 전까지만 해도 20년 동안 트럭 운전을 하면서 하루하루 아무 생각 없이 일상을 보내던 나였다. 그렇기 때문에 근래 한두 달 동안에 일어난 일들은 가히 놀랄 만하다. 일반인들이 생각하기도 힘든 책을 쓰고 있고, 벤츠 S클래스를 가지게 되었으며, 아내에게 루이비통 가방을 사 주는 일이 생겼다. 나도 구찌 명품 가방을 사고, 딸과는 미국여행을 계획하고 있다. 이것 말고도 내가 섬기는 교회와 사)두란노 아버지학교의 현장에서도 이전과는 다른 수많은 기적의 일상을 보고 있다.

몇 달 전 나는 회사를 퇴사하면 여행도 하고 쉬면서 육체적인 회복도 하고 인생 후반전을 생각해 보겠다는 느긋한 생각을 하고 있었다. 그런데 3일 전에 회사를 그만둔 지금 나는 내 인생의 가장 바쁘고 분주하고 집중하지 않으면 안 되는 시간을 보내고 있다.

그런 가운데서도 마음은 기쁘고 평안하며 자신감 있고 당당해서 너무나 좋다. 앞으로 하나님께서 이루어 가실 원대한 꿈들이 있기에 가슴이 벅차오른다. 앞으로 내 인생에 어떠한 일들이 벌어질지 너무나 기대된다.

나에게 생각으로 꿈꾸게 하신 〈10만 평 땅끝세계선교센터〉 건립이 앞으로 어떻게 진행될지는 알 수 없다. 우리나라, 아니면 외국 그 어디에서 진행될지도 나는 알 수 없다. 다만 이 뜻을 이루실 하나님의 일하심을 기대하며 앞만 보고 달려갈 뿐이다.

15년 전 새벽에 하나님께서 나에게 주신 말씀이 있다. 성경 〈히브리서〉 11장 6절의 말씀이다. "믿음이 없이는 기쁘시게 못하나니 하나님께 나아가는 자는 반드시 그가 계신 것과 또한 그가 자기를 찾는 자들에게 상 주시는 이심을 믿어야 할지니라." 나는 하나님의 살아계심과 상 주심을 믿는다.

앞으로가 더욱 기대되는 것은 쉰다섯, 인생 2막에 내가 꿈꾸는 자로 살아 있다는 것이다. 살아 있는 개 앞에서 죽은 사자가 무슨 의미가 있겠는가? 다윗은 죽었고 지금 나는 살아 있다는 것, 그것이 나에게는 가장 큰 희망이다.

하나님께서 내 호흡을 멈추게 하시는 그날까지 나는 계속해서 달려갈 것이다. 나는 하나님의 자녀이기 때문이다. "나의 가는 길을 그가 아시나니 그가 나를 단련하신 후에는 내가 정금같이 나오리라." 나는 오늘도 계속해서 하나님의 길을 간다.

03

5,000평 대지에
개인 저택 만들기

30대 초반 언젠가 미국 대통령 중의 한 분의 생가 저택을 사진으로 봤던 기억이 있다. 3층 단독 일자형 건물이었다. 1층 현관 위에 눈비를 막아 주고 자동차를 타고 들어와서 사람을 내려 주고 돌아 나갈 수 있도록 콘크리트 지붕이 있었던 게 인상에 남는다. 그때는 막연하게 좋다는 생각만 했었는데 쉰다섯의 나이에도 그때의 기억이 사라지지 않는 것은 왜일까.

나는 화성에서 살고 있다. 화성의 땅은 서울의 1.5배가 넘을 정도로 넓다. 대부분은 개발되지 않은 땅들이다. 하지만 작금에는 공장이나 아파트단지들뿐만 아니라 단독 택지를 개발해서 많은 개인 저택들이 곳곳에 들어서고 있다. 이곳 화성 남양에 살다 보니 아는 분들이 집을 짓거나 땅을 사서 집을 짓겠다는 이야기들을 많이 한다.

10년 전쯤 가까운 지인으로부터 "남자로 태어났으면 자기 집을 한번 지어 봐야 인생을 논할 수 있다."라는 말을 들은 적이 있다.

그분은 교사였는데 40대의 나이에 자신이 설계하고 가족들과 열심히 조경까지 해서 전원주택을 지었다.

그분의 집에 몇 번 놀러 갔다가 오기도 했다. 최근에는 사촌 형님이 개인 전원주택을 분양받아서 새로 입주한 집도 다녀왔다. 그런데 전에는 부러워했을 그 집들이 지금 내 눈에는 전혀 흡족한 모습으로 들어오지가 않았다. 아마도 내가 꿈꾸는 개인 저택이 너무 웅장하고 커서일까.

아직은 수중에 돈은 없고 꿈만 가지고 있다. 때문에 막연한 부분이 많다. 하지만 이제 더 구체적이고 세밀하게 5,000평 개인 저택의 꿈을 그려 보고 싶다. 3일 전까지만 해도 직장을 다니던 나였다. 그런 만큼 이러한 원대한 꿈을 그려 보고 상상하면서 계획한다는 것은 사치스러운 생각이었다. 사실 먹고살기 급급했기 때문에 그럴 만한 시간적 여유도 없었다.

그러나 지금은 조금 상황이 달라졌다. 보통은 직장을 나오게 되면 아내의 등쌀에, 앞으로 먹고살 걱정에, 근심과 시름이 깊어지는 경우가 많은 법이다. 하지만 나는 오히려 회사를 나온 쉰다섯에 쉴 틈도 없이 인생 2막을 향해 내달리고 있다. 한책협에서 더 바쁘게 새로운 미래의 꿈을 창조하고 있다.

이 글을 쓰는 이 순간에도 내 머릿속에 계속해서 치고 들어오는 생각이 있다. 네가 할 수 있는 일을 꿈꾸고 계획해야지. 이게 지금 너한테 가당키나 한 계획이냐는 생각이다. 사실 현재 나의 상태를 본다면 말 그대로 꿈에 불과한 것이 맞다. 그러나 꿈은 이루어진다고 들었다. 꿈꾸지 않고 내 손으로 얼마든지 할 수 있는 일이라면 그것이 어찌 꿈이 될 수 있겠는가? 그냥 내 능력으로 지금 하면 되지.

나는 지금 어찌 보면 사람들이 늦었다고 말하는 쉰다섯의 나이에 너무나 크고 원대한 꿈들을 그리는 밑작업을 하고 있다. 건축물을 지을 때 바닥 기초공사가 중요하고 시간이 많이 필요한 것처럼 지금 내 머릿속은 많은 생각들로 분주하다. 그동안 써먹지 않고 방치해 두었던 창조적 작업 공간들이다. 그것을 깨우려 하니 삐걱거리고 열도 많이 난다. 하지만 내 마음은 열정으로 가득하다. 하루하루 너무 기대에 차 눈을 뜬다.

지난 20년 이상 트럭을 몰면서 힘든 시간도 많이 보내고 신세타령도 종종 했던 것 같다. 이러한 힘듦을 이겨 낼 수 있었던 힘은 하나님에게서 공급받은 것이다. 지난 수많은 죽을 고비와 나를 좌절시키려 했던 세력들 앞에 지금 나는 당당하게 서 있다. 아직 나를 향하신 하나님의 계획이 남아 있기 때문이다.

그 계획은 내가 생각하고 상상하는 것 이상의 어마어마한 것이 될 것이다. 나는 나를 기대하지 않는다. 나를 창조하신 나의 하나님 아버지의 일하심을 기대한다.

엊그제 거실에서 차를 마시면서 거실 문으로 바라본 바깥 단풍이 너무 아름다웠다. 나는 무심코 거실 문을 열었다. 더 신선한 외부의 바람을 맞고 바깥 풍경을 보고 싶었기 때문이다. 그렇게 거실 문을 여는 순간 나는 너무 놀랐다. 창문을 통해 보는 단풍과 내 맨눈으로 직접 보는 단풍의 색깔이 너무 달랐기 때문이다. 그러면서 나에게 많은 깨달음이 왔다. 내가 바라보고 생각하는 것과 하나님께서 나를 바라보고 소망하는 것에는 굉장히 큰 차이가 있을 수 있음을 깨달았다.

나는 협소하고 한계가 있는 생각에 나를 가두고 살지만, 하나님은 전혀 다른 생각과 계획을 가지고 나에게 다가온다는 사실이었다. 나는 매일 하나님을 더 바라보고 응시해야겠다는 생각을 했다.

지금 내 나이에도 얼마든지 꿈꿀 수 있다. 내가 계획한 5,000평 개인 저택 만들기가 막연한 것이 아니고 이미 이루어진 것처럼 느껴진다.

나는 한 달 전에 벤츠 S클래스를 타게 되었다. 20년 이상 트럭을 몰고 납품을 하러 다니던 나로서는 상상도 하기 힘든 일이다. 그런 나에게 벤츠를 탈 수 있는 기회가 온 것이다. 지금 내 인생에 꿈꾸는 것 같은 일상의 기적이 매일매일 펼쳐지고 있다. 내가 이런 인생을 살아도 될까, 라는 생각이 들 정도다.

나는 하나님의 자녀다. 하나님 아버지께서는 어느 공간에 어느 틀에 매여 있지 않으신다. 우주 만물 모든 곳에 편만하게 임재하시고 통치하신다. 그런 것처럼 나도 나의 아버지를 따라서 나를 제한하지 않을 것이다.

지금부터 나는 하나님 아버지와의 롤러코스트 같은 모험을 시작한다. 앞으로 멋지게 펼쳐질 내 인생을 미리 바라보면서 너무 기대되고 흥분된다. 이 뛰는 가슴을 멈출 수가 없다. 아, 이제 나는 또 꿈을 찾아서 떠난다.

요즘 부쩍 내 인생에서 이루고 싶은 버킷리스트들이 많아졌다. 한책협과 관계를 맺고 하루하루 너무나 커다란 변화를 경험하고 있다.

지금 나는 과거에 꿈꿔 보지도 못했던 신바람 나는 삶을 살아가고 있다. 그렇게 된 데는 한책협의 김도사님과의 만남이 크게 작용했다. 김도사님은 20년 동안 205권의 책을 쓰고 900명이 넘는 작가들을 배출하신 분이다. 탁월한 코칭 능력과 잠자는 영혼들의 내면을 깨우는 의식 확장의 대가이시다. 김도사님을 만난 것은 내 인생 2막의 시점에 하나님께서 내게 주신 가장 큰 선물이다.

한책협에서 인생 2막의 꿈을 펼치고 이루어 갈 것이다. 나는 새로운 보물지도를 그리고 있다고 생각하고 믿음으로 바라보는 것들이 현실에서 이루어질 것을 믿으며 오늘도 나는 나의 인생 2막을 열어 간다. 5년 아니 10년 안에는 이 글을 읽는 분들이 나의

5,000평 개인 저택으로 놀러 와 있을지도 모르겠다. 내가 꿈꾸고 설계하는 일이다.

하나님 아버지가 말씀하셨고 세상은 그대로 이루어졌다. 나도 선포한다. 나의 5,000평 개인 저택아 만들어져라. 이미 다 이루어 져서 현실로 다가오고 있다.

04

청소년들에게 꿈을 심어 주는
동기부여가 되기

우리나라에서는 9세에서 24세까지를 청소년기로 본다. 〈청소년 기본법〉에 그렇게 명시되어 있다. 나는 대한민국에서 태어난 것을 후회해 본 적이 없다. 나는 작지만 강하고 근성 있는 우리 민족성이 좋다. 정이 많고 흥도 많으며 때로는 강하게 연합하는 힘을 가진 우리나라 사람들이 좋다.

나는 충남 부여에서 가난한 농사꾼의 아들로 태어났다. 어려서부터 술폭력이 심한 아버지 밑에서 자라면서 사연이 많은 청소년기를 보냈다. 그러나 지금 나는 돌아가신 아버지와 요양원에 계신 어머니를 너무나 사랑하고 축복한다. 나는 슬픈 청소년기의 환경 속에서도 기억에 남고 기뻤던 순간들을 가슴에 많이 담고 있다.

가장 슬펐던 것은 술폭력이 심했던 아버지 때문에 어머니가 하루, 이틀, 어떨 때는 몇 주 동안 집을 나갔다 들어오셨다 하셨던 것이다. 들어오실 때는 꼭 과자와 과일이 든 검은 봉지를 들고 오셨던 기억이 난다. 그때마다 동네 어른이나 친구들이 우리 집 담장에 빙 둘러서서 또 무슨 일이 일어날까 지켜보곤 했다. 나는 어린 마음에 자존심이 많이 상했다.

초등학교 3~4학년 때부터 밥하고 청소도 했던 기억이 난다. 그 중에서도 가장 크게 기억에 남는 것은 술에 취해서 마루에 누워 계신 아버지의 고린내 나는 발을 매일 씻겨 드려야 했던 일이다. 지나가는 동네 어르신들이 네 아버지 술 취해서 쓰러져 계신다는 말을 자주 해 주셨다. 시내 판잣집이나 물이 고인 논두렁에 자전거째로 처박혀 계신 아버지를 동생과 함께 리어카로 모셔 오기 일쑤였다. 좋은 기억으로는 어려서부터 달리기를 잘해서 초등학교까지 육상 선수로 활동했던 기억이 있다. 100미터 최고 기록은 12F다.

내 나이 벌써 쉰다섯. 언제 이리도 나이를 먹었을까? 나도 청소년기를 분명히 거쳐 왔을 텐데. 참으로 세월 앞에서는 아무 대책도 세울 수가 없다. 나는 사람이 어릴수록 중요하다고 생각한다. 그래서 태아교육을 가장 중요하게 여기는 사람 중의 한 명이다. 그러나 태아교육은 부모에게만 환경이 한정되어 있어서 아무나 선뜻 다가서기가 쉽지 않다. 그래서 나는 꿈을 그리고, 미래로의 기초를 다지는 청소년기의 학생들에게 관심이 많다. 그래서인지 청소년이라는 말만 들어도 가슴이 뛴다.

길에서 가끔씩 마주치는 청소년들의 표정은 그리 밝지만은 않다. 청소년기는 많은 경험을 하고 자신의 재능을 발견해야 할 나이다. 그럼에도 불구하고 좋은 대학에 들어가기 위해 많은 학생들이 획일화된 입시교육을 받고 있는 게 현실이다. 자신의 가치를 발견하고 찾아 가는 자세가 너무나 부족하다.

나는 사랑하는 아들을 고2 때 자퇴시켜 본 경험이 있다. 자퇴를 시키기 전에 왜 자퇴하고 싶어 하는지 물어봤다. 그 이유는 선생님들이 공부를 잘하는 몇 명의 학생들만 집중해서 가르치기 때문이라는 것이었다. 나머지 대부분의 학생들에게는 자든지 만화책을 보든지 관심조차 두지 않기 때문이라는 것이었다. 공부를 잘하면서 그런 얘기를 하면 수긍이나 가련만. 아무튼 그 뒤로 아들은 아르바이트나 공장일 등을 전전하다가 결국 검정고시로 고등학교를 패스했다.

그 아들이 군대를 다녀와서 회사를 다니다가 인터넷 도박에 빠졌다. 수천만 원의 빚을 지고 이리저리 쫓겨 다니는 처지가 되었다. 우리 부부는 이런 아들의 상태를 모르고 있었다. 아들은 결국 회사에서 나오게 되었다. 그러곤 집에 잠시 머물러 있다가 다른 회사를 알아본다고 하고는 집을 나가서 들어오지를 않았다. 가끔씩 안부를 물어 오던 전화도 끊겨 버리고 행방불명이 되었다.

이제는 성인이라서 가출 신고도 안 받아들여진다. 아내와 아들이 있을 만한 곳들을 다 찾아다녔지만 예비군 훈련장에서 잠깐 얼굴을 본 후로는 1년 이상 소식을 못 듣고 있다. 최근에 친구로부터 부천대학교 앞 신축빌라에서 여자친구와 동거한다는 소식을 들은 게 전부다. 지금은 포기가 아닌 믿음으로 아들을 기다리는 시간을 보내고 있다.

나는 우리 사랑하는 아들이 가장 좋은 때에 가장 멋진 모습으로 부모의 품으로 돌아올 것이라 믿는다. 아들 외에도 조카들과 지인들의 자녀도 학교에 적응을 못하고 자퇴했다 복귀하는 것을 자주 보곤 한다. 요즘은 자녀도 한두 명밖에 없는 시대다. 그런데 이렇듯 청소년들이 방황하고 목적 없는 삶을 살아가는 모습을 보노라면 안타까운 마음이다.

대부분의 상담가나 가정 사역 전문가들은 이런 현상에 대해 부모의 잘못을 많이 지적한다. 그러나 나는 다른 한편으로 사람들의 생각과 판단 전에 하나님의 계획하심이 있음도 믿는다. 아무리 성실하고 착하게 살아도 요셉처럼 노예로 팔려 가는 기구한 인생이 있을 수 있다. 야곱같이 욕심 많고 사기꾼처럼 살아도 하나님의 은혜를 입는 일들이 허다하다.

나는 아들의 문제나 청소년기 자녀들의 상황들을 문제로만 보지 않는다. 하나님의 계획하심으로 본다. 인생의 놀라운 반전을 준비하시는 하나님만의 드라마라고 생각한다. 모든 청소년들 한 명 한 명이 하나님께서 이 땅에 독특하고도 특별하게 보낸 보석들이다. 이들에게는 공부만 필요한 게 아니다. 자신의 삶의 이유와 목적을 발견할 필요가 있다. 하나님이 자신에게만 주신 꿈과 비전을 발견하고 이루어 나갈 필요가 있다.

늘 피곤에 지쳐 있고 기가 죽어 있는 청소년들에게 희망을 주고 싶다. 질풍노도의 시기를 지나고 있는 수많은 청소년들에게 그들만의 꿈을 심어 주고 싶다. 청소년기에 얼마든지 자기 정체성을 확고히 할 수 있다. 목적 없는 방황을 빨리 멈추고 자신의 인생의 목표와 가치를 탐색하기 위해서는 확고한 정체성과 인생관을 가져야 한다. 그래야 자신만의 멋진 인생을 열어 갈 수 있다. 그러기 위해서는 인생의 자아관, 가치관, 국가관을 분명히 의식하는 훈련의 시간을 가져야 한다. 이 세상에 공짜는 없다.

나는 방황하는 청소년들이 더 이상 시간을 낭비하지 않고 자신만의 독특함을 살리는 본인의 궤도로 돌아오기를 바란다.

나는 최근에 사)두란노 아버지학교 주관으로 화성에 있는 중학교에서 부모와 자녀 한 명씩 참여하는 일일 프로그램인 〈청소년 감동캠프〉를 진행한 적이 있다. 이 프로그램 중에 아버지와 허깅하는 시간이 있었다. 그때 딸의 입에서 더러운 놈이라는 말이 나오기도 했다. 그런가 하면 아빠와 처음 함께하는 시간을 보내고 아빠가 쓴 편지를 읽으면서 펑펑 울어 대는 학생들도 많이 목격했다.

감동캠프가 끝나면 설문조사를 해 본다. 그러면 너무너무 자식을 사랑한다고 모든 아버지들이 대답한다. 그런데 자녀들은 대부분 아버지가 자신을 전혀 사랑하지 않는다고 느낀다.

어디에서 이러한 괴리가 생기는 걸까. 바로 대화와 소통의 시간이 없다는 데서 비롯된다. 아버지는 일만 하고 돈만 벌어다 준다. 자녀들에게 귀 기울이지 않고 사랑의 대화나 표현을 하지 않고 살아간다. 때문에 자녀들은 너무나 큰 외로움을 느끼는 것이다. 외로워하고 소외된 자녀들을 살려야 한다.

우리 한 명 한 명의 청소년들은 독특하면서도 특별한 존재들임을 알아야 한다. 그들은 나보다 시간도 많고 가능성이 많다. 앞으로 우리나라를 짊어지고 세계로 나아가야 하지 않겠는가? 나는 내가 가진 모든 역량을 다해서 우리 청소년들을 끝까지 도울 것이다. 청소년들이 자신을 계발하고 동기를 부여해서 꿈을 찾아 가도록 끝까지 응원할 것이다.

05

롤스로이스 팬텀 황금색
사기

　　1990년대 내 나이 30대 초반 코엑스에서 열린 자동차 전시회에 참여했던 적이 있다. 차에 유난히 관심이 많았던 나는 브로마이드 한 장이라도 더 얻어 오기 위해서 이곳저곳을 분주하게 다녔었다. 그때 바리바리 싸 들고 왔던 책자들은 지금 다 어디로 갔는지 사라졌다. 그러나 차에 대한 그때의 관심과 열정은 아직도 여전히 내 마음속에 남아 있다.

　　그때도 꿈의 차였지만 지금도 여전히 대한민국 99.5%는 넘사벽인 롤스로이스를 내가 가질 수 있을까? 그때 코엑스에 전시된 롤스로이스에는 영국 여왕이 타고 다녔던 차라는 설명이 곁들어졌다. 사진으로 보기도 힘든 차를 눈앞에서 보니 정말 감탄사가 절로 나왔다. 그때 나의 뇌에 롤스로이스에 대한 인상이 강하게 새겨졌다.

　　나의 어렸을 때 꿈은 체육교사가 되는 것이었다. 그러나 고등학교를 졸업하고 내 인생 40세까지 반월공단의 수십 군데 직장을 전전했다. 그 후 인생의 중년 16년을 트럭 운전을 하면서 보냈다. 그런 만큼 항상 자가용차를 타고 다니는 사람들이 부러웠다. 소나타만 한번 타 봐도 여한이 없겠다는 생각을 종종 하곤 했다.

그러던 나에게 최근에 벤츠 S클래스가 생겼다. 일주일 전 16년 다니던 직장을 나오면서 나에게 엄청난 변화의 바람이 불고 있다. 나는 아직 나만의 보물지도를 그려 보고 꿈꾸지도 않았다. 그런데도 요즘 나에게 일어나는 변화들을 보면서 깜짝깜짝 놀랄 뿐이다. 약간의 의식을 바꿨을 뿐인데 하루하루 놀라운 일들을 경험하고 있다. 전에는 하루하루 직장생활에 만족하며 살았던 나였기 때문에 요즘 꿈을 꾸는 것만 같다.

나는 돈에 대한 욕심이 전혀 없었다. 돈을 벌어서 부자가 되어야겠다는 생각을 해 본 적이 없다. 교회를 27년간 다녔고 장로다. 그런데도 부자가 되어야 한다는 어떤 도전의식도 갖지 못했다. 돈 많은 주위 친척들과 이웃을 보면서 부러워하기는 했다. 하지만 나는 아무런 꿈도 꾸지 않고 현실에 안주하면서 살아가는 무기력한 사람이었다.

그랬던 내가 영원히 정년이 보장될 것 같던, 16년 동안 다니던 직장에서 나와야 했다. 얼마 전에 암수술을 하고 체력적으로 많이 약해진 나를 회사가 떠안고 가기에는 부담이 되었던 모양이다. 16년의 직장생활에서 퇴출당한 나는 참으로 앞으로의 삶이 암담

했다. 직장에만 목매고 살아서 미래에 대한 준비가 전혀 되어 있지 않았기 때문이다.

그러던 어느 날 갑자기 나에게 기회가 찾아왔다. 하루는 도서관에서 책 쓰기에 관한 책을 몇 권 빌려 와서 읽게 되었다. 책을 읽고 인터넷 검색을 하던 도중에 하나님은 한순간에 한책협이라는 곳으로 나의 발걸음을 옮겨 주셨다. 한두 달 사이에 일어난 놀라운 사건들은 나의 삶을 완전히 바꿔 놓기 시작했다. 생각과 믿음에 대한 의식이 순식간에 바뀌면서 부터다. 믿음이 지극히 추상적인 것이 아니라 실재하는 것임을 한책협에 와서 깨닫게 된 것이다.

직장은 나를 책임지는 곳이 아니었다. 지금까지 16년을 먹고살아 왔기에 다른 말은 하고 싶지 않다. 하지만 내가 왜 진즉 한책협을 알지 못했을까? 지금이라도 한책협을 알게 된 것이 얼마나 다행인지 모르겠다. 16년을 충성한 직장도 나를 해고했는데 한책협에서는 나같이 보잘것없는 사람에게 사랑과 용기를 심어 주었다. 책을 써야 성공할 수 있다고 책 쓰기 교육을 시킨다. 뿐만 아니라 의식 확장 훈련을 시켜서 1인 지식 창업을 하는 슈퍼맨으로 양성해 주고 있다.

나는 인생의 후반전을 한책협에 올인하기로 마음먹었다. 직장은 시간당 나의 몸값을 책정하고 언제든지 기계처럼 대체할 수 있는 대용물로 여겼다. 월급도 몇 번씩 변개했다. 나는 가슴에 대못을 박는 아픔도 견뎌 내야 했다. 그런 곳에서 16년을 버텨 왔다고 해야 할까? 나는 16년 동안 인생 2막을 위한 준비를 전혀 하지 못했다.

이제 한책협에서 이전과는 완전히 다른 삶을 구상하고 있다. 직장인에서 사업가로 변신중이다. 나는 요즘 웃으면서 행복하게 달려가고 있는데 아내나 친척들은 걱정이 태산인가 보다. 나는 성공할 것이다. 10년 안에 전에 다니던 회사도 인수하고 롤스로이스 팬텀 황금색을 구입할 것이다.

지금까지의 모든 나의 인생의 스토리를 책에 기록할 것이다. 그리고 책을 통해서 나의 경험을 나누고 1인 창업가로서의 성공적인 삶을 살아갈 것이다. 나는 앞으로 성공한 사업가로서의 꿈만 꾸고 전진할 것이다.

나는 하나님의 자녀다. 하나님의 자녀에게는 모든 것을 받아 누릴 특권이 있다. 이 땅에서는 거지같이 살고 나중에 천국에서 영원히 잘살 수 있다는 말에 나는 동의하고 싶지 않다. 하나님께서 바울처럼 그렇게 살게 할 사람도 있을 것이다. 하지만 나는 다윗의 믿음을 가지고 솔로몬의 부귀를 누리면서 이 땅에서 살고 싶다. 그리고 많은 사람들에게 희망과 용기를 주며 나만의 삶의 목적을 꿈꾸면서 얼마든지 성공하고 창대케 될 수 있음을 믿는다.

나는 오늘부로 메뚜기의 근성을 버리고 사자와 독수리처럼 나의 삶의 방향을 완전히 바꾼다. 그것은 우리의 아버지인 하나님께서 더욱 바라는 것이라고 생각한다.

지금까지 나는 성경의 달란트 비유를 잘못 알고 있었다. 공부만 잘해서 공무원이 되고, 교수가 되어서 철밥통을 끌어안고 안정적으로 사는 삶을 하나님께서 기뻐하지 않으실 거라는 생각을 하게 되었다. 그렇게 안정된 삶을 추구하는 것은 한 달란트를 받은 자의 사고방식 이라고 생각한다. 반면 자신이 가지고 있는 모든 역량을 다해서 자신을 계발하고 꿈을 이루어 가는 사람이 다섯 달란트를 받은 자의 삶이라고 생각한다. 한책협의 김도사님은 한 달란트를 받은 자로 무기력하게 살아가던 나를 위해서 하나님께서 보내 주신 메신저다.

나는 김도사님의 모든 인생의 스토리를 녹여서 만든 한책협의 마인드를 늦은 만큼 광속으로 배워야 한다. 그래야 다섯 달란트를 받은 자의 삶을 살아 낼 수 있기 때문이다. 도사님은 지금까지 나를 기다리고 계셨다. 아마 조금만 더 늦었어도 김도사님을 만나기가 더 어려웠을 것이다. 지금 김도사님은 세계로 도약하기 위해서 미국 뉴욕 진출을 앞두고 있다. 책 쓰기 코칭에서는 세계 1인자인 도사님을 만난 것은 하나님의 은혜요, 계획이라 믿는다.

나의 앞으로의 삶에는 가히 상상을 불허할 만큼 기가 막힌 일들이 펼쳐질 것이다. 하나님의 일하심을 기대하며 기도하며 지켜볼 것이다. 10년 안에 나는 롤스로이스를 타고 캘리포니아 금문교 앞을 지나고 있을 것이다. 도사님과 함께.

PART 13

대한민국 최고의 수학 강사이자 입시 컨설턴트 되기

- 정진우

정진우 수학 강사, 공부법 코치, 자기계발 작가, 동기부여가

서울의 강남, 서초에서 10년가량 과외지도로 수학을 가르쳤다. 대학 졸업과 병역특례 복무 후 대기업에 취업하겠다는 일념만으로 롯데건설에 입사하지만, 진정으로 좋아하는 일은 수학을 가르치는 일임을 깨닫고 본격적으로 수학 강사 생활을 시작했다. 중·고등학생을 대상으로 수학 강사, 학습 코치 및 동기부여 강연가로 활동하고 있으며, 현재 '스스로 답을 찾는 수학 공부법'을 주제로 개인저서를 집필 중이다.

01

35세에 드디어 찾은
수학 강사로의 꿈 이루기

중소기업 기술연구소에서 연구원으로 일할 때였다. 오후 11시를 넘겨 야근을 마친 후, 집으로 가는 방향이 같은 권 부장님이 선뜻 나를 집 앞까지 태워 준다고 하셨다. 버스를 두 번 타고 출퇴근하던 나였기 때문에 권 부장님의 호의는 감사했다.

그의 차는 출시된 지 15년도 더 된 대우자동차의 '매그너스'였다. 구입 이후 에어컨 필터를 한 번도 교체한 적이 없어 퀴퀴한 냄새가 났지만, 당시 나에겐 한없이 편하게 퇴근이 가능한 리무진과도 같았다.

권 부장님은 워낙 아랫사람을 친구처럼 대해 주는 분이었다. 그런지라 다른 부장님과는 달리 나도 격의 없이 편하게 이야기하는 분이었다. 차 안에서는 "오늘 점심에 상무님이 코를 골며 주무셨는데 너도 듣지 않았니?", "발주처 김 대리가 요즘 갑질이 더 심해져서 미치겠어."와 같은 일상적인 회사 이야기가 오갔다. 그러다 적막이 흐를 때쯤 그가 나에게 물었다.

"진우야, 넌 꿈이 뭐야?"

그 물음에 나는 뒤통수를 세게 한 대 맞은 듯했다. 평소엔 어느 질문에도 대답을 곧잘 하던 나였다. 하지만 그때는 즉답은커녕 숨이 막혀 머리가 어지러웠다. 꿈!? 고등학교 졸업 이후로는 제대로 처음 듣는 단어였다. 만약 나에게 병역특례가 끝나고 뭘 할지 목표에 대해 물었다면 내 계획을 읊었을 것이다. 그런데 '꿈'이 뭐냐는 다소 해맑은 질문에 나는 선뜻 대답하지 못하고 있었다.

참고로 병역특례란 병역의무를 가진 사람 중 국가 경쟁력 제고를 위해 병역 대신 연구기관에서 전문연구요원으로 3년간 대체 복무할 경우 병역의무를 다한 것으로 인정하는 제도다. 전문연구요원은 이공계열 석사 이상의 학위를 갖고 병무청이 선정한 기관에서 연구 인력으로 일하면서 병역을 이행하는 사람을 가리킨다. 전공이 토목공학인 나는 대학에서 석사와 박사 수료를 마쳤다. 이후 경기도 분당에 소재한 토목 관련 중소기업 연구소에서 연구원으로 복무하고 있었다.

나는 병역특례가 끝나면 대기업 건설회사에 취업하겠다는 목표를 갖고 있었다. 그래서 소위 스펙(Spec, Specification의 약자)을 쌓기 위한 준비를 하고 있었다. 토목공학을 전공해서 박사를 수료했지만 대기업 서류전형을 통과하려면 문턱을 넘기 위한 스펙이 필요했다. 건설경기는 날이 갈수록 좋지 않다는 소식만 들려왔고, 사람을 뽑기보단 희망퇴직이 유행이던 시절이었다. 때문에 나는 경력직 뿐만 아니라 공채 신입사원도 염두에 두고 있었다.

비록 나이는 서른을 넘겼지만 나에게 다른 방도는 없었다. 그래서 병역특례 동안 스펙이라 불리는 것들을 하나씩 완비하기 시작했다. 토목기사, 건설안전기사, 정보처리기사를 취득했고, 토익, 토익 스피킹 점수를 높이기 위해 안간힘을 썼다. 그리고 한국사 능력검정시험, KBS 한국어능력시험과 같은, 대기업에 입사하기 위한 기본 소양(?)을 쌓았다.

앞에 열거한 자격증과 어학 점수는 한국전력, 한국마사회, 한국토지주택개발공사와 같은 우리나라 공기업에서 서류전형 가점으로 인정하는 것들이다. 사기업의 서류전형 점수 산정 기준은 별도로 알려지지 않았지만, 공기업과 비슷하다고 보고 준비했다.

그런 나에게 권 부장님이 꿈이 뭐냐고 물어본 것은 지금 생각해 보면 아마도 대화 소재가 없어서였거나, 단순한 호기심에서 비롯되었을 것이다. 하지만 난 공교롭게도 그날 이후부터 내 꿈이 무엇인지 곰곰이 생각하게 된다. 나에게 목표는 있었으나 꿈이란 것은 없었기 때문에.

인천의 어느 가난한 집에서 태어나 초·중·고 12년 동안 말썽한 번 없었고, 반장을 도맡아 하던 학생시절의 나는 공부는 곧잘했지만 꿈은 없었다. 그저 좋은 대학에 가면 지금보다 훨씬 나은 삶을 살 수 있을 것 같은 느낌만 있었다. 대입 원서 제출 10분을 앞두고 노량진 재수학원 고시원의 컴퓨터실에서 수능 점수에 적절히 맞추어 내 전공인 '토목공학'을 찍었다. 그 결과 나름 목표했던 한양대 공대에 입학했다.

집에선 생활비를 지원해 주기 어려운 상황이었다. 때문에 서울에서 나 홀로 자취하며 살기 위해선 월세와 생활비 마련을 위해 이것저것 닥치는 대로 아르바이트를 해야만 했다. 내가 해 봤던 아르바이트로는 텔레마케팅, 피자헛 홀 서빙, 백화점 의류 판매, 골프장 캐디, 수학 과외 등이 있었다. 그런데 시간 투자 대비 수입이 제일 좋은 건 단연 수학 과외였다.

고등교육 3년과 노량진에서의 재수 1년의 결실론 대학 입학만 있는 것은 아니었다. 재수생활을 하면서 수학에 눈뜨게 된 덕분에 수학 과외를 자신 있게 시작할 수 있었다. 나는 중·고등학교를 다니면서 안타깝게도 과외를 받아 본 적은 없었다. 하지만 나만의 과외 스타일을 잡아 나가는 데는 오히려 선입견이 없었기 때문에 유리했다. 그렇게 대학교 2학년 때 처음 시작한 수학 과외는 학부 졸업과 대학원 3년을 거쳐 병역특례 시절까지 합해 거의 7년가량 나의 생활을 책임져 주었다.

나는 대학을 졸업하고 대기업에 입사해서 토목 건설현장을 주름잡는 엔지니어가 되겠다고 줄기차게 생각했다. 때문에 7년 넘게 해 온 수학 과외가 정말 지긋지긋했다. 아이들 성적이 오르고 학부모님들이 감사하다고 할 때면 엄청 뿌듯하고 성취감이 컸다. 하지만 수학은 그저 나의 아르바이트일 뿐이었다. 나의 길은 수학이 아닌 교량, 댐, 터널, 도로, 지하철과 같은 토목현장에 있다고 믿었다. 아니 더욱 적확한 표현으로 말하자면 착각했다.

3년의 병역특례 기간은 쏜살같이 지나갔다. 건설경기 침체와 심각한 취업난 속에서도 나는 각고의 노력 끝에 꿈에 그리던 대기업 건설회사에 공채 신입사원으로 입사했다. 부모님, 여자친구, 친구들 모두 나를 자랑스러워했다. 선후배들도 지금같이 취업이 어려운 시기에 공채로 입사했다는 사실에 놀라기도 하고, 부러워하기도 했다. 월급은 병역특례 시절과 비교하면 2배가 넘었고, 회사의 각종 복지는 나를 더 풍요롭게 했다.

그런데 거기까지였다. 목표한 바를 1차적으로 이루고 나니 그제야 내가 보이기 시작했다. 내 마음속 이야기가 들리기 시작했다. 내가 진정으로 하고 싶은 것이 무엇인지 묻고 또 물었다.

나는 사람들 앞에서 이야기하거나 발표하는 것을 즐기는 성향이다. 친구나 선배의 결혼식 사회도 10여 차례 봤을 만큼 내 나름대로는 괜찮은 사회자였다. 여러 사람 앞에 서는 일은 꽤 긴장되는 일이지만 나는 그때의 두근거림이 너무 좋았다. 내가 살아 있음을 느끼는 순간이었다. 그리고 한 가지 더, 남에게 무언가를 가르쳐 주고 상대방이 이해했을 때 큰 쾌감을 느꼈다.

이러한 성향으로 봤을 때 내가 찾던 그 꿈이라는 것은 여러 사람 앞에서 이야기하면서 누군가에게 가르침을 주는 일이었다. 그리고 내가 7년 동안 생활비를 벌기 위해 했던 그 일! 바로 수학 강사였다. 수학 강사는 여러 학생들 앞에서 수학을 매개로 이야기하고 학생들을 가르친다. 또한 아이들이 개념이나 문제풀이를 이해했을 때 큰 만족감을 얻을 수 있다. 내 지도 방식으로 학생의 성적이 올랐을 때의 성취감이란 이루 말할 수 없다. 이런 내 성향과 딱 들어맞는 직업이 바로 수학 강사였던 것이다.

내 나이 35세에 내 꿈이 수학 강사라는 것을 드디어 찾아냈다. 목표로 하던 대기업 건설회사에 입사한 후 수학 강사가 나에게 맞는 길은 아닌지 3년이나 고민했다. 과연 지금까지 공부해 온 토목공학을 뒤로하고, 수학 강사의 길을 새롭게 시작하는 것이 맞는 일인지 수없이 고민했다. 이제 이런 고민을 끝내고 내 꿈을 이루기 위해 도전을 시작하고자 한다. 나는 대한민국 최고의 수학 강사가 된다!

02

대한민국 1등
동기부여 수학 강사 되기

주말에 집에서 닭백숙을 해 먹기 위해 아내와 함께 집 근처 롯데마트를 찾았다. 백숙은 막연히 생각하면 어려운 요리일 것 같다. 하지만 닭과 몇 가지 재료만 냄비에 물 붓고 끓이면 아주 그럴듯한 요리가 된다. 게다가 백숙을 먹고 남은 재료로 만드는 닭죽과 닭곰탕은 보너스다.

나는 생닭, 부추, 파, 양파, 고춧가루 등 백숙을 만들 재료와 간식거리를 카트에 넣고 계산대 쪽으로 갔다. 그런데 이게 웬일인가. 사람이 직접 계산해 주는 계산대가 지난주보다 절반가량 줄어 있었다. 대신 무인 계산대가 늘어나 있었다. 무인 계산대는 예전부터 있긴 했었다. 하지만 감히 시도해 볼 생각을 못하고 있었다.

그런데 사람이 계산해 주는 계산대의 줄이 너무나도 길었다. 나는 난생처음으로 무인 계산대에 도전해 보기로 했다. 각 무인 계산대에는 고객 혼자 물건을 계산할 수 있도록 친절한 설명서가 붙어 있었다. 계산 도중 막히거나 질문이 나올 것을 대비해 15대가량의

무인 계산대의 한가운데에서는 직원 1명이 안내를 도왔다. '삑, 삑, 삑'. 난 마치 마트 점원이 된 것처럼 하나씩 천천히 바코드를 찍어 나갔다. 그러곤 순조롭게 물건을 장바구니에 담아 계산을 마치고 나올 수 있었다.

그렇다. 기계는 인간의 일자리를 점차 대체해 나가고 있었다. 비단 마트의 계산대뿐만 아니라, 텔레마케터, 기계 운전기사, 약제사와 같은 직업은 기계와 인공지능의 발전으로 사라질 가능성이 높은 것으로 알려졌다.

실제로 미국 포레스터 연구소는 2025년에는 자동화와 로봇으로 인해 미국에서만 16%, 즉 2,270만 개의 일자리가 사라질 것이라는 보고서를 내놓은 바 있다. 옥스퍼드대 연구팀에 의하면 20년 내 현재 직업의 47%가 사라질 가능성이 높다고 한다. 또한《AI Super Powers》라는 책을 쓴 인공지능 전문가 카이푸 리(Kai-Fu Lee) 박사는 미국 CBS 방송에서 방영된 〈60분〉이라는 프로그램에서 "앞으로 15년 내에 현재 직업의 40%가 인공지능으로 대체될 것"이라고 예측했다.

우리는 앞으로 인공지능에게 일자리를 빼앗기는 사람이 되어서는 안 된다. 인공지능을 직접 다루고 부리는 사람이 되어야 한다. 인공지능을 직접 다루기 위해서는 사고력과 문제해결력이 필수다. 그리고 이때 가장 핵심적인 과목이 바로 수학이다. 특히 미적분이

나 통계는 인공지능과 빅데이터 알고리즘에 직접 활용되는 수학 분야다.

인공지능 학습에 쓰이는 데이터는 수학의 벡터로 표현된다. 벡터는 여러 개의 숫자를 하나로 묶어서 사용하는 것으로, 인공지능의 계산 결과도 벡터로 출력한다. 여기서 수학의 행렬은 벡터의 공간 변환과 학습 계산을 가능하게 해 주는 역할을 한다. 인공지능을 가능하게 만드는 수학적 도구가 바로 행렬이다.

아이들에게 수학을 가르치며 가장 많이 받는 질문은 놀랍게도 어떤 수학 개념이나 문제풀이가 아니다. 바로 이런 질문이다. "선생님, 수학을 배워서 나중에 쓸 곳이 있나요? 수학 못해도 잘 먹고 잘 사는 거 같은데." 대학입시만을 위해 수학을 공부한다고 생각하는 학생에게 수학은 그저 대학을 가기 위한 도구에 지나지 않는다. 이런 방식으로 수학에 접근하면 너도 힘들고, 나도 괴롭지만 우리 같이 잘 버텨 보자는 말밖에 되지 않는다.

정해진 시간 안에 빠른 속도로 답을 맞혀야 하는 현행 입시 수학에서 '문제 푸는 수학'은 고득점으로 가는 지름길이라고 알려졌다. 그래서 일선 학교 수학 시간에는 학생들을 오직 '문제 푸는 수학'에만 초점을 맞춰 정답을 구하는 방법에 철저히 길들인다. 수학이 일상에서 어떻게 활용되는지, 수학을 알면 앞으로 살아가는 데 얼마나 유용한지에 대한 이야기를 학생들은 거의 듣지 못한다. 그러니까 중학교에서 고등학교로 갈수록 수포자(수학을 포기하는 사람)가 늘어나고 당연히 수학에 재미를 느끼지 못한다.

아이들에게는 왜 힘들게 수학을 공부해야 하는지에 대한 물음을 먼저 해결해 주어야 한다. 그래야 아이들도 '우리가 살아가면서 수학을 꼭 알아야 하는구나', '이런 분야에도 수학이 쓰이는구나'라고 생각하고 수학 공부에 더 흥미를 느끼고 집중할 수 있다.

실제로 수학이 일상에 활용되는 예는 대단히 많다. 은행에 적금을 넣는다고 가정해 보자. 한 달에 얼마씩 적립하고, 연이율은 몇 %이기 때문에 몇 년 후에는 얼마가 될 것이라는 계산을 해 볼 수 있다. 회사원이라면 본인의 세전 연봉에서 얼마를 공제해서 내가 받는 실수령액은 얼마가 될 것이라는 예측도 가능하다. 현금이나 카드를 사용했을 때의 소득공제나 세액공제율도 확인할 수 있다.

또한 연말정산 시 얼마를 돌려받을 수 있을지, 어떻게 현금과 카드를 적절히 분배 사용했을 때 최대로 돌려받을 수 있는지도 계산할 수 있다. 다음 달에 회사를 그만둔다면 내 퇴직금이 얼마일지도 당연히 예측할 수 있다. 퇴직금을 예측해야 퇴직 이후 계획을 잘 세울 수 있지 않겠는가.

당신이 아파트 청약에 당첨되었다고 생각해 보자. 은행에서 집값의 몇 %를 대출해 주고, 중도금은 몇 년 후에 얼마를 상환해야 하는지 등을 고려해서 시기에 맞게 돈을 마련해야 할 것이다.

당신이 거주하는 집은 보통 철근콘크리트로 이루어져 있다. 이 철근콘크리트는 얼마만큼의 하중까지 지탱할 수 있고, 지진이 왔을 때 어느 정도 진도의 지진까지 버텨 낼 수 있는지 등을 수학을 이용해 계산할 수 있다. 그 외에도 당신이 운영하는 가게에 방문하는 손님의 수, 재방문율, 매출 추이 등을 파악해야 가게 운영을 잘 할 수 있을 것이다.

이래도 우리가 살아가면서 수학 없이 잘 살아갈 수 있다는 말인가? 당치도 않다. 다시 한 번 말하지만, 수학은 우리의 삶과 매우 밀접하게 연관되어 있다. 만유인력의 법칙을 발견하고 미적분학을 창시한 영국의 아이작 뉴턴은 "자연이란 책은 수학의 언어로 쓰였다."라고 말했다. 그렇다. 우리를 둘러싸고 있는 이 세상은 수학의 언어로 쓰인 것이다.

'배워서 남 주느냐?'라는 말에는 '배우면 다 네 것이 되니 잘 배워라'라는 뜻이 담겨 있다. 여기에 작은 반박을 하자면 배워서 남을 주는 아주 유익한 경우도 있다. 대학 진학 후 가장 추천하고 싶은 고소득 아르바이트로 '과외'가 있는데, '과외'는 배워서 남에게 (학생에게) 주는 일이다. 대학 진학 후 고소득 아르바이트를 위해, 그리고 배워서 남에게 가르쳐 주기 위해서라도 수학은 공부할 만한 충분한 가치가 있다.

나는 대한민국 1등 동기부여 수학 강사가 되고자 한다. 내가 말하는 동기부여 수학 강사란 단순히 대학 진학을 위해 수학을 도구로 사용하게 하는 수학 강사가 아니다. 바로 수학을 왜 공부해야 하는지, 수학을 공부하면 살면서 얼마나 유용한지, 수학이 일상에서 어떻게 활용되는지를 충분히 설명해서 학생의 학습 동기를 극대화시키는 수학 강사다.

나를 만나는 학생들은 수학을 포기했던 사람이더라도 수학에 다시 흥미를 느끼게 만들 것이다. 그리고 수학에 소질이 없다고 생각하는 학생도 수학 1등급으로 재탄생시켜 줄 것이다.

감히 예언한다. 그리고 이는 현실이 된다.

"정진우 선생님 덕분에 수학에 흥미를 느끼고, 수학 성적도 훨씬 많이 올랐어요!"

03

수학 공부법 및 대학입시
컨설턴트 되기

내가 고등학교에 다니던 2000년 초반에는 《수학의 정석》, 《개념원리》가 수학 개념서의 양대 산맥이었다. 나는 고등학교에 입학하기 직전인 중3 겨울방학부터 당시 많은 고등학생이 그러했듯 《수학의 정석》을 마치 성경책처럼 모시고 공부했다. 수학 개념서를 2회전 했는지, 3회전 했는지가 학생들 사이에서 수학 공부를 얼마나 열심히 했는지를 가늠하는 척도였다. 좀 공부한다 싶은 상위권 친구들은 《수학의 정석, 실력》을 공부했다. 당시 선생님들도 기본서의 중요성을 역설했었기 때문에 나 역시 개념서를 통달하고자 노력했다.

참고로 현재 시중의 수학 참고도서를 대략 분류해 보면 《수학의 정석》, 《개념원리》, 《수학의 바이블》과 같은 개념서와 《쎈》, 《RPM》, 《고쟁이》, 《일품》, 《블랙라벨》과 같은 유형 문제집이 있고, 《자이스토리》, 《마더텅》과 같은 한국교육과정평가원 기출문제집이 있다.

개념서를 처음부터 끝까지 한 번 공부하는 것도 쉬운 일은 아니었다. 내신 시험 기간이거나 수행평가 등 이런저런 이유로 중간에 개념서 공부를 중단했다가, 다시 1단원부터 공부를 시작하는 일이 비일비재했다. 그리고 1단원부터 마지막 단원까지 한 번 모든 개념과 문제를 풀어봤다 하더라도, 시간이 흐른 후 다시 보면 100% 다 기억하지 못하는 것이 인간의 기억력이다.

나는 무식하게 수학 개념서를 처음부터 한 글자, 한 글자 놓치지 않기 위해 매우 꼼꼼하게 봤다. 그렇게 1회전 한 이후에 맞힌 문제도 돌다리도 두드리고 건너자는 심정으로 다시 한 번 정답을 맞히는 짓을 했다. 결국, 나는 고등학교 3년간 《수학의 정석》이라는 개념서만 파헤치다 수능 시험을 보게 되었다. 그리고 결국 수학 1등급에는 실패하게 된다. 개념서가 최고라는 몇몇 선생님의 의견을 너무 맹목적으로 믿어 버린 결과였다.

이후 1년간의 재수생활에는 수학 학습 방법을 바꾸게 된다. 먼저 개념서에 대한 맹신을 버리기로 한다. 나는 개념서에 나오는 기본문제와 연습문제 대부분을 맞힐 수 있는 실력은 되었다. 하지만 수능 문제는 다 맞히지 못했다. 왜냐하면 수능 스타일의 문제를 많이 접해 보지 않았기 때문이다. 그래서 개념서는 1회전만 한 후에 유형 문제집 1권을 풀고, 이후에는 평가원 기출문제집을 집중적으로 풀었다.

그러자 2~3등급을 왔다 갔다 했던 내 수학 모의고사 성적은 6월 모의고사 이후로 1등급을 달성하게 되었고, 수능까지 줄곧 1등급을 유지하게 된다. 수능 수학 고득점에 눈을 뜨게 된 것이다.

1등급 수학 실력을 완성한 내 재수생활이었지만 쉽지만은 않은 여정이었다. 가장 큰 이유는 고등학생과는 달리 재수생은 '성인'이 되었다는 점 때문이다. 성인이 되었기 때문에 술과 담배를 자유롭게 구입할 수 있고, 마음만 먹으면 얼마든지 술집에 들어가서 술을 즐길 수 있었다. 그리고 남고를 다녔던 나에게 여자아이들과 함께 생활하는 '남녀공학' 재수학원은 생각지도 않은 어려움을 안겨 주었다.

내가 다녔던 노량진 대성학원은 지금도 그렇지만 당시에도 유명한 재수전문 학원이었다. 학원은 직전 수능 성적이 일정 수준 이상이거나, 그렇지 않으면 자체 시험을 봐서 상위 성적순으로 학원생을 선발했다. 공부를 아주 못하면 들어갈 수조차 없다는 말이다. 난 다행히 직전 수능 점수가 무시험 전형으로 학원에 입학할 수 있는 성적이었다. 그 결과 두 번의 수시전형 탈락과 세 번의 정시전형 탈락 후 그해에 최초로 대성학원에서 합격을 맛보았다.

하지만 안타깝게도 난 80명이나 되는 한 반의 구성원 중 한 여자에게 푹 빠져 버렸고 결국 교제하게 되었다. 담배를 처음으로 입에 대기 시작했고, 이후로 10년 넘게 흡연을 하다가 겨우겨우 끊을 수 있었다. 대성학원 학생증을 보여 주면 20%를 할인해 주는 당구장이 있었다. 그 당구장에서 자장면을 시켜 놓고 당구장 비용을 내지 않기 위해 열심히도 공을 쳤다.

재수학원의 커리큘럼은 2월 중순에 시작했다. 6월 평가원 모의고사 전까지는 같은 반 친구들과 이야기도 많이 하지 않았다. 그러면서 공부에만 집중할 수 있었다. 사실 좋아하는 여자애를 멀찍이서 힐끔힐끔 쳐다보긴 했었다. 하지만 직접 데이트를 하자고 하거나 다른 무얼 하진 않았었다. 남고 출신인 나에게 여자아이들과 같은 반에서 같은 수업을 듣고 생활하는 일은 생각 이상으로 공부에 집중하기 어렵게 했다.

6월 평가원 모의고사가 끝나던 날, 재수생으로서는 최악의 선택을 하게 된다. 바로 모의고사 종료 기념 '회식'을 하게 된 것이다. 재수생 신분으로서의 자제심이 한순간에 '노는 열정'으로 변신했다. 학원 친구들과 술잔을 기울이는 자리는 그렇게도 재미있었다. 그 이후로도 수차례 비슷한 자리가 계속되었다.

그렇게 내가 마음에 두고 있던 여자아이와 친하게 지내게 되었다. 우리는 "우리 같이 열심히 공부해서 같이 좋은 대학 가자."라는 얼토당토않은 말로 이성 교제를 시작했었다. 제대로 된 데이트도 못하면서 감정 소모는 꽤 많이 했었다. 쉬는 시간에 그녀가 다른 남자아이랑 웃으면서 이야기하는 게 어찌나 질투가 나던지.

이 글을 보고 있는 고등학생이나 재수생이 있다면 부디 당부하건대, 절대 연애하지 마시라. "선생님도 재수할 때 연애했으면서 왜 저희한테는 하지 말라고 하시나요."라고 얘기하면 할 말은 없다. 하지만 나중에 100% 후회하게 되니 잠시만 참아 달라고 말하고 싶다.

우여곡절이 많은 재수생 시절이었지만 수학 1등급을 꾸준히 유지하고, 수학 고득점에 눈을 뜨게 된 것은 크나큰 성과였다. 나는 이 방법으로 수학을 공부하면 누구나 1등급이 될 수 있다고 자신한다. 간략하게 설명하면 다음과 같다.

첫째, 수학 개념서는 학교 진도와 함께 1회 공부하고, 이후에는 사전을 찾아보듯이 공부한다. 개념서를 통달하겠다는 자세로 공부하지 말고, 1회전 후 다른 문제집을 풀다가 구멍 난 개념이 발견되면 사전을 찾듯이 개념서를 꺼내 본다. 그리고 구멍 난 개념을 채우도록 한다.

둘째, 한 문제집을 3회 풀되, 맞힌 문제는 넘어가고 틀린 문제만 다시 푸는 방식으로 3회전을 한다. 단, 문제집에 문제풀이를 하지 말고 연습장에 문제풀이를 한다. 문제집은 깨끗한 상태에서 맞고 틀리고만 표시한다. 이렇게 틀린 문제만 다시 푸는 방식으로 3회전을 하면 일반 문제집을 세 번 푸는 방법보다 시간을 훨씬 절약할 수 있다. 그리고 틀린 문제는 또 틀리기 십상이다. 이런 문제를 또다시 표시하다 보면 세 번째 틀린 문제가 나온다. 이는 학생 본인의 진짜 약점을 모은 보물창고다. 이 약점만 극복해도 손쉽게 2등급을 달성할 수 있다.

셋째, 1등급을 달성하기 위한 꽃은 평가원 기출문제집의 정복이다. 《자이스토리》나 《마더텅》과 같이 해설이 잘 정리된 수능 기출문제집을 위의 방식으로 3회전 한다면 1등급 달성을 넘어 만점에 도전하는 실력을 갖추게 될 것이다.

최근에는 자기주도 수학 공부법, 66일 공부법, 최강 공부법, 혼자 공부법, 완벽한 공부법, 메타인지 공부법까지 말 그대로 공부법의 춘추전국시대다. 이런저런 공부법이 난립하고 있는 가운데 시험 잘 보는 방법에만 치중되어 있거나, 구체적인 방법을 담고 있지 않은, 뜬구름 잡는 이야기가 많은 것이 현실이다.

나는 의지가 있는 사람이라면 누구나 수학 1등급을 달성할 수 있도록 돕는 수학 강사가 되고자 한다. 그리고 복잡한 입시제도 속에서 정보의 부족으로 학생과 학부모가 갈팡질팡하지 않도록 돕는 역할을 하고 싶다. 대학입시 컨설턴트로서 입시제도의 큰 흐름을 알려 준 후 수험생의 개인별 상황에 맞춘 전략을 세울 수 있도록 안내하고자 한다. 그리하여 저렴한 비용으로 누구나 쉽게 입시 전략을 세우길 기원한다. 그리고 그것에 맞게 학생 스스로 공부에 열중할 수 있게 되는 대한민국이 되길 기원한다.

04

베스트셀러 작가가 되어
드림워커로 살기

초등학교 시절에 우리 집에는 《만화로 보는 한국사》와 《만화로 보는 세계사》 전집이 있었다. 다른 책은 잘 읽지 않았다. 각각 30권가량 되는 이 두 책은 즐겨 읽었다. 아무래도 만화로 되어 있어서 그런지 지루하지 않고 재미있게 접근할 수 있었다. 하지만 나는 독서보단 밖에 나가서 축구 하고 농구 하고 수영장 가는 게 훨씬 더 좋았다.

나는 고등학교 시절 공부벌레가 되려고 부단히 노력했다. 내가 고등학교 1학년이었던 2001년은 개인용 휴대전화가 본격적으로 보급되던 시기였다. 지금이야 전 국민이 휴대전화를 사용하지만, 당시만 해도 학생들 중 절반가량은 휴대전화가 없었다. 마음속으로는 내심 휴대전화가 갖고 싶었다. 하지만 나는 공부벌레가 되어 공부만 열심히 해서 목표로 하는 대학에 진학하는 것을 1순위로 삼기로 했다. 그래서 휴대전화는 수능이 끝나면 사기로 결심한다.

이성교제도 스스로 원천 봉쇄했다. 남고를 다녔지만 전산부 동아리 활동을 했던 덕분에 근처 여고와 '좌담회'라고 하는, 지금으로 치면 미팅 같은 만남의 자리가 가끔 있었다. 단체로 만나서 피자 먹고, 노래방에 가서 어울려 노는 자리가 있었다. 그 여고 학생들 중에는 매우 감사하게도 나에게 호감을 표시하는 친구가 있기도 했다. 하지만 언감생심 연애는 꿈도 꾸지 않았다. 왜냐하면 나는 공부벌레가 되어야 한다고 생각했기 때문이다.

그랬던 나에게 독서는 말 그대로 사치였다. 국어, 영어, 수학 교과서와 문제집을 풀고 단과반 학원 수업을 수강하기에도 나는 시간이 빠듯했다. 물론 약간의 짬을 내어 친구들과 노래방도 가고, 위에서 얘기한 좌담회에도 나갔다. 그리고 당시 대유행했던 게임인 '스타크래프트'도 가끔 했었다. 이 말은 곧 나에게 시간이 없다는 건 핑계였다는 것이다. 다만 독서를 할 마음의 여유가 없었다고 할 수 있겠다.

기본적으로 책이랑 친하지 않았었다. 책을 가까이하지 않는 습관은 대학교에 가서도 이어졌다. 고등학교 때는 대학입시를 위해 일반 독서를 하지 않았다면 대학교 때는 술자리와 각종 미팅, 소개팅하러 다니기 바빴다.

나는 공대를 다녔다. 그중에서도 술을 잘 마시기로 유명한 토목공학과를 졸업했다. 술을 잘 마신다는 데 굉장한 우월감을 갖고 있는 종족이 바로 토목공학과 출신이다. 나 역시도 그런 토목공학도들 사이에서 부학생회장도 역임하며 술과 함께하는 학교생활에 매우 충실했다. 과음한 다음 날이면 컨디션이 좋지 않았다. 그래서 잠을 많이 자는 방법으로 컨디션을 회복해야 했다. 그리고 주말엔 생계형 수학 과외를 가야 했다. 그 때문에 책 볼 시간이 없다는 핑계를 갖다 붙이기가 쉬웠다.

대학원 박사 수료 후, 병역특례 전문연구요원으로 경기도 분당에 있는 중소기업 기술연구소에서 일하게 되었다. 대학원 기숙사는 서울지역에서 자취하는 비용에 비해 비교할 수 없을 만큼 저렴했다. 그 덕분에 대학원을 다닌 3년간은 숙식 걱정 없이 살 수 있었다.

그런데 분당의 연구소에서 일하기로 결정되자, 당장 살 곳이 걱정이었다. 우스갯소리로 천당 아래 분당이라는 말이 있다. 그만큼 분당은 집값이 높기로 유명하다. 전세는 꿈도 꿀 수 없었고 월세도 어느 정도 보증금이 있어야 했다. 통장에 몇 만 원도 없던 시절이었기 때문에 앞이 막막했다. 그렇다고 고시원에 들어가긴 정말 싫었다.

노량진에서 재수할 때와 대학교 2학년 때 창문 없는 고시원에서 산 적이 있었다. 양팔을 벌리면 양쪽 벽에 두 손이 닿았다. 좁고, 환기도 안 되고, 방음도 잘 안 되고….

나에겐 고모가 다섯 분이 계신다. 그중 다섯째인 막내 고모는 분당에서 20년 넘게 사셨다. 그래서 막내 고모에게 방 한 칸 내어 주실 수 있는지 부탁을 드렸다. 할아버지 돌아가신 이후로 왕래가 뜸해서 좀 민망하고 죄송한 마음이었다. 하지만 이보다 더 좋은 방법은 나에게는 없었다. 때문에 용기 내어 말씀드린 것이다. 고모는 흔쾌히 다 큰 조카를 받아 주셨다. 그렇게 분당에서의 병역특례 생활이 시작되었다.

막내 고모의 분당 집은 1층과 지하 1층을 계단으로 연결해 함께 쓰는 구조였다. TV에서 보던 그런 집이었다. 내겐 정말 궁궐이 따로 없었다. 고모와 고모부는 주말이면 교외의 별장에 가서 독서를 하고 그림을 그리셨다. 윤택한 삶을 영위하는 고모와 고모부는 한시도 손에서 책을 놓지 않으셨다. 고모는 내가 출근하기 전에 간단한 아침을 챙겨 주셨다. 그런데 식탁 위에 놓인 책이 며칠 간격으로 계속 바뀌었다. 그만큼 책을 자주 보고, 많이 읽으셨던 것이다.

서재로 쓰는 방에는 책이 한가득이었다. 고모께 여쭤보니 서재의 책은 언제든 가져다 봐도 좋다고 하셨다. 고모는 냉장고의 음식도 마음껏 먹으라고 하셨고, 책도 마음껏 보라고 하셨다. 지면을 빌려 다시 한 번 우리 고모에게 감사하고 사랑한다는 말을 전하고 싶다.

책을 즐겨 읽지 않던 나였지만 그래도 유명한 책 제목 몇 개는 알고 있었다. 고모의 서재에서는 《설득의 심리학》, 《강신주의 감정 수업》, 《언니의 독설》과 같은 책이 눈에 띄었다. 이런 책들을 시간이 될 때마다 조금씩 읽기 시작했다. 생각보다 책 읽기는 즐거웠다. 공부하는 것은 아니지만 마치 공부했을 때의 만족감 같은 것도 안겨 주었다. 나는 그렇게 책과 천천히 가까워지고 있었다.

나의 본격적인 독서 생활은 롯데에 입사하면서 시작되었다. 롯데그룹에는 계열사의 임직원들을 대상으로 1년에 4학점을 의무로 수강하게 하는 제도가 있다. '롯데 인재개발원'은 자체 제작 강의, 외부 연계 강의, 독서교육 등을 제공한다. 그중 독서교육을 신청하면 한 달에 한 권 책을 무상으로 제공하고, 0.5학점을 부여한다. 교육을 수료하기 위해서는 책 내용에 대한 세 가지 질문에 답해야 한다. 그저 책에서 찾아 그대로 쓰기만 하면 되기 때문에 부담이 없다.

그 외에도 롯데는 임직원들에게 6개월에 한 권씩 책을 무상으로 제공했다. 분야별로 7~8권의 후보 중에서 각자 한 권을 고르면 정직이든 현채직(건설현장 채용 계약직)이든 상관없이 누구에게나 제공했다. 그래서 6개월에 한 권씩 받는 책과 매달 독서교육을 통해 받는 책을 합해 1년에 14권을 무상으로 볼 수 있었다.

처음에는 한 달에 한 권을 보기도 쉽지 않았다. 하지만 독서교육 과제를 수행하기 위해서는 책을 펴서 내용을 찾아 적어야만 했다. 그래서 반강제로 '과제를 위한 독서'를 하다 보니 어느새 한 달에 한 권을 넘어 2주에 한 권이 되고, 지금은 1주에 2권 이상 책을 보게 되었다. 이제는 책을 보는 게 TV 예능을 보는 것과 같은 즐거움을 준다. 그리고 누군가 쌓은 평생의 지혜를 1~2만 원에 살 수 있으니, 이보다 더한 즐거움이 어디 있겠는가!

책과 친하게 되고 얼마 후, 나는 김홍석 작가의 《억대 연봉 학원 강사의 조건》을 읽게 되었다. 책에는 김홍석 작가가 억대 연봉 학원 강사가 된 성공담과 함께 한책협을 통해서 책 쓰기의 꿈을 실현했다는 내용이 있었다. 심장이 요동쳤다. 이 이야기는 나의 롤모델이었다. 내가 그토록 찾아 헤매던 내 미래였다. 높은 연봉의 수학 강사이자 자신의 이야기를 바탕으로 책을 쓰는 작가! 바로 이거였다.

책을 가까이하고 책을 읽는 시간이 그 어느 때보다 행복하다. 그동안 나는 사회가 규정한 틀에 맞춰 남들이 부러워하는 삶을 살고자 했었다. 고등학교 때 공부를 열심히 해서 좋은 대학에 진학하고, 대기업에 들어가서 많은 연봉을 받는 것만이 좋은 길인 줄 알았다. 막상 그렇게 살아 보니, 내 행복을 위한 길이 아니라는 것을 깨닫게 되었다.

이제는 책만 읽는 독자의 신분을 넘어 책을 쓰는 저자가 되고자 한다. 내가 쓴 책이 베스트셀러에 등극하고, 많은 사람이 내 책을 읽는다. 내 경험과 노하우를 여러 사람들과 공유하고, 세상에 선한 영향력을 끼치는 사람이 되려 한다. 그리하여 세상이 규정한 틀에 맞춰 사는 삶이 아닌, 내가 좋아하는 일을 하며 행복한 삶을 영위하는 드림워커(Dream Worker)로 살고자 한다. 앞으로 베스트셀러 작가가 되어 드림워커로 살아가는 인간 정진우에게 많은 기대와 응원 부탁드린다!

05

tvN 〈어쩌다 어른〉 출연하기

　대학교 4학년 때의 일이었다. 내가 다녔던 한양대학교에는 〈한양 글로벌 프론티어 (Hanyang Global Frontier)〉라는 프로그램이 있었다. 이 프로그램은 글로벌 인재 양성을 위한 교내 자체 과정이다. 학생들의 해외 현지의 문화, 교육, 산업 등 다양한 분야에 대한 직접적인 체험학습을 돕는 프로그램이다.

　같은 학과 친구인 승율이가 우리 학교에 이런 프로그램이 있다고 알려 줬다. 우린 같이 어울리던 병기까지 3명이 한 팀을 구성해서 도전해 보기로 했다. 1개 팀에 4명이 정원이었다. 우리 셋은 영어를 한마디도 못하는 영어 벙어리였다. 지금 같으면 영어를 잘 못해도 '부딪쳐 보자!', '구글 번역기를 활용해 보자!'라고 했을 것이다. 하지만 10년 전의 우리는 외국을 한 번도 구경해 보지 못한 촌놈들이었다. 그래서 우리 과에서 영어를 제일 잘하는 후배 다영이를 팀원으로 영입했다.

　학교에서 이 프로그램을 만든 취지는 앞에서도 얘기했듯이 '해외

현지의 직접적인 체험학습을 통해 학습효과를 극대화시키는 것'이었다. 하지만 우리는 그 취지에 공감하면서도 외국에 나갈 수 있다는 '잿밥'에 더 관심이 많았다. 선발되면 학교에서 1인당 약 150만 원을 지원받을 수 있었다. 전공 관련 주제는 물론 자유 주제로도 지원할 수 있었다.

우리는 전공인 토목공학에 알맞은 주제를 찾기 시작했다. 당시 뜨거운 감자였던 '4대강 살리기' 사업을 다루기로 결정했다. 그리하여 우리 팀의 주제는 '4대강 살리기 사업의 방향성 검토'로 정해졌다. 탐방 지역은 우리가 너무나도 선호하는 유럽 중에서 강 정비 사업을 벌였던 영국의 '템스 강'과 '세번 강'으로 정했다. 선발만 되면 학교의 금전적인 지원을 받아 무려 유럽의 영국을 다녀온다는 생각에 우리는 시작 전부터 굉장히 설렜다.

우리는 탐방 계획을 아주 구체적으로 세웠다. 서류 검토자와 면접관의 입장에서 우리 팀을 선발할 수밖에 없게 만들고자 했다. '런던의 어디 어디를 탐방하겠다'에 그치지 않았다. 예를 들면 첫째 날에는 런던 시청의 OO 주무관을 만나기로 약속을 잡았다. 또한 케임브리지 대학의 OO 토목공학과 교수님을 만나기로 아예 약속을 해 버렸다. 이런 구체적인 계획 덕분에 우리는 〈한양 글로벌 프론티어〉에 선발되었다. 그리고 평생 잊지 못할 2주간의 '4대강 살리기 사업의 방향성 검토'를 수행하고 왔다.

영국을 다녀온 경험은 정말 최고였다. 한두 마디 영어를 던져 보고, 몇 마디를 알아듣고 대화하는 과정이 너무 좋았다. 걸어 다니는 거리마다 TV에서만 보던 유럽의 고딕양식 건축물이 즐비했다. 2주는 꿈만 같이 눈 깜짝할 사이에 지나갔다.

영국을 다녀오고 난 후 우리는 '탐방 보고서'를 쓰고 이를 발표해야 했다. 화장실 가기 전과 다녀온 후의 마음이 다른 것일까. 보고서를 쓰는 일은 시간도 오래 걸리고 해야 할 작업도 많았다. 무엇보다 우리 탐방의 결과를 '발표'하는 일은 굉장한 부담이었다. 4명 중 한 명이 해야 할 일이었다. 우리 프로그램을 기획한 승율이에게 발표까지 하라는 건 너무 가혹했다. 결국 남은 셋 중에서 그나마 말주변이 나은 내가 하기로 했다.

탐방 발표회의 청중은 각자의 주제로 탐방을 다녀온 팀들과 평가 관계자였다. 줄잡아 100명은 족히 되었다. 부담이 안 될 수 없는 무대였다. 나는 발표 준비를 위해 제출한 '탐방 보고서'를 보고 또 봤다. 조리 있게 말하기 위해서 발표 대본을 만들었다. 대본을 외워서 말하는 건 정말 어려운 일이었다. 대본을 다 외울 시간적 여유도 없었고, 외운 대사를 읊다 보니 난 그냥 앵무새였다. 생동감이 떨어졌다. 게다가 외운 말을 혹시라도 못 할까 봐, 까먹을까 봐 전전긍긍하니 연습할 때마다 전달하고자 하는 메시지를 다 담아내지 못했다. 발표 직전까지 연습했지만 나아질 기미는 보이지 않았다. 요동치는 심장을 부여잡고 무대에 올랐다.

마이크를 잡고 무대 아래를 내려다보니, 사람들이 나만 쳐다봤다. 나 혼자 무대에 올랐으니 청중이 나를 보는 건 당연했다. 심장은 마구 뛰었지만 이상하게도 그게 좋았다. 긴장되어 손이 살짝 저리고 두 다리는 오들오들 떨렸다. 그런데 묘한 카타르시스가 느껴졌다. 나는 준비한 자료를 순서대로 설명했다. 미리 준비했지만 이야기하지 못한 멘트도 꽤 있었다. 하지만 준비한 몇 마디를 했는지, 안 했는지는 중요하지 않았다. 자신 있는 태도, 밝은 표정, 약간의 유머를 섞어서 집중시키는 능력! 나도 미처 몰랐던 능력이 나한테 있었다.

다른 팀의 발표자들은 한결같이 "이런 좋은 기회를 주신 한양대학교 산학협력단 국제처 관계자 여러분께 감사드립니다."라고 말했다. 탐방 팀을 선발하고 평가하는 분들이 이분들이었기 때문에 감사 표현은 어찌 보면 당연했다.

나는 발표를 마치면서 다른 팀 발표자들이 그러했듯이 마무리 멘트를 날렸다. "이런 좋은 기회를 주신 한양대학교…"까지 말했을 땐 다들 속으로 '앞에서 한 얘기 반복하겠구나'라고 했을 것이다. 하지만 나는 뒤쪽을 살짝 바꿔서 "이런 좋은 기회를 주신 한양대학교…, 김종량 총장님께 감사드립니다!"라고 말했다. 듣고 있던 청중들과 평가자들이 빵 터졌다. 준비한 멘트는 아니었지만 순간적으로 그렇게 하고 싶었다. 사람들을 웃기는 게 나에게 얼마나 큰 즐거움인지 그때 처음 알았다.

그날 이후, 나는 발표하는 일에 큰 자신감을 갖게 되었다. 많은 사람 앞에서 이야기하는 건 떨리는 일인데 그게 너무 좋았다. 살아 있음을 느꼈다. 그래서 학교 수업 중에 발표할 일이 생기면 내가 하겠다고 먼저 나섰다. 그러자 수업시간에 발표하는 일 외에도 많은 사람 앞에서 마이크를 잡을 일이 종종 발생했다.

보통 공대 대학원에 다니는 학생에게는 지정된 '지도교수'님이 있다. 대학원생은 지도교수님의 지정된 연구실에서 논문을 쓰거나 연구 과제를 수행한다. 교수님의 가르침을 받고 졸업한 석사, 박사 학생들은 1년에 한 번 스승의 날쯤에 '사은회'라는 행사를 열었다. 행사에서는 연구실의 최근 논문, 연구 과제, 근황 등을 공유하고 스승의 날 노래를 부르며 교수님께 감사를 표시했다. 그리고 식사자리가 이어지는 순서였다. 이런 사은회는 한 명의 사회자가 행사 진행을 맡았다. 나는 입학하자마자 영광스럽게도 사은회의 사회를 맡게 되었다.

우리 연구실 졸업생은 그때 당시에 100명이 넘었다. 사은회에 참석하는 재학생과 졸업생은 대략 60명 정도 되었다. 게다가 이분들은 전부 내 전공의 선배님들 아닌가! 더 긴장되는 자리였지만 즐겨 보기로 마음먹었다. 나는 재미있는 사회자를 본 경험을 떠올렸다.

개그맨 윤택이 친척 누나 결혼식 사회를 본 적이 있었다. 인상 깊었던 부분은 신랑, 신부와 양가 부모님 그리고 주례선생님에게 만세 삼창을 시킨 것이었다. 그리고 신랑에게 거지가 되었다고 가정했을 때 얼마나 생활력이 강한지를 보겠다며 구두 한쪽을 벗어 "한 푼 줍쇼."를 하도록 시켰다. 다소 예의 없게 보일 수도 있었지만, 사회자는 선을 넘지 않게 잘 이끌었다.

나는 이 두 가지를 사은회에 접목했다. 교수님께 제자들을 사랑하는 마음을 담아 만세 삼창을 부탁드렸다. 그리고 대학원생 서열 1위인 박사과정 형에게 사회자의 권위로 명령했다. 신발을 벗어 선배님들을 상대로 후배를 사랑하는 마음을 보여 달라고 했다. 참석한 선배님들 모두 즐거워하셨다. 이전에는 아주 형식적이었던 사은회가 레크리에이션같이 재미있는 행사로 변신했다.

사회를 마치고 자리로 돌아오니 선배님들의 칭찬이 쏟아졌다. "레크리에이션 강사를 부업으로 해도 되겠다.", "명사회자 덕분에 너무 재밌었다."와 같은 분에 넘치는 말들을 들었다. 역시 청중 앞에서 말하고, 발표하고, 행사를 이끌어 가는 일은 정말 재미있었다. 손끝으로 흐르는 긴장감은 내가 살아 있음을 알려 줬다. 그야말로 짜릿했다.

〈어쩌다 어른〉이라는 TV 프로그램이 있다. tvN에서 방송하는 특강 형식의 프로그램이다. 2015년 9월 첫 방영을 시작으로 현재까지 4년간 174회 방영되었다. 본래는 출연진들이 출연자들과 함께 매주 다른 주제 아래 '어른이 된다는 것은 무엇인가?'라는 이야기를 나누는 일종의 토크쇼 같은 프로그램으로 시작되었다. 이후 2016년 신년 특집 특강 쇼에 초대된 설민석, 서민, 김대식, 황교익의 강연이 시청자들로부터 좋은 평가를 얻게 되었다. 그래서 이를 계기로 강연 형태의 포맷으로 변경하게 되었다. 주요 출연자로는 혜민 스님, 설민석, 차길영, 이시원, 김미경, 강성태, 김창옥, 채사장 등이 있다.

나는 내가 어렵게 찾은 수학 강사라는 꿈과 수학 과외를 하며 깨달은 수학 공부법에 관한 이야기를 주제로 〈어쩌다 어른〉에 출연하고자 한다. 준비한 내용을 멋지게 이야기하고, 출연진과 재미있게 소통할 것이다. 손끝의 긴장감과 쿵쾅대는 심장, 살아 있음을 느끼면서.

PART 14

최고의 브레인 독서법 전문가로서 아이들이 희망을 꿈꾸게 돕기

- 조 은

조 은 청소년 멘토, 상담 전문가, 브레인 교육 전문가, 자기계발 작가, 동기부여가

미래 글로벌 리더가 될 청소년들을 위한 멘토이자 상담가로 활동하면서 작가이자 동기부여가라는 가슴 설레는 꿈을 그리고 있다. 뇌과학을 통해 '긍정적이고 창의적인 뇌'를 길러 주는 인성교육 전문가로도 활동 중이다. 현재 '브레인 독서법'을 주제로 개인저서를 집필 중이다.

지혜와 경험을 나누는 월 5,000만 원의 성공 노하우 메신저 되기

"어떠한 유형의 관계를 제공할 수 있다면, 그 사람은 그 관계 안에서 성장을 위한 능력을 발견할 것이며, 그리고 변화와 함께 개인은 성장할 것이다."

《진정한 사람되기》의 저자인 심리학자 칼 로저스는 '어떻게 하면 도움을 줄 수 있을까'에서 많은 건설적인 잠재력을 가진 것으로 보이는 개인과 함께 작업하는 방법을 발견했다고 했다. 그리고 '인간 성장을 촉진하는 것과 관련된 몇몇 가설'을 말하고 있다.

그는 심리학자 중에서 우리에게 가장 큰 영향력을 끼친 '인간중심적인 상담사'로 많이 알려져 있다. 그리고 내가 연구하는 논문의 이론적 근거를 뒷받침해 주는 이론가 중 한 분이다.

나는 이 책의 첫 장에서 "이것이 나다-내가 가지고 있는 생각들은 어떻게 만들어진 것일까?"를 읽으면서 흥미로움을 느꼈다. 로저스는 '변화와 함께 성장하는 가설'에서 내가 도전하고 변화하려는 것은 '내가 더 성장하려는 것'이라고 말해 주고 있다.

　요즘 나는 센터에 오는 아이들에게 '어떻게 하면 도움을 더 줄 수 있을까' 생각한다. 그러면서 책을 보고 강의를 듣는다. 나는 브레인 발달에 따른 성향을 분류해서 독서법을 다르게 하는 방법을 연구 중이다. 우뇌형, 좌뇌형, 좌우뇌형으로 구분해 진행하는 수업 방법이다. 로저스가 말한 것처럼 나는 인간 성장을 촉진하고 변화시키는 것을 늘 생각하며 살고 있다. 이것이 나를 성장시키고 타인을 돕는 가치 있는 삶이라 믿는다.

　성적은 다소 낮지만 소신을 갖고 남다르게 학교생활을 해 수시전형으로 서울대에 간 학생이 있다. 바로 4등급으로 학생부종합전형에 지원해 서울대에 간 조승우다. 그가 쓴 책《성적표 밖에서 공부하라》에 보면 그는 한일고등학교에서 성적 스트레스와 기숙사 생활의 어려움 등으로 우울증을 진단받았다. 하지만 그는 그것을 치열하게 극복해 내며 서울대 수시전형의 자소서와 면접을 통해 자신의 가치를 증명했다. 그러곤 서울대에 합격했다. 책은 그 과정을 담고 있다.

　센터에 오는 한 고등학생의 진로진학상담을 하면서 보았던 책으로 공감이 기는 내용이었다. 본문에는 요즘 입시와 점수의 노예가 되어 버린 우리 아이들에게 경종을 울리는 영화 〈죽은 시인의 사회〉가 나온다. 그 영화에서 주인공인 키팅 선생은 '어떻게 살 것인가'라는 질문에 '카르페 디엠-현재를 즐겨라'라는 답을 주며 다음과 같이 말하고 있다.

"저 침묵의 목소리를 들어 보아라. '카르페 디엠'이란 소리가 들리지 않느냐. 우리 모두는 결국 죽는다. 시간이 있을 때 장미 꽃봉오리를 즐겨라. 너만의 일생을 살아라. 자신의 삶을 잊히지 않는 것으로 만들기 위해서."

자신의 꿈과 부모님이 바라는 삶을 놓고 어떤 길을 걸어야 할지 고민하는 학생들을 향해 키팅 선생은 또 이렇게 말한다.

"그 누구도 아닌 자기 걸음을 걸어라. 나는 독특하다는 것을 믿어라. 누구나 몰려가는 줄에 설 필요는 없다. 자신만의 걸음으로 자기 길을 가거라. 바보 같은 사람들이 무어라 비웃든 간에."

많은 학생들이 부모와 선생님에게 이끌려 자신의 소중한 가치보다 타인의 기준으로 살아간다. 너무 안타까운 현실이다. 현실에서는 각자의 재능을 살리는 교육이 펼쳐지지 않는다. 모두가 잘해야 하는 공통된 과목으로 시험을 친다. 그리고 결과적으로 자신의 적성과 무관한 학교를 성적순으로 결정해야 한다. 꿈과 소망은 사라지고 진로적성도 성적 앞에서는 무너진다.

2015년 교육개정안이 발표되어 '세종대왕의 창의융합인재교육'이 초·중·고에서 진행되고 있다. 하지만 혼란스러워하는 부모와 교사가 많다. 그렇게 입시제도가 바뀐다는 뉴스는 교육 분위기를 더욱 위기로 몰아가고 있다. 이렇게 불안한 상황에서 올바른 교육 정보를 알리고 이해시키기 위한 현실적 대안이 마련되었다. 몇 년 전부터 꾸려온 '오내학교 오꿈내꿈'이란 교육봉사단체다. 초·중·고 선생님들과 교육 관련 기관 관계자들로 구성되어 있고 나도 정회원으로서 뜻을 모으고 있다.

지금이라도 초등학교부터 자신을 이해하고 창의적 사고력을 높이는 학습이 이루어져야 한다. 각자의 재능을 살리는 공교육이 되어야 한다. 그리고 다양한 독서법을 활용해 책을 읽는 즐거움 속에 세상을 알아 가고 자신의 꿈을 키울 수 있는 분위기가 되어야 한다. 창의적 인재가 살아남는 교육이 된다면 아이들은 즐거운 마음으로 학교에 다닐 것이다. 책 읽기와 책 쓰기는 초등부터 시작되어야 한다고 생각한다. 아이들은 형식적인 독서와 독서기록장 기입 등으로 책에 대한 흥미를 잃고 있다. 나는 이에 대한 대안으로 브레인 독서법을 연구하게 되었다.

나는 경영학, 심리학, 상담학, 언어치료학, 미술치료학, 뇌과학, 교육학 등 다양한 학문을 박사까지 했다. 하지만 공부를 하면 할수록 더 명료해지기보다 더 복잡하고 융합의 몫은 나에게 있었다. 학문의 우선순위보다 현재 상황을 어떻게 가장 효율적으로 해결할지에 대한 고민이 우선되어야 한다고 생각한다. 그런데도 누구에게 물어봐야 할지 몰라서 다양한 책을 보거나 동영상 강의를 들을 때가 많았다. 나는 공부를 지속해야 할 분명한 이유가 있다. 때문에 지금까지 공부를 해 오고 있다. 하지만 실제론 어려운 상황에 놓일 때가 많다.

《세계적 천재들도 너만큼 산만했단다》의 저자 김의철 소장님은 이렇게 말했다.

"세상의 모든 아이는 천재로 태어납니다. 그렇지만 세상의 아이가 모두 천재로 살아가는 것은 아닙니다."

《세계적 천재들도 너만큼 산만했단다》는 우리가 몰랐던 천재들에 대한 이야기를 담은 책이다. 책에 의하면 많은 천재들이 천재인 줄 모르게 태어나서 천재인 줄 모르는 상태에서 자란다. 그러곤 천재가 아닌 부모에게 양육된다. 그러면 살아남은 천재는 과연 누구일까? 책은 우리나라에서 노벨상이 나오지 못하고 있는 이유를 알게 해 주었다. 나는 이 책을 읽고 큰 충격을 받았다.

얼마 전에 나는 진짜 극우뇌형 천재를 만났다. 정말 천재가 살아남았다는 것을 알게 되었고 감격스러웠다. 내가 만난 그 천재는 책 쓰기로 성공한 한책협의 대표 코치이자 대한민국 대표 책 쓰기 스타강사인 '김태광(김도사님)' 작가이다.

나는 브레인독서법을 연구하다가 우연히 알게 된 한책협 카페를 책 쓰기에 관한 카페라는 것만 확인하고 가입만 해 뒀다. 그런데 며칠 지나 카페에서 보았던 '김도사 공식 팬 카페'라는 문구가 떠올라 '유명하신 분인가'라는 생각이 들었다. 그리고 '유명하면 유튜브에도 있겠지'라는 생각에 '김도사'를 검색했다. 엄청 많은 내용의 유튜브가 있었고, 나는 강한 호기심을 갖고 들여다보았다. '당신이 책을 써야 하는 진짜 이유!', '말더듬! 1분 안에 고치는 법!', '독서하지 말고 필사하세요' 등이 먼저 눈에 들어와서 듣게 되었다. 그리고 그 뒤 시간이 날 때마다 하나씩 보게 되었다. 한책협 카페에도 들러 많은 글들을 보았고, 이곳에서 천재작가들이 탄생하고 있음을 확인했다. 천재들이 모인 곳이었고, 내가 찾는 사람들이 성공을 꿈꾸고 있었다. 정말 놀라웠고 기뻤다.

나는 내가 지금까지 공부하고 노력한 것들은 천재의 그것을 뛰어넘을 수 없다는 생각에 정신이 번쩍 들었다. 내가 지금 무엇을 해야 하는지, 내가 하려고 했던 것은 무엇이었는지를 알게 된 순간이었다.

나는 많은 장애아동들과 문제가 있는 학생들, 약 하는 사람들

등 어려움을 호소하는 사람들을 만나 오고 있고, 지금도 만나고 있다. 그런데 내가 배운 공부와 기술로 그들을 치료하겠다던 생각에서 깨어나게 되었다. 이제 어디서부터 잘못되었는지를 알게 되었다.

내가 만난 이들은 문제아라는 낙인과 독설들로 브레인을 어릴 때부터 다친 사람들이다. 아직도 회복이 되지 못한 채 살아가면서 다양한 치료를 받고 있다. 그러나 그들이 자신이 천재인 줄 모르기 때문에 회복이 안 된다고 생각하는 사람들이 많다.

책 쓰기로 성공한 천재작가 '김도사님'은 살아남았다. 그리고 선한 마음으로, 많은 사람들을 성공시키기 위한 행동으로 '성공 노하우'를 전수해 주고 있다. 하지만 김도사님처럼 천재로 살아남기보다 살아남지 못하는 경우가 더 많다. 그 사실에서 나는 내가 성공해야 하는 이유를 분명하게 찾았다. 많은 천재들에게 자신이 천재였음을, 꿈을 찾고 성공할 수 있음을 알려야 하는 것이다.

나는 언젠가 책을 쓰려고 했다. 하지만 우선순위에 밀려 먼 훗날에 그것도 '여유가 되면'이라고 생각하고 있었다. 하지만 이제 나는 책을 쓰고 유명한 강연가가 되어 천재를 살리고 알려야 한다는 나의 소명을 많은 사람들에게 들려주고 싶다.

나는 책 쓰기를 시작한다. 책을 쓰고 유명한 강연가가 되어 나의 소명을 이룰 것이다. 그러기 위해 '천재 김도사'를 알리고, 많은 사람들에게 '성공 노하우'를 전하는 메신저로 살아가려고 한다.

지금까지의 나의 경험과 지혜를 나눌 것이다. '천재 살리기'라는 나의 소명의식을 갖고. 그러면 월 5,000만 원의 잘나가는 메신저, '성공 노하우'라는 주제로 강연가가 될 수 있음을 확신한다. 하지만 이는 시작에 불과하다. 나 '성공 노하우 조은 메신저'는 성공해야 하는 분명한 이유가 있다.

02

벤츠 S클래스 타고 성공자의 '브레인 독서법' 강연하기

"한국의 학생들은 미래에 필요하지 않은 지식과 존재하지도 않을 직업을 위해 매일 15시간을 낭비하고 있다."

《아이의 미래를 바꾸는 학교혁명》의 저자이며, 미래학자인 앨빈 토플러가 지적한 한국의 교육 현실이다. 우리 사회의 학벌주의와 입시제도라는 교육제도는 개인의 소질과 적성을 무시한다. 다양성을 인정해 주지 않기 때문에 폭력 현상의 학교 문제로 나타난다. 지금부터라도 교육의 심각성을 깨닫고 사회, 교육제도, 부모, 선생님의 인식이 모두 변해야 하는 이유다.

그러기 위해선 아이들의 다양성을 인정해 주는, 두뇌 기능을 기반으로 한 인성교육이 필요하다. 인간의 마음과 행동을 이해하는 인지신경과학은 두뇌 특성을 바탕으로 한 최신 학문 분야다. 청소년 시기에 어려움을 겪었던 세계적인 성공자들은 독서를 통해 자신의 정체성 혼란을 극복했다.

우리는 독서의 중요성을 잘 알고 있다. 아이가 스스로 독서의 중요성을 깨닫고 다독하기를 바라기도 한다. 책을 많이 읽으면 상상력, 이성적인 사고와 판단력, 행동과 감정 조절 등을 관장하는 전두엽이 발달된다. 이러한 전두엽이 잘 발달되면 문제해결 능력과 대처 능력이 향상된다.

그러나 지금의 학교에서는 두뇌 특성이 다른 좌뇌형과 우뇌형 아이가 함께 수업하고 독서한다. 서로 다른 두뇌 특성의 아이들에게 나타나는 인지능력은 모두 다르다. 그러므로 학습보다 가정에서 부모의 독서 지도가 가능한 브레인 독서법을 해야 한다.

"인간의 좌뇌와 우뇌는 서로 다른 기능을 가지고 있고, 뇌들보 (Corpus Callosum)를 통해 그 기능들이 서로 연결되어 있다."

이러한 내용을 담은 논문을 미국의 신경과학자인 로저 울컷 스페리 교수가 발표했다. 그는 이 공로로 1981년 '노벨 생리의학상'을 수상했다. 그는 두뇌의 기능을 이렇게 설명한다.

"'좌뇌'는 이성을 담당하는 뇌로 언어중추 신경이 퍼져 있고, 논리적, 계산적, 분석적 사고 및 순차적 정보처리를 한다. '우뇌'는 감성을 담당하는 뇌로 창의적, 공간적, 추상적인 사고, 음악, 미술 등의 예술적인 사고를 한다. '좌뇌 우뇌의 뇌들보'는 서로 정보를 교환하고, 사고와 판단, 재능, 성격과 마음을 만든다."

인간의 인지능력도 좌뇌-우뇌가 다르다. '좌뇌'가 발달한 사람은 말이나 글을 이해하거나 말하고 글쓰기를 잘한다. 원칙적, 목표 지향적, 체계적, 순차적인 사고와 행동을 한다. 그래서 신중하고 한 가지의 일을 순차적으로 진행한다. 계획 세우기, 분석하기, 집중력이 강하다. '우뇌'가 발달한 사람은 말의 강세나 리듬과 같은 운율적 언어 행위를 보인다. 새로운 정보에 대한 호기심이 많고, 창의적인 소질이 다분하다. 새로운 것을 빠르게 받아들일 수 있어 직관력, 이해력, 판단력이 빠르며 사고의 방향도 자유롭고 개방적이다. 사고의 틀이 고정적이지 않다 보니 자연스럽게 융통성이 겸비되어 세상 발전의 원동력이 된다.

브레인 독서법은 두뇌 특성을 기반으로 한 인지능력 향상의 독서치유 프로그램이다.

'우뇌형' 아이들은 말이 많고, 빠르며 목소리가 크다. 행동도 자유롭고 개방적이며 창의적이다. 그래서 다양한 독서 활동에 적극적이다. 이런 아이들은 서로 타협할 수 있도록 해야 한다. 아이들에게 절대 시끄럽다고 혼내거나 못 하게 하면 안 된다. 그러면 아이들은 잘 웃으며, 즐겁고 재미있는 독후 활동으로 기억한다. 혼나지 않으면 자신감을 얻는다.

'좌뇌형' 아이들은 말을 차분하게 하고 언어 이해력이 높다. 행동은 체계적이고 논리적이며 순차적이다. 그래서 독서 활동은 반드시 규칙을 세우고 원칙적으로 진행해야 한다. 이런 아이들은 집중력이 높고 논술형 쓰기가 가능하다. 형식이 중요하고, 성격이 조용하며 융통성이 부족해 보인다. 이 아이들에게는 칭찬을 아껴서는 안 된다. 칭찬받으면 자신감을 얻는다.

초등 전부터 아이에게 브레인 독서법으로 책을 보도록 한다. 그러면 책을 좋아하고 생각하며 꿈꾸는 능력이 길러진다. 큰 꿈은 미래의 현실을 변화시키고 더 발전적인 삶을 살게 한다. 현재의 초·중·고 생활이 힘들더라도 자신의 존재가치를 믿게 된다.

독서는 청소년기에 정체성 혼란을 겪었던 스티브 잡스, 리즈 테일러, 아인슈타인, 마이클 펠프스, 베토벤, 모차르트, 오프라 윈프리 등이 즐긴 방법이다. 이들이 모두 어려운 상황에서 성공자로 성장할 수 있었던 것은 '독서'를 했기 때문이다.

'우뇌형' 아이들 중 어릴 때부터 기질과 성향이 더 강한 아이가 있다. 말이 늦거나 과잉 행동이 문제시되어 병원을 간다. 대부분 ADHD, 틱, 자폐, 아스퍼거 등을 진단받고 약을 먹는 경우가 많다. 그러면 두뇌 기능에 문제가 생겨 좌뇌, 우뇌의 특징이 변형된 행동으로 나타난다. 또한 산만하고 충동적인 문제 행동으로 학습과 또래 관계에 어려움을 겪는 아이들도 같은 경우다. 이런 경우에는 먼저 〈브레인 인지학습〉의 브레인 회복 치료를 받아야 한다. 그렇게 상처 난 브레인을 회복시키고 브레인 독서법을 해야 한다.

나는 2016년부터 '브레인 인지학습'이라는 프로그램으로 브레인 기능을 향상시키는 치료를 해 왔다. 많은 학생들이 회복되어 정서적 안정을 찾고 학교를 잘 다니고 있다. 그중 현재는 중3이 된, 어릴 때 자폐 진단을 받았던 학생이 있다. 현재는 진단을 극복하고 자신감을 회복했다. 나는 그 학생의 밝은 표정에 흐뭇함을 느낀다.

요즘에는 한국사 공부 방법에 브레인 독서법의 '우뇌형'을 도입해 진행하고 있다. 그 독서법으로 공부한 학생은 학습에 대한 스트레스와 책 읽기에 부담이 없다고 말한다. 브레인 독서법의 코치는 뇌과학을 바탕으로 심리, 인지, 언어, 독서 등을 배워서 융합적인 사고를 해야 한다.

현재 센터에는 '우뇌형' 두뇌 특성을 가진 학생들이 초·중 학령기에 브레인 손상을 입고 오기도 한다. 나는 이들의 브레인을 회복시켜 브레인 독서법을 진행하고 있다. 그러면 아이들은 사고력이 확장되고 자신감이 생긴다. 그렇게 자신의 꿈을 키워 살아가도록 돕고 있다.

나는 브레인 독서법 코치로서 강연을 다닐 것이다. 어릴 때부터 문제아라고 낙인찍혀 책을 전혀 보지 않는 경우가 많다. 그리고 학령기에도 학교 부적응으로 학습과 독서를 하지 않는다. 특히 '우뇌형' 기질이 강한 두뇌 특성의 아이들이, '천재'인 아이들이 아프다.

나는 '우뇌형' 천재를 살려 함께 '벤츠 S클래스'를 타고 브레인 독서법 강연을 다닐 것이다. 이 아이들은 마음이 곱고, 선하다. 어릴 때 상처를 받은 만큼 존재를 인정해 줘야 한다. 그런 만큼 이 '천사'들을 위해 멋진 차 '벤츠 S클래스'를 타고 전국으로 강연을 다닐 것이다. 나는 '천재 살리기'를 위한 뇌과학 공부를 계속해 더욱 성장할 것이다.

03
대한민국 최고 '브레인이 꿈꾸는 독서 연구소' 설립하기

"나는 우주만큼 거대한 존재이면서 동시에 한 줌의 흙에 불과하다는 것을 알게 되었다. 그래서 행복하다."

《긍정의 뇌》에서 저자 짐 볼트는 테일러의 뇌졸중 회복 과정을 사실적으로 기록했다. 그는 인디애나 의과대학에서 신경해부학을 전공했다. 그리고 하버드대에서 연구원으로 활동하던 1996년, 37세의 나이에 뇌졸중에 걸렸다. 논리적이고 언어적인 좌뇌의 기능을 상실했고, 우뇌로만 느꼈다. 좌우 뇌의 기능적인 차이를 뇌과학자가 직접 체험을 근거로 서술했다. 자신은 '긍정적으로 생각하는 뇌 연습'을 통해 긍정적인 사고를 하는 사람으로 변했다고 한다. 이 내용을 보면서 뇌가 스스로 진화하면서 회복하고자 하는 힘을 지니고 있음을 깨닫는다.

《꿈꾸는 기계의 진화》의 저자 로돌프 이나스는 세계적인 뇌 석학이다. 그는 "뇌는 꿈꾸는 기계다."라고 말했다. 뇌는 사물의 진실을 드러내 주는 훌륭한 신체 기관이다. 그리고 현실은 꿈과 매우 비슷한 상태이며, 깨어 있는 동안 현실은 꿈의 변형일 수 있다고 말한다.

"인간의 특징은 의도적 행동에 있다."라고 러시아의 심리학자 레프 비고츠키는 말했다. 그는 동물은 자극에 반응해 움직일 뿐이다. 하지만 인간은 목적을 갖는 의도에 따라 행동한다고 말한다.

《몸값 높이는 독서의 기술》의 저자 정소장은 서울대학교를 졸업했다. 그는 대학교 3학년 때까지 단 한 권의 책도 읽지 않았다. 그리고 미래에 대한 고민도 걱정도 없이 살았다. 그러다 우연히 독서에 눈을 뜨게 되어 10년간 1,000권이 넘는 책을 읽었다. 그 후 그는 독서에 대해 연구했다.

그는 《시련은 있어도 실패는 없다》라는 책이 "자신을 강력하게 끌어당겼다."라고 말한다. 그리고 자신을 지금까지도 움직이게 하는 원동력이 되었다고 말한다. 현재 '한국위닝독서연구소' 대표이자, 독서법 코치, 베스트셀러 작가다.

《재테크 독서로 월 100만 원 모으는 비법》의 저자 안명숙은 29년 차 중등 국어교사다. 그는 "책이 시키는 대로 했더니 4년 만에 1억 2천만 원의 빚을 갚게 되었다!"라고 한다. 책에서 빚을 갚을 수 있는 구체적인 실천 방법을 발견했다고 말한다. 현재 '생존독서연구소' 대표이자, 중등 국어교사, 북테크 전문가다.

《청춘아, 너만의 꿈의 지도를 그려라》,《꿈을 향한 도전》,《10대, 꿈을 이루어 주는 8가지 법칙》의 저자 김태광은 100억대의 부자다. 그는 10,000권의 독서를 했고, 205권의 책을 썼다. 독서와 책 쓰기로 성공한 대한민국 최고의 베스트셀러 작가다. '김도사'라 불린다.

나는 11년 동안 심리, 상담, 언어, 교육, 뇌과학을 공부해 왔다. 그리고 다양한 분야의 독서를 했다. 그중 《뇌과학 공부》,《그림으로 읽는 뇌과학의 모든 것》의 저자 박문호 뇌과학 전문가의 책을 좋아한다. 나는 '나를 이해하기 위해 시작한 공부'를 뇌과학을 통해 분명하게 확인하게 되었다. 현재 '브레인센터', '심리상담센터'를 운영하고 있다. 이를 통해 다양한 사람들을 만나 왔다.

내가 만난 사람들도 많은 독서를 하고 있었다. 하지만 독서를 통한 '꿈', '성공', '배움'과는 관련이 없었다. 그들은 '꿈'을 실현하기 위한 '독서'를 하는 것이 아니었다.

센터에 처음 오는 초·중·고 학생들에게 독서에 대한 생각을 물어본다. 학생들은 대부분 "책은 재미없다.", "책 읽을 시간이 없다.", "책 읽기가 귀찮다."라고 말한다. 독서에 대해서 부정적인 생각을 갖고 있었다. 그리고 그런 학생들은 자존감이 낮고, '꿈'이 없는 경우가 많았다.

그들도 현재는 자신의 뇌 특성이 '좌뇌형', '우뇌형', '좌-우뇌형'인지를 이해하고 있다. 그리고 브레인 독서법을 통해 책을 좋아하게 되었다. 이제는 "책이 재미있다.", "나도 꿈이 있다.", "즐겁고 행복하다."라며 밝게 웃는다.

학생의 변화에 부모-자녀 관계도 긍정적으로 발전했다. 그래서 부모에게도 브레인 독서법을 권유하고 있다. 부모-자녀는 함께 브레인 독서법으로 희망을 꿈꾸고 있다.

내가 설립하려는 '대한민국 최고! 브레인이 꿈꾸는 독서 연구소'는 비영리 법인이다. 연구소에서는 '독서를 통해 부모-자녀가 함께 성장하고, 꿈꾸는 성공법을 코칭한다.' 국내 최고의 도서관 시설과 독서실, 브레인 치유실, 상담실, 교육실, 힐링 공간, VR 체험실, 카페 등을 겸비한 연구소다. 특히 어릴 때부터 독서를 통한 책 쓰기로 자신을 브랜딩 하는 학습훈련을 한다. 그리고 브레인 독서법을 통해 자신의 의식을 확장하고, 꿈을 성공시키는 행동의 변화를 경험한다.

우리는 12년 동안 학교에 다니면서 배운다. 대학교, 대학원까지 20년 동안 배우기도 한다. 그런데도 학교에서는 '성공'과 '부'에 대해서 가르쳐 주지 않는다. 실패하고 좌절해도 극복하는 방법을 모르는 이유다. 그럼에도 불구하고 부모는 자녀가 공부를 열심히 잘 하길 바란다. '공부를 잘한다'는 것을 '성적만 높으면 된다'라고 생각하는 것 같다.

여기에서 성적이 높으면 성공해서 부자가 될 수 있을까? 라는 의문이 생긴다. 나도 박사과정을 수료하고 22년 동안 학위 공부를 했다. 아직도 박사 논문이 남아서 스터디를 하고 있다. 그러나 공부를 해 오면서 '성공'과 '부자'가 되는 교육과정은 들어 보지 못했다.

우리가 꿈을 꾸는 이유는 무엇일까? 학교에서 가르쳐 주지 않는 성공을 어떻게 이룰까? 이러한 배움을 어디서 얻어야 하는 걸까? 이 모든 질문의 해답은 '독서'다. 뇌과학자 이나스는 '뇌는 꿈과 현실을 비슷하게 인지하고 있다'라고 했다. 이는 꿈이 현실이 되고, 현실이 꿈이 된다는 말이다.

《상상의 힘》의 저자 네빌 고다드는 형이상학자이자 강연가다. 그는 "나의 상상력을 사용해 소망을 현실로 만들어 내는 첫 번째 경험을 했다."라고 말했다. 이는 뇌가 꿈을 현실로 경험하는 것과 같다. 네빌 고다드의 강의 핵심은 '상상이 현실을 창조한다'다. 그는 이를 '끌어당김의 법칙'이라고 말했다.

《그림으로 읽는 뇌과학의 모든 것》의 저자 박문호는 뇌과학 전문가다. 그는 "뇌는 행동을 만드는 신체 기관이다."라고 했다. 뇌는 긍정적으로 생각하면 긍정적으로 바뀐다. 용기 있는 실천은 뇌가 긍정적일 때 가능하다. 뇌가 스스로 변할 수 있는 것은 오직 긍정적인 생각에서 비롯된다.

나는 브레인을 공부하게 되어 감사하다. 내가 인생의 가치를 최대화하는 배움의 길이 브레인에 있기 때문이다. 브레인이 긍정적이고 선할 때 '꿈'이 이루어지기 때문이다. 나는 브레인 독서법으로 메신저가 되어 성공적인 삶을 살아갈 것이다.

04

'ART & 독서 진로'
전문교육가 되기

"뇌가 '나'이며, 뇌가 '인생'이다. 우리의 인생도 행복도 두뇌를 어떻게 쓰며 사느냐에 달려 있다. 실현 가능한 것부터 시작해서 성취감을 즐기도록 해야 한다. 승리가 승리를 가져오고 성공은 성공 위에 지어진다. 작은 성공 경험이 더 큰 성공을 불러온다."

《무지개 원리》의 저자 차동엽 신부의 책 내용이다. 일곱 가지 무지개 원리는 "첫째, 긍정적으로 생각하라, 둘째, 지혜의 씨앗을 뿌리라, 셋째, 꿈을 품으라, 넷째, 성취를 믿으라, 다섯째, 말을 다스리라, 여섯째, 습관을 길들이라, 일곱째, 절대로 포기하지 마라"이다. 이를 통해 "인생과 운명이 바뀌고, 삶의 질이 향상된다. 그리고 원리적이고 통합적인 '법칙이 지닌 힘'을 실감하게 되며, 평생 지녀도 좋을 지혜를 배우게 된다."라고 했다.

나는 '일곱 가지 원리'를 메모지에 적어서 냉장고에 붙였다. 아침, 저녁과 자기 전에 읽었다. 필사하면서 외우려고 노력했다. 내가 이 책을 만났던 시기가 2007년 봄이었다. 그때 남편과 내가 함께 했던 사업으로 인해 전 재산과 사람을 잃고 빚만 남았었다. 시댁에서 시부모님과 함께 살다가 분가했다. 그렇게 막막했던 나의 삶에 희망을 준 책이다. 이 책을 들고 다니면서 읽고 또 읽었다. 그래서 나의 고난을 당연하게 받아들였다. 내 삶의 힘듦은 과거의 잘못된 생각과 행동 때문이었음을 깨달았다. 나는 미래에는 선한 마음과 긍정적인 생각만 하겠다고 다짐했다.

"유대인은 자녀에게 전뇌 교육을 한다. '좌뇌의 지성(힘) 계발은 원리 교육'이다. '우뇌의 감성(마음) 계발은 베갯머리 교육'이다. '뇌량의 의지(목숨) 계발은 사브라'다. 이를 거듭거듭 가르치고 훈련한다."

이 책은 유대인 자녀교육의 '역사철학'에 대해 다룬다. "성공 법칙의 비결은 강점 계발에 있다."라고 저자는 말한다. 이는 전뇌 교육을 통해 창의력, 논리력, 예술 분야의 영재 교육을 하는 것을 의미한다. '셰마 이스라엘'은 무엇을 하든 '마음을 다하여라', '목숨을 다하여라', '힘을 다하여라'다. 이를 거듭거듭 가르치고 행하도록 훈련시킨다. 현대의 두뇌 연구의 성과와 일치한다. 이는 두뇌 특성을 기반으로 한 전인적 자기계발의 원리다. 이스라엘 민족은 모든 민족 가운데 노벨상을 가장 많이 받은 민족이다.

우리나라에도 전뇌 교육과 자기계발의 지혜가 필요하다. 우리의 좌뇌 지성 계발은 '힘을 다하라, 긍정적으로 생각해라, 지혜의 씨앗을 뿌려라'다. 우뇌 감성 계발은 '마음을 다하라, 꿈을 품어라, 성취를 믿어라'다. 뇌량 의지 계발은 '목숨을 다하라. 말을 다스려라, 습관을 길들이라'다. 그리고 인격화는 '거듭거듭 반복하고 절대로 포기하지 마라'다. 이는 안으로는 긍정적인 생각, 지혜의 씨앗, 꿈, 성취에 대한 믿음을 품으라는 것이다. 그리고 밖으로는 말, 습관을 표출하라는 것이다. 이는 처음부터 끝까지 '포기하지 마라'라는 실행을 말한다.

나는 임신해서 태교 책으로 《탈무드》, 《그리스 신화》를 읽었다. 그때 유대인의 교육에 대해 깊은 관심을 가졌다. 그리고 《뇌호흡》이라는 두뇌 발달 책을 읽었다. 여기서는 '뇌호흡'으로 유아의 뇌가 좌뇌, 우뇌로 조화롭게 발달된다고 했다. 그러면 '뇌의 주인이 되어 생산적이고 평화적인 파워브레인이 된다'라고 한다. 나는 뇌에 대한 지식이 없었다. 아들을 잘 키우려고 읽었던 책으로 기억한다. 이때 뇌와 전두엽에 대해 호기심을 가졌었다. 아들의 교육을 위해 나는 지적 역량이 부족하다는 생각이 들었다. 나는 아들의 교육을 위해서 공부를 해야겠다고 생각했다.

나는 아들이 초등학교 2학년 때 서울사이버대학교 상담심리학과 3학년에 편입했다. 동시에 미술치료사 자격증도 함께 준비했다. 그리고 낮에는 직장에 다녔다. 1년 6개월 동안 공부하면서 미술심리치료사 1급 자격증을 취득했다. 그 후 직장을 그만두고 미술치료사로 활동했다. 초·중·고등학교에 다니면서 미술치료 수업을 했다. 아들과 미술놀이 활동을 할 수 있어서 배운 보람을 느꼈다.

그러다 점차 아들이 성장하면서 친구 갈등, 학습 무기력, 성적 호기심 증가로 인한 문제들이 나타났다. 나는 미술치료에 책을 접목해 아들과 소통할 수 있었다. 현재는 아들과 소통이 잘되고 있다. 아들은 지금은 대학생이 되어 기숙사 생활을 한다.

아들은 중학교에 입학해서 낮은 성적으로 인해 의욕을 잃고 한동안 게임만 했다. 그때 아들과 대화를 나누며 활동을 많이 했다. 미술치료를 하며 만난 아이들과도 책과 미술을 활용한 활동 수업을 했다. 지금 생각해 보면 우뇌 성향의 아이가 좋아하는 수업이었기 때문에 어려움이 없었던 것 같다.

나는 미술 도구로 다양한 재료와 책을 활용했다. 우뇌 성향의 아이들에게는 그리기, 만들기를 한 후 책 읽기와 쓰기를 했다. 좌뇌 성향의 아이들에게는 활동에 대한 전반적 이해를 시킨 후 활동을 하나씩 진행했다. 조금씩 차이는 있지만 학년이 높을수록 좌뇌 성향의 아이들이 많다. 초등 저학년은 우뇌 성향이 많아서 주로 그리기, 만들기 등 활동 수업을 많이 한다. 초등생의 독서와 이해는 아이의 특성에 따라 방법을 다르게 한다.

초등 저학년부터 자기 자신에 대한 표현이 중요함을 강조한다. 나는 누구인지, 나는 무엇을 좋아하는지, 나는 무엇을 잘하는지 등이다. 이때 자신에 대한 긍정적인 사고관이 중요하다.

책을 활용해 미술과 놀이 활동을 병행하면 재미있다. 현재 센터의 초등 고학년들의 브레인 독서 활동으로는 '책 관련 채색하기', '문화재 만들기', '빙고 게임' 등이 인기가 많다. 한국사도 아이들 특성에 맞게 방법을 변화하면 흥미가 높다. 채색하기, 만들기, 빙고 게임, 문제 만들기, 문제 맞히기, 내용 토론하기 등 재미있는 수업시간을 만들 수 있다. 책에 대한 거부감이 없고 책과 친숙해짐을 관찰할 수 있다. 저학년부터 수업이 잘 이루어지도록 해야 한다. 그러고 나서 고학년부터는 점차 좌뇌를 강하게 하는 수업으로 이어지게 한다.

진로 수업은 초등 저학년 때부터 시작한다. 이는 초·중·고·대학생 때까지도 가능하다. 진로 수업을 하려면 초등부터 자존감이 높고, 좌우뇌가 균형 있게 발달되어야 한다. 그러면 중학교 때부터는 자기계발 도서를 활용한 '꿈 그리기'가 가능하다. 꿈에 대한 이미지를 상상하고 표현하도록 하는 것이다.

긍정적인 사고로 자신을 믿고 꿈을 시각화하면 잠재의식이 성장한다. 이는 중학교 때 진로의 방향을 설정할 수 있게 해 준다. 다양한 직업에 대한 특성과 시대의 변화를 이해하게 해 준다. 그러면 고등학교 때 직업보다는 진로에 대한 확신이 높아진다. 진로가 확고해지면 공부는 스스로 열심히 하게 된다. 그러곤 진학 상담을 하면 된다.

초등 전부터 부모는 아이의 교육에 대해 고민이 많다. 나는 교육전문가로서 아이들의 진로를 위해 독서와 예술(Art)을 접목한 프로그램을 개발하려고 한다. 브레인 성장 속도에 맞는 독서를 통해 진로를 찾도록 도와주려고 한다. 모든 아이가 희망을 꿈꾸게 돕는 메신저가 되고 싶다.

05

진정한
나로 살기

"성공해서 책을 쓰는 것이 아니라, 책을 써야 성공한다."

《성공해서 책을 쓰는 것이 아니라, 책을 써야 성공한다》의 저자는 ㈜한책협의 김태광 대표 코치, 즉 김도사다. 그는 "책을 쓰는 동안 더 깊이 있는 공부가 된다.", "책을 출간하면 자연스레 그 분야의 전문가가 된다."라고 했다. 그는 작가, 코치, 강연가, 컨설턴트, 1인 지식 창업가로 성공했다.

"내가 책을 쓰는 목적 중 하나는 내가 경험한 것을 사람들에게 나눔으로써 그 사람들이 미처 몰랐던 사실을 일깨워 주고 그것을 바탕으로 작은 변화를 이끌어 내고 싶기 때문이다. 긍정적이고 바람직한 측면으로의 변화 말이다. 그것을 나는 '선한 영향력'이라고 생각한다."

"책을 쓰기에 앞서 자기 자신을 돌아보는 시간을 갖는 게 좋다.

나는 무엇을 해 왔으며, 무엇을 가지고 있고, 무엇을 잘하며, 무엇에 강점이 있는지 돌아보는 시간이 필요하다."

이렇게 알려 주는 《책 쓰기 실전 멘토》의 저자는 키다리아저씨 양은우다. 그는 브레인 트레이너, 경영학 석사로 현재는 컨설팅, 작가, 강연가로 활동하고 있다. 최근 뇌과학과 기업 경영을 접목한 이론을 개발하고 전파하는 중이다. 그는 "베스트셀러보다는 스테디셀러를 쓰고 싶고 인생의 마지막 순간까지도 책을 쓸 수 있길 희망한다."라고 했다.

나는 그의 말에 크게 공감하게 되었다. 이 작가분들 외에도 강연가와 성공자에게는 자신의 저서가 있다. 나는 그분들은 성공했기 때문에 책을 쓰는 줄 알았다. 나는 성공하지도 않았고, 특별히 잘하는 것이 없다고 생각했다.

요즘 책 쓰기 도서들이 많이 나오고 있다. 그 도서의 저자들은 유명하거나 성공한 사람이 아니었다. 나에게는 신선한 충격이고, 사고의 전환점이 되었다. 책부터 써야겠다는 생각이 든다. 진정 내가 무엇을 해 오고 있었는지, 나의 강점은 무엇인지 점검하는 시간을 가져야겠다. 나도 책을 쓰고 내가 경험한 것을 사람들과 나누고 싶다.

난 박사 논문이 마지막이라는 생각에 몰입해 있었다. 그런 내가 책을 쓰면 지금까지 해 오던 공부가 더 깊이 있게 된다. 그리고 전문가로서 도약할 수 있는 계기가 될 수 있다. 앞으로 깊이 있는 공부를 위해 나는 작가로, 진정한 나로 살고 싶다. 지금까지 11년간 전공공부와 센터 운영을 함께해 왔다. 심리상담, 심리치료, 발달언어치료, 미술치료, 독서논술, 진로진학상담, 학습코칭, 브레인학습, 외부 강의 등을 했다. 상담교육 일정이 잡히면 교육을 받으러 전국으로 다녔다. 죽기 살기로 살아왔다. 공부가 인생의 전부인 것처럼 살아온 것 같다.

내가 가난하게 사는 것은 지식이 부족해서라고 생각했다. 전문적인 지식을 배우면 성공할 수 있다고 믿었다. 그래서 대학교(경영학, 심리상담), 대학원 석사(언어치료), 박사(교육학) 수료를 했다. 학문적 지식은 전문가의 자질과 소양이다. '돈'보다 '가치'의 의미가 더 컸다.

그러다 보니 성공과는 다른 삶이었다. 가치 있고 전문적인 분야이지만 경제적으로 부유한 삶이 되긴 힘들었다. 이런 부유하지 못한 삶도 나의 능력이 부족해서라고 생각했다. 그래서 나는 다양한 학문을 배우고 자격증을 취득했다.

2개의 센터를 운영하기까지 고난과 고통이 컸다. 작년부터 남편이 직장을 이직하고 함께 운영하고 있다. 남편은 사회복지학 석사다. 지금도 사이버대학에서 심리상담을 공부하고 있다. 전문적인 분야에 배움은 기본이라고 생각했다.

나는 결혼해서 자녀교육을 위해 다양한 책을 읽었다. 특히 임신하기 전부터 영·유아 발달 관련 책들을 읽었다. 그중에서도 Piaget의 인지발달과 Vygotsky의 사회문화적 인지발달에 관심 있었다. 그리고 뇌 기능 관련 책도 흥미로웠다. 뇌와 전두엽에 대해서는 아들이 크면 더 자세히 알아보고 싶었다.

아들 교육을 위해 나는 지적 역량이 부족하다는 생각이 들었다. 자녀교육 공부를 해야겠다고 생각했다. 그러나 경제적 어려움으로 직장을 다녔다. 아들이 언어적으로 소통해야 하는 3세였다. 아들은 말이 늦었다. 나는 아들에게 미안한 마음이 컸다.

결혼 후 나 '조은정'은 없었다. 남편의 아내, 아이의 엄마, 시부모의 며느리, 부모님의 장녀, 형제들의 맏이였다. 우리는 독립적인 가정을 이루었다. 그러나 경제적 어려움은 양가 부모님들에게 걱정을 안겨 드렸다. 나는 청소년 시기에 가난으로 인해 대학에 진학하지 못했다. 그에 대한 미련과 아들 교육에 대한 일념으로 공부를 더욱 붙들고 왔다.

공부하면서 가장 큰 어려움은 돈이었다. 돈에 맞춰 책 사고, 돈에 맞춰 교육도 들었다. 공부해야 일할 수 있었고, 일해야 돈을 벌었다. 하지만 역경 속에서도 나의 꿈 공부는 포기하지 않았다. 그래서 결국, 나의 꿈은 이루어졌다. 나는 베스트셀러 작가다. 이젠 내가 원하는 책은 다 살 수 있다. 그리고 하고 싶은 공부도 책 쓰기를 통해 깊이 있게 할 수 있다.

《몸은 기억한다》의 저자 베셀 반 데어 콜크는 의학박사다. 그는 외상 후 스트레스 장애(PTSD)를 연구해 온 권위자이자 세계적인 학자다. 그는 트라우마에 의한 뇌 영역의 변화를 설명했다. 혁신적인 치료를 통해 기능이 떨어진 뇌를 다시 활성화시킬 수 있음을 보여 주었다.

《기억의 비밀》의 저자는 에릭 캔델과 래리 스콰이어이다. 에릭 캔델은 세계적인 신경 과학자로 노벨 생리의학상을 2000년에 수상했다. 스콰이어는 뇌 시스템 및 인지신경과학 분야를 이끄는 정신의학자, 신경과학자, 심리학자다. 이 책은 다양한 형태의 기억이 뇌에서 어떻게 조직되는가, 기억 저장이 어떻게 이루어지는가에 대한 답을 주었다. 나는 이런 책이 재미있다. 나의 지적 호기심을 자극한다.

심리와 뇌과학 분야의 책들은 나에게 배움의 기쁨을 준다. 이 분야를 공부하려면 다른 관련 분야의 책을 함께 보아야 한다. 뇌과학뿐만 아니라 인지신경과학, 심리학, 신경세포, 유전학, 생물학 등 다양하다. 나는 배움의 깊이를 다양한 독서와 책 쓰기를 통해 깊게 통찰한다. 나의 성장과 발전을 아이들과 부모들에게 나눌 것이다. 그리고 선한 영향력을 미치며 남은 인생을 살고 싶다.

나는 100권의 책을 쓰기 위해 노력한다. 이제 나는 100만 부 이상 판매되는 '베스트셀러 작가'다. 이는 누군가를 더 효율적으로 도울 수 있게 해 준다. 나는 작가의 삶으로, 진정한 나로 사는 것이 가치 있다고 생각한다. 이 모든 깨달음은 독서와 책 쓰기의 힘에서 비롯되었다고 나는 믿는다.

보물지도 19

초판 1쇄 인쇄 2019년 12월 26일
초판 1쇄 발행 2019년 12월 31일

지 은 이 이회아 김종윤 김하나 김하영 조은정 유지명 양정숙
         신용일 박근일 임기린 정동주 정면채 정진우 조 은
펴 낸 이 권동희
펴 낸 곳 위닝북스
기   획 김도사 · 권마담
책임편집 김진주
디 자 인 김하늘
마 케 팅 포민정

출판등록 제312-2012-000040호
주   소 경기도 성남시 분당구 백현로97 다운타운 2층 201호
전   화 070-4024-7286
이 메 일 no1_winningbooks@naver.com
홈페이지 www.wbooks.co.kr

이 도서의 국립중앙도서관 출판도서목록(CIP)은 서지정보유통지원시스템
홈페이지(http://seoji.nl.go.kr)와 국가자료공동목록시스템(http://www.nl.go.
kr/kolisnet)에서 이용하실 수 있습니다.(CIP제어번호: CIP2019052237)

※ 책값은 뒤표지에 있습니다.
※ 잘못 만들어진 책은 구입하신 서점에서 교환해 드립니다.